CB001119

Janela
de
Dramaturgia

```
                CIP-Brasil. Catalogação na Publicação
              Sindicato Nacional dos Editores de Livros, RJ

J33
      Janela de dramaturgia : livro 3 / organização Sara Pinheiro , Vinícius
   Souza. - 1. ed. - São Paulo : Perspectiva, 2016.
      304 p. ; 23 cm. (Janela de dramaturgia ; 3)

      Sequência de: Janela de dramaturgia: livro 2
      ISBN 978-85-273-1064-2

      1. Teatro brasileiro (Literatura). I. Pinheiro, Sara. II. Souza, Vinícius.
   III. Série.

         16-34123                              CDD: 869.2
                                               CDU: 821.134.3(81)-2

   24/06/2016     27/06/2016
```

Equipe de realização – Supervisão editorial: J. Guinsburg; Edição de texto: Marcio Honorio de Godoy; Revisão: Gabriel V. Lazzari; Capa e projeto gráfico: Sergio Kon; Produção: Ricardo W. Neves, Sergio Kon, Lia N. Marques, Luiz Henrique Soares e Elen Durando.

Direitos reservados em língua portuguesa à

EDITORA PERSPECTIVA S.A.

Av. Brigadeiro Luís Antônio, 3025
01401-000 São Paulo SP Brasil
Telefax: (11) 3885-8388
www.editoraperspectiva.com.br

2016

Sara Pinheiro
Vinícius Souza
(organização)

Janela de Dramaturgia

Livro 3

Apoio   Realização

Sumário

Nota de Edição   9

Cúmplices das Palavras
Luciana Eastwood Romagnolli   13

LIVRO 3

Danação
Raysner de Paula   21

As Mães e as Motos
Wesley Marchiori   77

Clínica do Sono
Daniel Toledo   107

Hoje Não Tem Milagre
Wester de Castro   137

IN Detalhes
Júlio Vianna   161

Risco
Luísa Bahia   181

Sou Eu
Marco Túlio Zerlotini   207

Três Tigres Tristes
Vinícius Souza   233

Vendaval
Glauce Guima e
Júnia Pereira   269

Nota de Edição

Janela de Dramaturgia é uma mostra anual de escrita teatral contemporânea em Belo Horizonte, idealizada pelos dramaturgos Sara Pinheiro e Vinícius Souza. Desde 2012, promove na cidade ações de compartilhamento, estímulo e discussão de textos teatrais do nosso tempo. Este livro pertence a uma coleção que reúne os textos mostrados nas três primeiras edições do projeto, de 2012 (volume 1), 2013 (2) e 2014 (3). São dramaturgias contemporâneas de autores mineiros.

Vinícius,

O céu está nublado. O ar entra quente. Alguma coisa cresce. Pá pá pá pá pá pá. É o ritmo contínuo da martelada na quadra ao lado. Há também o choro incessante de Ítalo. Ele pede à avó, mais uma vez, para ir lá fora. Não é hora! Pode chover e carros passam velozes nesta rua. Me vem o pensamento óbvio de que os homens criaram suas primeiras habitações com o intuito de se protegerem dos perigos externos. Assim também se passou com nosso projeto. Para cada criança, o acolhimento do lar. Mas era preciso não sufocar a criança. Não resguardar demais a ideia. Era preciso expandir o desejo mesmo ainda sendo púbere debaixo do teto.

    Era preciso cumplicidade entre o real de dentro e o real de fora.

    Olha! Parece que vai chover — da sala, você vem e me mostra.

    Escuto uma obra em construção. O barulho contínuo. Ítalo para de chorar. Ele agora come chocolate. Escuto e imagino-o se lambuzando. Vejo que realmente vai chover, mas não importa.

    A Janela se abre. A cidade invade o texto.

    Muito amor e merda no dia de hoje!

Sara

Belo Horizonte, 25 de setembro de 2012.

(Primeira sessão do Janela de Dramaturgia)

Sara,

Antes de tudo, antes de uma ideia, era uma vista — sobre a cidade, alargada aos nossos olhos. Aí virou uma possibilidade de escrita e de encontro. Agora vira página, faz um retrato da paisagem, do movimento.
    Já disseram por aí que todo livro é uma janela. Melhor para nós. Juntamos as coisas.

Vinícius.

20 de junho de 2015.

Cúmplices das Palavras

Primeiro vem a palavra. Dramaturgia: um conceito-hidra, tentacular, diria a pesquisadora portuguesa Ana Pais em O Discurso da Cumplicidade[1], apontando caminhos abertos por Bertolt Brecht e pela performance para desprendê-lo da escrita *stricto sensu* e, como no mito grego, deixar irromperem múltiplas cabeças do que se entende por dramaturgia. Do ator. Da luz. Do espaço. Para além da palavra: dramaturgia como o reverso da encenação, o côncavo de um objeto convexo, o avesso da costura, os fios e nós escondidos. Mais longe chegaram Cathy Turner e Synne Behrndt[2], com definições de dramaturgia como arquitetura, orquestração, ato de montagem. A interconexão das coisas no mundo. Vistas por quantas janelas?

Eis um paradoxo: a janela é o recorte que amplia a visão.

Estes três volumes de textos teatrais escritos dentro do projeto Janela de Dramaturgia percorrem o território da dramaturgia como tessitura de palavras, já atravessado, contudo, pelos outros tantos sentidos que o conceito pode gerar. São textos que mais ou menos cabem no papel: ora

1. Ana Cristina Nunes Pais, *O Discurso da Cumplicidade: Dramaturgias Contemporâneas*, Lisboa: Colibri, 2004.
2. Cathy Turner; Synne K. Behrndt, *Dramaturgy and Performance*, Nova York: Palgrave Macmillan, 2008.

são literários os saltos que dão; ora a literatura é trampolim. Essas escritas para a cena antecedem a sala de ensaio, embora prevejam-na muitas vezes.

Faria essa geração de autores belo-horizontinos parte de um movimento de retorno à escrita de gabinete? De todo modo, o gabinete já não é o mesmo: não mais espaço isolado, mas permeável pela cena – onde atores, diretores e dramaturgos vão cuidar das palavras e trabalhar a imaginação que se fará carne no palco. O gabinete hoje se questiona o quanto ele, em si, também é cena.

Uma década depois, as palavras soltas no mundo por dois dramaturgos de uma geração anterior, Anderson Aníbal e Grace Passô, ainda ecoam nesse grupo, por vezes como vontade de metáfora e de encontrar formas de fabulação contemporâneas. Outras, distantes nos procedimentos, contornos, estruturas e substâncias, mas não na vontade de palavra, na crença na escrita, que em alguma medida deles herdaram.

Se é possível parafrasear Jean-Luc Godard – e se a palavra for imagem, então será possível –, mais do que a busca pela palavra justa, o que se busca é *justo uma palavra*. Palavra-valise, palavra-casa, palavra-janela, palavra-corpo, palavra-ação. O ato de criação se faz no corpo a corpo com a linguagem. Mais do que meio, a palavra é território de conflitos e de tensões. Elemento primordial para a estruturação formal e simbólica das obras.

Gestos

Então há de se dizer com todas as letras: a escrita dramatúrgica está viva em Belo Horizonte nesta segunda década do século XXI. Distintos, vários, os textos aqui reunidos aparentam nascer da necessidade de liberar a voz agarrada na garganta, seja como jogo de palavras ou show de rock. Mesmo que falte sentido, mesmo que falte propósito, mesmo que toque o absurdo ou percorra o próprio rabo em círculos. É preciso dizer para existir.

Diante dessa geração unida pela vontade de escrita, que se apresenta em suas potências e contradições, não cabe confinar essa pulsão criativa em rótulos, embalagens ou palavras aprisionadoras; taxar vertentes ou tendências seria prematuro e redutor. Defini-las seria sufocá-las. Mas há alguns gestos que se repetem – e os olhares que se deitarão a partir da leitura destas páginas sobre este mesmo conjunto poderão encontrar outros.

Um gesto notável é o do ator que toma para si a responsabilidade da escrita daquilo que diz e daquilo que faz, até que se embaralhem os lugares de atuador e de dramaturgo. Análogo talvez ao bailarino-criador, que ultrapassa a função de intérprete para assumir a composição coreográfica, há uma reincidência de atores que escrevem, contaminando a palavra grafada com a experiência da vocalidade e da performatividade. Assis Benevenuto, Luísa Bahia, Marcos Coletta, Marina Viana, Raysner de Paula, Sara Pinheiro, Vinicius Souza fazem parte desse grupo, sem por isso descuidar da dimensão literária dos textos que colocam no mundo. Quando o dramaturgo escreve pautado no ator que ele mesmo é, a palavra nasce para ser voz, com uma prosódia particular e um caráter íntimo, às vezes intimista – o que não impede que outro a diga. Eis um bom desafio para encenações futuras.

Em muitos dos casos vistos nas próximas páginas, esses e outros autores projetam suas vozes num universo contemporâneo comum de fábulas fraturadas, conversacionais, desdefinição do drama (expandindo em modos micro, infra ou pós-dramáticos) e impulsos performáticos. O fio da história raramente se desenrola linearmente; enovela-se, ganha nós, rupturas; outras vezes são fios soltos, apenas pontos, vazios, furos. A performatividade da palavra vem acentuada. É ação no mundo ficcional e *real*, seja pelo diálogo, seja pela narrativa ou em diálogos narrativos.

Dramático, épico e lírico convivem com suas contradições, compondo formas complexas. A clássica polarização entre tragédia e comédia dá lugar a narrativas híbridas também por seus humores, nas quais a melancolia ou angústia destituem o sentido trágico. Já o sentido de absurdo resiste, dominante ou subjacente (como nas escritas de Byron O'Neill e Daniel Toledo, entre outros). Mas já não se espera Godot, a cidade urge. O fora, a rua, é território conflituoso de injustiças sociais e violência; o dentro não o ignora ainda que não assuma uma postura abertamente combativa. Faz-se o teatro da micropolítica.

Nesse sentido, parece determinante o Janela de Dramaturgia habitar a sede do grupo Espanca!, no baixo centro de Belo Horizonte, a poucos passos da Praça da Estação, palco privilegiado para a mobilização política jovem – estendendo esse conceito de juventude ao curso dos 30 anos, como vemos na prática de nossos dias. Ainda que os autores sejam independentes, não se deve desconsiderar a potência política que irradia daquele espaço cênico, frequentado por grande parte deles também em outros projetos artísticos ao longo do ano e um dos pontos centrais na rede de trocas artísticas do teatro de grupo da capital mineira. Ecos dos movimentos Praia da Estação e Fora Lacerda, além de questões trabalhistas, dentre outras, irrompem como posicionamentos políticos tomados sob forma estética em uma parcela dos textos.

De modo semelhante, é possível pensar a metalinguagem e a metateatralidade constitutivas de parte destes textos como uma reflexão sobre estruturas e procedimentos que não se circunscrevem ao teatro, mas, sim, como arte que investiga a vida e, igualmente, as suas estruturas e procedimentos. Recai sobretudo na própria língua e em sua enunciação, por vezes sobre um fundo filosófico e o entendimento de que o ser só existe enquanto linguagem. Pela palavra performativa, criam-se então mundos linguísticos: a língua como aquilo que, ao nomear algo, torna-o visível, audível, concebível.

Outro gesto reincidente é o relacional, que transfere o foco de atenção do eixo intraficcional enfraquecido (inclusive por reduzido número de personagens, personas ou vozes) para o eixo extraficcional, o da relação palco-plateia. São dramaturgias conviviais na medida em que reforçam e colocam em evidência a relação de copresença dos corpos no mesmo espaço-tempo, por meio do dialogismo com os espectadores, de elementos dêiticos e outras estratégias de implicação do espectador e do aqui e agora compartilhados na dramaturgia. Em certos casos, ressignificando o acontecimento teatral ao conceder um papel ficcional ao público.

Cria-se assim uma atmosfera de cumplicidade e, por vezes, novamente, de intimidade com a plateia. Juntos, metateatralidade e gesto relacional permitem então a problematização do acontecimento teatral, tautológica ou irônica, como quem diz (no texto de João Valadares, literalmente) "isto é cena" e gera um curto-circuito duchampiano. Assim, o espectador é implicado não como um indivíduo destinado a imergir na ficção suspendendo sua descrença, mas um cúmplice no jogo forjado entre apresentação e representação, real e ficcional.

No sentido oposto, vemos rubricas metafóricas, cuja simbologia sobrepõe a indicação factual para a encenação. A didascália faz-se personagem oculta – mais um dos desafios que textos pensados para a leitura cênica guardam para futuras encenações e que podem gerar formas insuspeitadas.

No conjunto, mais que os temas, sobressaem as experimentações formais e o tratamento inventivo dado ao tempo, como matéria maleável. Amor, morte, família, liberdade, religião: tópicos universais são destrinchados num campo de estranhezas e contradições. Campo vário onde há espaço para a métrica e o jorro, o espaço figurativo e o abstrato, a poesia do lúdico e a do grotesco, a atualização da tradição pela intertextualidade, as aproximações à linguagem cinematográfica, a construção e a desconstrução, por vezes numa mesma obra sujeita a súbitas mutações, a sentidos moventes e à destinerrância.

Por entre estes textos, corre um entendimento de dramaturgia destinada mais a criar ambiguidades e incertezas do que explicações, a abrir janelas em vez de fechar. Sempre deixando migalhas pelo caminho para que o espectador não se perca por completo.

Cenas armadas não somente como representação de um passado ou de um fora, mas como geradoras de afetos no agora. É tempo de libertá-las pela leitura de cada um, para a cena da mente ou para a cena do mundo.

Luciana Eastwood Romagnolli[3]

[3] Luciana Eastwood Romagnolli é jornalista e crítica de teatro. Mestre em Artes pela EBA/UFMG e doutoranda em Artes Cênicas pela ECA/USP. Fundadora e editora do site horizontedacena.com. É coordenadora de crítica do Janela de Dramaturgia.

LIVRO

Danação[1]

Raysner de Paula

Diz-se que tem saudade de ideia e saudade de coração
João Guimarães Rosa

1. Antes de ser *Danação* este texto se chamava *A Menina de Lá* e foi apresentado no III Janela de Dramaturgia, em 2014, como um solo narrativo. No entanto, não registrei esta indicação ao longo da obra por desejar que cada leitor/encenador imagine/invente sua própria peça na qual as palavras que compõem esta dramaturgia poderão ser ditas, declamadas, cantadas, dançadas etc. Este desejo é o mesmo que me moveu a evidenciar apenas uma ou duas rubricas: as demais estão sugeridas visualmente pela forma, pelo tamanho pelo espaço que as palavras ocupam ao longo das páginas e de alguns desenhos formados por elas. Um exercício que me propus de esculpir dramaturgia como quem constrói poesia concreta. Mais um artifício para jogar com a imaginação do leitor/encenador enquanto ele percorre os (des)caminhos desta narrativa.

Um ator, do lugar onde tudo pode vir-a-ser, contempla os que vieram.

Primeiro Prólogo

Ainda não começou

ELA, que é de quem essa história trata (e por vezes maltrata),

ainda dorme.

Embriagou-se de ontem. Vomitou tudo hoje.

E aí foi dormir.

Pra ver se passa amanhã.

Eu poderia começar
em nome dela!

Sei de um começo
　　　um descaminho

q　u　e　i　n　d　o　p　o　r　e　l　e
num instante se chega
neste ponto da história
em que ela dorme
　　　　um sono pesado
　　　　desses profundos
　　　　embriagada de ontem
　　　　parecendo até
　　　　que nem acorda amanhã.

Se dependesse de mim,

se tudo estivesse na mão da minha pessoa,
eu começaria assim:
              Ela em pé,
                    parada
                                AQUI.

Tomando um ar

como quem toma
(de um gole só)
coragem

para dizer algo,
algo a alguém,
como farei agora

sendo o "alguém" este senhor.

                    (Com *alguém, algum 'senhor' da plateia.*)

                    Eu vou morrer!

Mas nada muito sério.

                    Eu vou morrer!

Nem também tão debochado.

                    <u>Eu vou morrer</u>

Claro que vai – o senhor certamente responderá gastando pouco,
quase nada do seu fôlego – *um dia todos nós…*
É QUE EU VOU MORRER ANTES DO SENHOR.

Vou morrer antes de ter metade desse tanto
de vida vivida que o senhor carrega
e que daqui eu vejo que pesa muito,
que pesa um monte,
pesa nos olhos cansados
no passo arrastado
na cadência da voz.

Ai, como pesa!

Vou morrer antes porque,
ao contrário do seu peito,
o meu é uma caixa pequena, dessas
feitas pra se guardar pouca coisa, um
tiquinho só de ar.
Uma quantia assim

(quase nada).

Por isso é bom eu não falar aos montes,
assim,

pelos cotovelos, pra não gastar muito disso que eu tenho pouco.

E isso desde pequena.

Eita, danação!

Coisa besta dos diabos!

Logo eu, ter um prazo de vida tão pequeno e essa vontade de sei lá o que tão grande apertada dentro do meu peito, junto com tanto-
-pouco quase nada assim de ar.

A mãe sempre me diz que se eu deixar essa vontade de lado, essa bobagem de gente besta pra lá, eu bem que conseguiria viver menos no sufoco, teria guardado um pouco mais de ar.

Mas vê que ideia besta essa da minha mãe
(*que ela não nos escute*)
mas, cá entre nós,
o senhor também não acha?

Tem ainda minhas pernas que, *coitadas!*, vivem ansiosas pra trilhar um caminho que vá para o oposto dessa minha sina que, sei lá por que, foi logo ser minha.
Valha-me Deus! Que ninguém nos escute
(ai, ai, ai, não gosto nem de pensar nisso)
(*mas agora já pensei, então deixa eu te contar*).
Vai que Deus se enganou e nada disso que me cabe tinha logo de ser meu?

Eu desconfio.

Nunca se sabe...

Danação!

Só que esse não é o começo.
Isso porque

ela, por enquanto,
dorme e não percebe
que já vai arrastada.

Segundo Prólogo

Quando tudo começar será logo de uma vez
(assim, de supetão),
que nem
NAQUELE DIA
    que já era dia

        mas que

           embriagado de preguiça

             fingia ser ainda

               bem de noitinha
                com lua minguada
            céu escuro

        de galo calado

     estrela e tudo!

Quando o doutor chegou.

Mexeu, remexeu:

Inspira, expira, língua pra fora, diz trinta e três, dê três pulinhos, depois meia volta. Quantos dedos têm aqui? Vamos, me diz! Me conta onde dói. Você comeu ontem? Tomou o tal remédio? E sol? Tem tomado sol? Com que medida? Com que frequência? Sofreu algum ataque? Cardíaco, melancólico ou de amor? Sofreu de amor? E onde doeu? Aqui?! Você sente aqui? Senta ali.

E a **mãe**, que por ali sofria cólicas de ansiedade e de arregalamento dos olhos, clamando por um alívio então perguntou:

(MÃE e DOUTOR.)

Doutor, e então?

A coisa é bem grave!
Bem grave é quanto?
Se visto de perto,

um tanto de muito.

Mas dá-se um jeito?

Sou só um doutor

(infelizmente)

não sou nenhum deus.

Logo se nota.

Se bem que nem ele. **Nem ele o quê?** *Não quis dizer isso.*
Nem Deus nessa causa?

Fiz poucos exames,

não posso afirmar.

O que é que ela tem?

(...)

Serei o mais exato possível:

um poço de não.

E como é isso?

Digamos que de vida é vazio.

Sei de um chá.
Chá não resolve.
Esse eu garanto!
      Ele é bem forte!

Pura ilusão.

A mãe já não escuta mais nada: é que os ouvidos dela estão ainda como que congestionados pelo poço de não diagnosticado pelo doutor. A fé lhe faz vomitar uns entendimentos acumulados durante a vida:

Quem me ensinou foi minha avó,
      que tinha uma vizinha
          criada por uma tia
              que desde muito pequena
                via a sua mãe
                    lidando com umas simpatias
                        aprendidas com um índio
                            do tipo curandeiro!

Não lido com isso,
sou um doutor!
      Homem bem cético,
      do tipo asséptico,

        que pretende ser ético,
        aconteça o que for.
Faço uma reza.

        Organizo novena.
Banco promessa.
        O que acha, doutor?

O doutor calou-se pelo instante de um suspiro: não pôde ir em frente com as palavras ao ver que a esperança agora gotejava nos olhos da mãe e formava pequenos riachinhos que escorriam pela natureza acidentada do rosto da mulher.

Talvez adiante.
Como "talvez"?
Talvez é bastante,
    nesse tipo de caso.

Eu nunca vi isso.
Isso o quê?
Dessa doença:
    gente que tem
        um poço de não.
É coisa bem rara.
    Nem nome no livro
        com todos os nomes
            das doenças do mundo
                espaço ela tem.

Deve ser vingança.
Vingança de quem?
Dessa doença

    sem espaço no livro

        com todos os nomes

            das doenças do mundo

que aproveitou da inocência da minha menina pra fazer morada na história dela. Eu bem que avisei: não se abra tanto pra vida! Eu avisei. Eu tanto que disse. Larga mão disso, minha filha. Isso faz mal. Isso machuca, às vezes constipa. Viu no que deu, menina,

    viu no que deu?

Descomeço

(com aquele mesmo *alguém* da plateia)

O senhor não é muito de falar, não é?

$$(\dots)$$

[notei isso desde aquele começo que não era o começo]
(eu também sou um cultivador de silêncios)

$$(\dots)$$

(ainda mais se é um desses)

(não apenas se cala, como também contempla o silêncio)

$$(\dots)$$

(inundado com lágrimas de mãe)

Porque diante de uma notícia dessas

"SUA FILHA É PORTADORA DE UM POÇO DE NÃO"

(não sei se o senhor concorda comigo, mas)

o que podia a mãe senão chorar?!
Bancar promessa?!
Organizar novena?!

— ô minha filha!

E também andar

pra lá

e

pra
cá

pensando
porque naquele dia a mãe pensou
pensou muito pensou bastante pensou tanto que de tanto

e nisso

veio a noite
veio o dia
veio a chuva
veio o vento

que arrastou consigo a tarde
e depois veio o nada

(fazendo sombra na cozinha)

veio o medo
veio a angústia
veio ela
a menina
querendo saber o que é que a mãe tinha

veio o cansaço
veio a fome
e com ela outra noite
veio o silêncio
que logo foi embora
quando veio uma vizinha
(os dois, a vizinha e o silêncio, não combinavam, alimentavam
há anos uma briga sem jeito, coisa sem fim, caso de divórcio sem
separação de bens, rancores de sobra, doses de mágoa, uma coisa
horrível, precisa ver…)

Por fim veio o sono
(que já havia avisado que a qualquer momento vinha).

Terceiro e Último Prólogo

Bateram na porta uma
        duas
        três
        quatro
        cinco vezes secamente
        com a mão espalmada. A mãe, que era ainda a

```
                              n
                         f
                              i
                         t
                              r
                         i
                              ã
                         d
                              o
                         s
                              o
                         n
                              o
```

vão. confusa meio ainda... era quem ver foi e cama da saltou, convidado ao licença pediu

D
E
R
R
U
B
A
R a minha porta, ela pensou, já vai, ORA POMBAS. Nisso, pela janela, como um

```
                                        F
                                      U
                                    R
                                  T
                                I
                              V
                              O      amante,      o
```

sono, que levara a mãe para cama, lhe fizera carinho, depois de um dia tão órfão de eira e de beira, escapou. Continuavam batendo. **FORTE**. Vai derrubar minha porta, este filho sem mãe, a mãe se irritou, em pensamento, antes de finalmente abrir a PORTA / A BOCA, a mãe abriu a boca, ASSIM por onde escapou um

grito MUDO.

.

Não tenho nada para a senhora a esta hora da manhã!
a mãe dirá
no momento em que a voz dela
desesconder.

É que a coitada *correu*

A-P-A-V-O-R-A-D-A

para trás dos dois pulmões da mulher

quando fitou, de súbito, a cara de vida vazia que a morte
ostentava.

AGORA
fico eu aqui pensando

qual o tom

qual a cor

e qual a forma

ideais

para fazer das palavras da morte algo vivo

AQUI?

(o mesmo alguém da plateia já inspira demasiada confiança, convém perguntar-lhe)

Sobre isso, o senhor teria algum aconselhamento?!

Pois bem vejo que isso é da menor importância já que também a morte é doente da pressa dos dias e foi direto ao ponto quando se dirigiu à mãe:

— hoje contigo não quero nada
o teu tempo comigo é outro e lhe digo
ele ainda demora
tanto quanto a senhora para
atender esta porta

    estas que agora se falam são velhas conhecidas
                      elas duas
                 a mãe e a morte
            não que fossem amigas
            isso é que não *imagina!*
(nem comenta isso, vai que a vizinha ouve...)
          também não é pra tanto mas
           aprenderam a se respeitar
    quase sempre quando as duas estão assim
                  frente a frente

Não tenho nada para a senhora a esta hora da manhã!
     – por isso quero tratar com sua filha

O que tem ela?

  a mãe fingia se esquecer de como o doutor havia sido o mais
                    exato possível.

um poço de não
que de vida é vazio
no meio do peito.

Sinto muito
    Ela agora nada pode
Minha menina está dormindo.

– eu posso acordá-la

O não escapou tão mas tão ligeiro da boca da mãe que num tempo mais tarde a voz se recolheria enciumada por ter sido trocada assim tão de repente por aquele urro que se fez palavra:

NÃO!

É claro que não.

Pra que tanta pressa?

Entra

        Eu, a mãe,

          Você, a morte e

             ELA

Senta

Não! Não! Não!

Não precisa tirar
    Fique com eles
      Os seus sapatos

Este chão está frio.
A casa está suja!
Uma bagunça.

Não vá reparar!
Vamos!

Tome o tempo de um café.
Helena já já acorda

E então acertamos tudo

(a morte estava ainda do lado de fora, experimentando na nuca a friagem
daquela   manhãzinha)

Ai, se eu pudesse

    Trocar de lugar com ela.
    E ir junto contigo
    no lugar dela.

Veja bem
Não seria de todo mal

Eu sei bordar

fazer uns biscoitos
vi muito da vida
sei de umas coisas
algumas histórias
umas fofocas
daqui

    as da minha vizinha

        tem uma do dia que ela brigou com o silêncio
    que coisa horrível
      precisa ver.
Eu posso contá-las
tudo lhe ensinar
pelo caminho
    que vai **para-este-onde-um-**
                 dia-vamos-todos

(...)

Mas minha filha?!

    Cavalgando na sua pouca-idade
        com nada disso
        ainda se
        importa!

(...)

O que me diz?

(...)

    Inclusive cá estou eu
já pronta para ir!
    Ah não

(...)

ESPERA!

    Preciso passar
aquele café que lhe prometi.

Evidentemente a mãe tinha ciência de que aquela
balela de nada valia
(quando é assim, o desespero se vale de cada disfarce que eu vou
te contar!)

(...)

(o alguém da plateia ainda está por aí?)

O senhor agora imagine a cara sem vida que a morte
ostentava mesmo diante daquela
falastrice da mãe.

Eu tenho pra mim
que até pode ser
um tanto engraçado.   Imagina só...

(...)

Só foi a gente distrair aqui
pelo desvio de um riso
      e a mãe piscar lá distraída
mastigando o tempo
      coando o café
enquanto suspirava
      enganada pensando:

Engambelei
  a morte

para a danada-sem-jeito,

    pisando em ovos, sorrateiramente

sair de fininho da sala,
      procurando pela menina
do poço de não no meio do peito
      por toda casa...
    E lá vai ela
da sala pro quarto
      do quarto pra cozinha
da cozinha pro banheiro
      e depois vai pra varanda
onde começa a espiar
      por de cima do muro
a casa da vizinha
   e de repente flagra

      o momento exato

      no qual, acreditem!,
   o silêncio e a velha
viviam ali

      uma recaída!

Desfrutavam o sabor daquela trégua

apaixonados
deitados numa rede
pra lá   e   pra cá
pra lá   e   pra cá.
Pra cá, pra lá.

(...)

Pena que o silêncio de uma morte sem jeito não dure mais do que

1

2

3

4

segundos e
meio porque se-
não

Aquela imagem,

da mãe parada
ali
com o café em duas xícaras observando

a **morte** encafifada em cima do muro
espionando
a vida da vizinha como se ela, a **morte**, nada mais tivesse
que fazer da sua própria vida,

duraria mais do que um estalo de tempo
e não se desfaria assim tão rápido
só porque a mãe perguntou:

Alguma novidade aí
    na casa da vizinha?

mas também sofre a morte da pressa dos dias.

A danada-sem-jeito logo destrepou do muro
e nem notou que engoliu um seco
de gosto constrangido
porque ela
        a **morte**
não conhecia nada sobre constrangimentos.
(apesar de ela muito já ter aprendido convivendo com toda esta
gente, desde o início dos tempos)

Aprendeu inclusive
      sobre o sem fim de artimanhas
que este tipo de pessoa-Maria
      conhecida AQUI cá entre nós pelo codinome MÃE

arquitetam pra cima dela

      na tentativa de defenderem suas crias
parecendo até que não entenderam nada
      dos tratados firmados
      no princípio de tudo
      entre

      a *vida*

        e a **morte**

      FIXADOS
naquele termo de compromisso que

APOSTO
na pressa de nascer
ninguém aqui leu mas aceitou.
Esta pressa dos dias...

(...)

Talvez algum dia desabafe a morte:

— é quase sempre uma trabalheira, uma teimosia, uma choradeira...

Isso assim no ombro de algum confidente ou
diante de alguma plateia, nunca se sabe...
(porque por vezes que a morte não tem nada de tímida)

— danação!
deixemos de coisa
onde está sua filha?

(...)

A distância entre a mãe e a **morte** quase mais nem
existia. Por isso o cheiro dela ardia
   nas narinas da mulher.

(talvez o alguém da plateia tenha um nome, mas é que a urgência de outra questão
nos leva por um questionamento diferente, quase sussurrado)

E o cheiro da morte, o senhor já sentiu?

Não sei bem dizer como era aquele aroma, mas naquele dia não devia ser dos melhores porque
  como já disse aquele cheiro
      ARDIA
      TANTO
      QUE OS OLHOS DA MÃE AGORA ORVALHAVAM
                                MINTO
                                GAROAVAM
                                DIGO
                                TEMPESTADEAVAM.

Ô
gente...
A mãe está chorando.

(...)

AGORA DESABA

não a mãe

o café

já frio

em duas xícaras
que ela segurava.

Não tem problema
        eu limpo isso
não se incomode

        a minha filha
ela estava dormindo
        ela é só uma menina
a minha filha
        eu não sei dela
está no quarto não está

        está

não sei estava até ontem

        hoje de manhã eu conferi
        eu acho
acho mesmo que este café não estava bom
        eu trago outro
não trago nada

        quero a senhora pra fora daqui

digo com licença eu tenho mais o que fazer
        preciso saber onde está a minha filha.

— vamos então
juntas
nós
as duas
ela, sua menina, não deve estar
longe, pois deve?

O senhor veja que ideia mais besta a da morte:

querer andar lado a lado com a mãe
por aí
mundo adentro
assim?

IMAGINA

quando as duas decidirem pararem para comer:

— MESA PRA QUANTOS, MINHA SENHORA?

— PARA DUAS: COM UM LUGAR PRA MIM, OUTRO PARA A MORTE.

Ou quando o dia for de ônibus lotado:

— A SENHORA ESTÁ OCUPANDO DOIS LUGARES!

— IMPRESSÃO SUA! AO MEU LADO VAI A MORTE E EU PAGUEI SUA PASSAGEM PARA QUE ELA PUDESSE IR SENTADA.

NÃO! NÃO! NÃO!
Que coisa mais descabida.
O que é que vão comentar?

— então vamos?

Não posso ir
      tenho muita coisa pra fazer
umas roupas pra pôr de molho
      e outras que preciso pendurar!
Tem também esta casa
      que olhe pra senhora
ver, uma bagunça!
      Precisa de alguém que lhe dê um jeito
e sem Helena o serviço agora é muito.
      Acho bom você se apressar
aquela lá tem as pernas curtas
      mas uma vontade muito grande
de ir para o oposto da sua sina que...
      Coisa de gente muito besta.
A senhora não repare.
      Mas estava aqui pensando bem.

              (...)

Eu avisei tanto pra aquela menina
      Eu tanto que disse
E tamanho ela já tem.
      Vocês duas que se acertem!

Isso foi o que a mãe disse depois de já ter dito para a morte agora
      sem medo e quase sem choro que

O meu tempo contigo é outro
      e como a senhora mesma disse
pra ele chegar ainda demora

Uma Luz no Fim do Terceiro Prólogo
(ou de como começar depois de três descaminhos)

<u>Eu vou morrer.</u>

não eu digo
ELA quero
dizer

eu também vou

  Um dia todos nós vamos, confortou-nos aquele senhor

Mas não antes dela
como já disse e repito
  parado

      AQUI

tomando coragem como quem toma ar
como se pudesse por este instante ser ELA
a de quem esta história trata
(e por vezes maltrata)
a menina filha-da-mãe
 porque sei que

      AQUI

   posso
dar fim a este meu
(*ai, se eu fosse Helena!*)

(*ai, se eu pudesse trocar de lugar com Helena!*)
(*e se eu pudesse fazer o papel de Helena?*)

É <u>este</u> o nome **dela**

A de quem me refiro

    Helena
      me
        disse
        EU ME CHAMO HELENA

e antes que estas palavras pudessem conhecer em mim o tempo
    do depois Helena já orquestrava outras do alto
        de suas tantas interrogações

        e o senhor? qual a
        sua graça? chegou
        aqui como? tomou
        qual caminho? veio
          de que:

           a pé?

          a cavalo?

          bicicleta?

          de balsa ou
          de carro?!

          ah, não...

           você
          despencou!

           .
           .
           .

          o estrondo
           que eu ouvi

A

Q U
I

L
O foi o senhor!

raysner de paula

SIM

DE FATO EU HAVIA FEITO UM ESCARCÉU AO DESPENCAR CAIR ALI NAQUELE LUGAR QUE ATÉ ENTÃO EU NÃO SABIA BEM ONDE ERA É QUE EU ESTAVA VOANDO E ENTÃO NÃO SEI BEM COMO TALVEZ EU TENHA COCHILADO QUERO DIZER NÃO POSSO AFIRMAR EU ESTAVA VOANDO JÁ HÁ ALGUNS DIAS COM OS OLHOS ASSIM BEM ABERTOS DESPERTOS EU ESTAVA BEM ALTO E AS VISTAS EMBARAÇANDO MELHOR ANUVIANDO QUANDO ME DISTRAÍ MAS QUE COISA EU QUASE NUNCA ME DISTRAIO MEUS VOOS SÃO SEMPRE TÃO SEGUROS PORQUE COISA QUE GOSTO É DE TER CERTEZA DE ONDE EU VOU E COMO VOU CHEGAR.

Talvez eu não tenha contado
mas eu estava assim ó *deitado caído estirado* naquele chão de não sei bem onde.

Levantei, sacudi a pouca poeira e então perguntei aos jovens olhos arregalados de Helena que insistiam em não saírem de cima de mim: onde é que eu estou?

(com algum senhor da plateia)

Posso lhe fazer uma pergunta talvez indiscreta?
– Quantas vezes, por um acaso, o senhor já despencou num coração?

<u>Eu estava dormindo</u>

       me contou Helena

           e certamente
         é o que ela contaria
          se estivesse

               parada

                    AQUI

         de frente para o *senhor*
   desescondida da **morte**
como eu
como o senhor
      como a senhora
           estamos
                AQUI
                  AGORA
          sabendo

           que um dia

         ela, Helena,
         estava dormindo
           embriagada
         de um ontem
       quando assim
     de supetão
naquela manhã
       cheia de preguiça
         que fingia ser ainda
             bem de noitinha
         ela soltou um **berro**
     que fez a lua lá em cima
tombar pra trás de susto!

MÃE!

QUE SUSTO!

achei que fosse a

(...)
Helena nunca disse

quem ela suspeitou

que tivesse entrado naquele instante

no seu quarto

não teve tempo!

A mãe

fez de uma só vez

o que depois de tanto pensar

ganhou forma nas suas ideias.

por deduzir que a morte não tardaria

vir ter com sua filha

Foi de súbito.

Doeu um monte.
Doeu na filha.

Mas insuportavelmente
foi doloroso para a mulher
que no instante seguinte
ainda tremia

por tudo que

era parte
daquele corpo de mãe.
Parado ali

no quarto da filha.

O **coração** da mãe
que quase havia
saltado

pra fora da boca
agora batia engolido
no lugar

acelerado ainda
descompassado
com Helena agora

enjambrada

(ACREDITEM!)

lá do lado de dentro
como Helena me disse
    quando lá a encontrei
escondida de tudo
    escondida da morte

escondida de todos
    <u>menos do senhor</u>
        — ela me lembrou —
    <u>que agora está comigo</u>

    <u>aqui do lado de dentro</u>
<u>neste aperto</u>
    <u>que é o</u>

coração da minha mãe

    <u>depois de chegar</u>
<u>por aqui</u>
    <u>despencando</u>.
(para alguém da plateia)
Olhe bem para o senhor ver onde é que eu fui parar / <u>despencar!</u>
me corrigiria Helena sempre muito falante /
no coração
de uma mulher
SIM!
agora eu me lembro!
este, enfim, é o começo

Eu estava voando
    e aí me distraí
        por um instante
quando vislumbrei
    lá do alto
        de relance
    a mulher
    a quem Helena
chamava de mãe!

Só que
nem de longe
eu imaginava
que despencaria algum dia
tão de repente

ali
no coração dela que
marejava por aí
tal qual uma
ilha
perdida e distraída.

O senhor não é o primeiro
tagarelaconfidenciou-me Helena.
Desde o dia
que minha mãe
me escondeu
aqui
um sem fim
de outros senhores
atravessaram este coração.
Alguns passaram bem depressa
outros
eram o que se pode
chamar da própria demora.
Tiveram também uns espaçosos
que transformaram isso tudo daqui
num lugar mais apertado do
que no correr dos dias
ele já é!

Mas o senhor não repare esta falta de espaço
Ela me recomendava nos primeiros dias
Já já o senhor se acostuma
tudo se ajeita

<u>haverá dias que parecerá imenso
tenha certeza…</u>

<u>um verdadeiro coração de mãe.</u>

(…)
(…)

Sentávamos no fim da
    tarde, eu e Helena
        para escutar a sinfonia
        tuntumbiante que o músculo
        pulsante
        naquela hora do
        dia orquestrava.

Coisa bonita!

(…)

<u>Está vendo ali
    bem mais pro
fundo?! Lá nunca fui!</u>

Por que, menina? Eu quis saber.

<u>Acho que Deus mora lá.</u>

<u>E a mãe me disse</u>

Assim Helena embocava as palavras da mãe, parada em pé

<u>Aí está segura, minha menina.</u>
  <u>Está perto de Deus!</u>
    <u>Se um dia a morte por um acaso</u>
     <u>te encontrar</u>
      <u>Não pense duas vezes!</u>

      <u>Corre pra perto dele!</u>

        <u>pra ele te dar um bom lugar</u>

Cisma besta a da mãe:
Cismou que Helena
> se Deus por ali encontrasse
desviraria logo
> Santa Leninha!

A mãe nunca contou isso pra ninguém
nem pra vizinha.

Pediu-me segredo
> eu achei pura cisma, coisa sem jeito.

> > (*algum "senhor" da plateia*)

O senhor veja as ideias que tinha aquela mulher! Caso de nem levar tanto a sério...

> > (...)

Era bonito sentar no fim de tarde para escutar aquele tuntumbiar
do músculo pulsante da mãe.

Helena se ria.

Gostava também dos casos que ele
> me tagarelaconfidenciava...

O caso do dia em que a morte foi enganada pela mãe.
Esse, que eu já contei ao senhor,
era o que eu mais gostava.

Ela, se estivesse

                AQUI

no lugar deste que tenta
se fazer passar por
Helena, terminaria aquele
caso

contando assim:

<u>Fiquei aqui, dentro deste coração, que nunca vi! Pulava feito boi
zangado, me jogando pra lá e pra cá
sem dar nem um pio.</u>

<u>Aí ouvi a</u> **morte** <u>bufando indo embora
e depois a mãe batendo a porta.</u>

**Respira tranquila, minha menina.
A morte, por ora, pousa longe.**

O sopro do tempo por vezes é danado
e apaga umas coisas importantes
escritas na areia
que é memória da gente…

(…)

Danação!

por causa de uns espaços em branco
da minha cabeça
não consigo lembrar
com toda destreza

dos tim-tins por tim-tins
de tudo o que Helena me contou
naquele meu pouco tempo
habitando o coração de sua mãe.

(…)

A coisa do tanto de senhores, por exemplo,
    que já havia passado,
antes de mim, pelo coração da mãe

Fiquei meio sem jeito, é certo,
mas não me importei

assim

como quem enxerga neste tipo de coisa
grandeza.

(só me dava nos nervos a bagunça que eles haviam deixado no coração da mãe)

(que Helena, inutilmente, todos os dias tentava, de pouquinho em pouquinho, organizar)

(por um tempo tentei ajudá-la)

(coloquei algumas coisas no lugar, derrubei algumas paredes, reconstruí algumas outras)
Ah!
Helena
dizia   Foram muitos que aqui passaram
                 mas nenhum chegou aqui como
                        você

                      D
                      E
                      S
                      P
                      E
                      N
                      C
                      A
                      N
                      D
                      O

O meu antecessor

Começou alugando o ouvido da mãe.
Mudou-se pra lá levando apenas
Uma voz rouca e umas palavras requintadas.

Teve um que começou lá de baixo
pelos pés

numa valsa

de fim de noite

em que tudo estava perdido
e então a mãe pensou
"não tenho nada a perder".

Um outro rapaz

encheu tanto os olhos dela
que nem demorou muito
para aquilo tudo que ele era
transbordar no coração.

(Esse é o que mais havia deixado coisa malfeita por ali, valha-me Deus.)

$$(\dots)$$

(uma última *pergunta ao senhor*)
O senhor deve estar se perguntando:
E este senhor com esta história: quanto mais ele demora?

Não demoro, eu lhe digo.
Estou prestes a acabar

Porque aí chegou o dia

que do nada despenquei para o lado de fora,
expulso do coração da mãe.

Devo ter pesado, não sei...

Desconfio.

Tentei retornar ao lugar,
Ao coração da mãe
para pelo menos me despedir de Helena
porque foi assim

de supetão.

Não consegui nem dizer ADEUS, ATÉ LOGO.
ANDEI

ANDEI
ANDEI
ANDEI

E

Quando finalmente achei o caminho de volta,
    a porta estava fechada.

Bati!
Assim

Cinco vezes com a mão espalmada.
Abriam a porta:
O coração da mãe agora tinha outro proprietário.
Ela, a **morte**.

Se tudo isso conto,
Se tanto eu tento
Rabiscar um começo
Falar por Helena
Buscar a voz da morte

é porque daquele tempo tenho saudade.

E tem hora que tudo aquilo,
Tudo isso
            AQUI

se faz tão vivo
que até penso
estar de novo ali
no coração da
mãe com Helena.

Até a hora
Que a história
Se cala.

Porque tudo que é dito
Tudo que é grito
Não tem jeito!

Uma hora se cala.
DANAÇÃO.

Para Letícia de Paula,
agosto de 2014.

FIM.

Sou o **Raysner de Paula** e gosto muito de inventar histórias: desde sempre, desde antes de eu ser gente de teatro. Em 2004, com quatorze anos, passei a frequentar o curso de iniciação teatral e a participar das peças que inventávamos em Betim, cidade onde fui criado. Depois, em Belo Horizonte, cursei a Licenciatura em Teatro, na UFMG, e me tornei um dos fundadores do grupo Mamãe Tá na Plateia. Nele experimento, de diversas formas, as minhas invencionices dramatúrgicas. Em 2013, com *João e Maria*, fui um dos vencedores do prêmio Jovens Dramaturgos, promovido pelo Sesc. Hoje trabalho e pesquiso teatro transitando entre os papeis de dramaturgo, ator e professor de jovens e crianças.

As
Mães
e as
Motos

Wesley Marchiori

Personagens:

MÃE: 49 anos; Mãe dedicada, carinhosa, dividida entre o amor de três filhos.

ROGÉRIO: 29 anos; Filho mais velho. Honesto, trabalhador, correto. Irmão de Ricardo apenas por parte de mãe. Irmão legítimo de Rodrigo, o caçula. Magro.

RICARDO: 26 anos; Filho do meio. Nunca conseguiu dar certo na vida. Perdido. Vive de bicos. Inimigo de Rogério, disputa tudo. Estudou mais, tem um corpo bem elaborado por praticar esporte.

RODRIGO: 19 anos; Filho caçula. Um meninão, bem-humorado, bonito, garanhão. Muito apegado aos dois irmãos. Imparcial. Protegido por todos.

Cenário:

Sala da família. Todos eles moram numa casa antiga, que há muito tempo não passa por uma reforma. O pai de RICARDO deixou a casa como herança, porém o pai dos outros dois filhos não teve condições de manter suas estruturas conservadas. Portanto, as paredes, os quadros, os móveis e os objetos da casa foram luxuosos um dia e hoje tornaram-se decadentes, antigos, diria quase mal cuidados se não fosse o esforço da mãe para manter, ao máximo, o valor econômico e simbólico de todas as peças misturadas a algumas modernidades tecnológicas, como DVD e home-theater. A história se passa na semana entre o Natal e o Reveillon. Portanto, alguns enfeites identificam que o Natal já passou. Sugiro ventiladores. Um para cada personagem ou vários. O clima é de verão. Debaixo do chão, existe o porão, usado como depósito da família. Remete a uma família morando em cima de um vulcão. No conflito do texto, isso será identificado.

Periferia, bairro de classe mais baixa, não miserável.

Personagens do cotidiano. Quase uma tragédia familiar.

Época: os dias de hoje, confirmada nos jornais no caderno policial.

Ato 1

Tudo escuro. De repente, uma luz fria de 100w, ilumina precariamente o ambiente. A MÃE *está ainda com o dedo no interruptor. Silêncio. Senta para esperar os filhos. Estão todos os três na rua e ela não dorme enquanto o último não chega.* ROGÉRIO *é o primeiro a chegar.*

ROGÉRIO: Ainda acordada?
MÃE: Ainda vai passar um filme tão bonito que anunciaram na propaganda da novela.
ROGÉRIO: Um dos meninos ainda não chegou.
MÃE: Os dois.
ROGÉRIO: Hoje foi aniversário do pai da Vanessa. A mãe dela fez um bolo. Acabei ficando um pouco mais.
MÃE: Chega aqui perto de mim, Rogério.
ROGÉRIO: O que foi?
MÃE: Venha cá. Deixa eu cheirar a sua boca.
ROGÉRIO (*soltando o bafo*): Vou ter que acordar cedo amanhã.
MÃE: Você bebeu, meu filho?
ROGÉRIO: Fizemos uma vaquinha para algumas cervejas. Pouca. Os primos dela foram. Bebi mais para não ficar diferente.
MÃE: Você não é de bebida, meu filho.
ROGÉRIO: Dois copos, mãe.
MÃE: Dois aqui, dois ali. Não vê o seu irmão?
ROGÉRIO: A senhora tá querendo me comparar com o Ricardo?
MÃE: Não chegou até agora. Hoje, de manhã, não tinha dinheiro nem para comprar o cigarro.
ROGÉRIO: E a senhora deu...
MÃE: Eu não sei onde esse menino arruma dinheiro para beber. O Almir do açougue ligou para mim perguntando se o Ricardo ia ou não ia ficar com a vaga. Quer dizer, ele nem apareceu lá, para conversar. Depois, reclama que tá desempregado.
ROGÉRIO: Ricardo não quer é pegar no pesado.
MÃE: Um empregão, meu filho. Um salário e meio.
ROGÉRIO: Ricardo quer é moleza, mãe, vida fácil...
MÃE: As cuecas estão de um jeito, que dá vergonha. Eu não sei como ele tem a coragem de ficar pelado na frente das namoradas.

ROGÉRIO:	A senhora passou aquela calça?
MÃE:	Tá na sua parte do guarda-roupa.
ROGÉRIO:	Ô, mãe! Pede pro Ricardo parar de mexer nas minhas coisas. Eu sei que foi ele. Olha aqui: o meu gel novinho, já tá na metade…
MÃE:	Eu falo, filho…
ROGÉRIO:	Neeem… Eu não ralo o dia inteiro naquela montadora para ficar comprando gel para o cabelo dele, não. Eu estou cansado disso, já. Aquela blusa minha que ele alargou, tá lá até hoje, para ele comprar outra. E cadê a blusa nova? Ah, nem… Eu ralo *até* para pagar as minhas coisinhas e o folgado pensa que tudo que é meu é dele. Não respeita minhas roupas, meus trecos…
MÃE:	Filho, vá tomar seu banho.
ROGÉRIO:	Tô cansado. Vou deitar.
MÃE:	Vai tirar esse cheiro de cerveja.
ROGÉRIO:	A senhora tem razão. Vou tomar um banho para ver se eu relaxo…

(ROGÉRIO *vai para o seu quarto. A* MÃE *fica sozinha mais uma vez. Liga a televisão. Algum tempo depois,* ROGÉRIO *volta.*)

ROGÉRIO:	A senhora viu se chegou extrato para mim?
MÃE:	Se chegou, tá na estante, junto com as contas.
ROGÉRIO (*conferindo as correspondências*):	Esta luz ainda não foi paga?
MÃE:	Rodrigo ainda não recebeu. Disse que o patrão gastou tanto com a festa de fim de ano que atrasou o décimo terceiro de todo mundo.
ROGÉRIO:	Vou levar esta conta pra pagar. Fala pra ele que quando ele receber, ele me passa.
MÃE:	Vanessa vai viajar com você?
ROGÉRIO:	Ainda não sei se eu vou viajar. Reveillon na praia, fica tudo mais caro. Tô pensando em ir depois do Carnaval. Tenho uns dias para tirar na firma. Isso se coincidir com as férias dela.
MÃE:	Deveria juntar o dinheiro para casar. Ficar viajando? Casa primeiro e viaja depois.
ROGÉRIO:	Se a gente não tiver o direito de passar pelo menos uma semana numa praia, que direito a gente pode ter? Além

	do mais, o patrão dela disse que empresta o apartamento pra gente. Já é uma economia. Quer ir com a gente?
MÃE:	Quem me dera! Não posso. Quem vai fazer comida pros seus irmãos?
ROGÉRIO:	Há quanto tempo a senhora não viaja, mãe?
MÃE:	Ih... nem lembro quando foi a última vez.
ROGÉRIO:	Deixa esses marmanjões aí. Eles se viram. Rodrigo come no trabalho e Ricardo come na zona.
MÃE:	Rodrigo disse que a comida dos funcionários da lanchonete onde ele trabalha chega a dar nojo. Até *band-aid* já encontraram no meio do pastel. Achou sua calça? Você quer que te acorde a que horas amanhã?
ROGÉRIO:	Seis e meia.
MÃE:	Então tome esse banho logo. Se não dormir pelo menos seis horas, você vai ficar...
ROGÉRIO:	Semana passada, aconteceu de novo. Foi o segundo, neste mês. Ficou sem dois dedos. Eu não estava de serviço, mas o pessoal me disse que o cara sangrou tanto que eles começaram a fazer a lista de quem na firma tinha ou conhecia gente com sangue "O" negativo. Sangue raro, difícil! Dizem que na hora dói tanto que você fica anestesiado.
MÃE:	Misericórdia, filho!
ROGÉRIO:	Vai receber indenização, vai aposentar, vai...
MÃE:	O que adianta? Já pensou, viver sem dois dedos? Quais foram os dedos?
ROGÉRIO:	Não sei, não perguntei. Pela máquina que ele operava, deixa eu ver... Estes dois aqui.
MÃE:	Deus me livre! Logo os dedos de segurar a tesoura!
ROGÉRIO:	Não estou encontrando o meu xampu.
MÃE:	Escondi debaixo das toalhas. Pro seu irmão não ver.
ROGÉRIO:	Como se ele não conseguisse encontrar...
MÃE:	Vanessa tá fazendo unha com qual manicure? No último dia que ela veio aqui, achei a mão dela tão bonita! Pergunta pra mim, filho. Quero fazer a unha pro Réveillon.

(*Áudio de carro.*)

ROGÉRIO:	Parou aqui na porta. Os vagabundos dos amigos do Ricardo. Tudo bandido que nem ele e já tem carro, a gente que é honesto, anda de ônibus a vida inteira…
MÃE:	Não fale assim, meu filho. Olha, pra você ver, ano passado você já tinha o dinheiro para comprar o carro. Mas foi inventar de viajar com a namorada.
ROGÉRIO:	Ah lá, mãe. Tá com a minha blusa azul novinha. O extrato dela ainda nem chegou e o folgado já tá com ela no corpo. A senhora não viu que ele tava com ela quando ele saiu?
MÃE:	Vi não, filho.
ROGÉRIO:	Eu usei a blusa uma vez só. Nem tinha colocado para lavar ainda.
MÃE:	Blusa nova solta tinta. Eu tenho que lavar separada.
ROGÉRIO:	Mas ele vai me pagar uma novinha, isso vai. Eu não posso ter nada nesta casa. Não vejo a hora de sumir daqui, viu? Ah, nem, mãe. Eu não estou mais aguentando o Ricardo. Fala com ele, mãe. Fala com ele. Toda vez é assim. Eu compro, pago e quem usa? Ele. Relaxa tudo! Se não estragasse, eu nem ligaria, mas olha o meu corpo, agora, olha o tamanho do corpo dele…

(RICARDO *entra, sem camisa. Ignora o irmão.*)

RICARDO:	Oi, mãe! Acordada?
MÃE:	Oi, meu filho! Tô esperando o filme!
RICARDO:	Rodrigo não chegou ainda…
MÃE:	Rodrigo agora tá com mania de dormir na casa dos colegas, sem me avisar.
RICARDO:	Tá um calor, na rua!
MÃE:	Imagina aqui dentro? Abra a janela, Rogério.
ROGÉRIO:	Cadê?
RICARDO:	Hum?
ROGÉRIO:	Onde você escondeu ela?
RICARDO:	Escondi o quê?
ROGÉRIO:	Onde você pôs a minha camisa?
RICARDO:	Que camisa?
ROGÉRIO:	A minha camisa azul.
RICARDO:	E eu lá sei de camisa azul sua! Tem janta, mãe?

MÃE:	Dentro da geladeira. Passa o bife porque o pernil da ceia, finalmente, acabou.
ROGÉRIO:	Onde está a minha camisa azul, novinha, que o extrato ainda nem chegou pra "mim" pagar e você me fez o favor de usar?
RICARDO:	"EU" pagar, mim não paga nada.
ROGÉRIO:	Ele está me provocando, mãe.
RICARDO:	Mim não faz nada; mim: índio!
ROGÉRIO:	Índio, não. Você é folgado, isso sim. Índio trabalha pra comer. Pesca. Faz a própria casa. Vagabundo vive às custas do irmão. Índio é bem diferente de vagabundo.
RICARDO:	Eu não vou nem te explicar. Eu só estou dizendo, mãe, que não se diz, para "mim" pagar, e sim, para "eu" pagar. Rogério é muito ignorante!
ROGÉRIO:	Se você é tão estudado e fala bonito, porque não arruma um emprego, heim, Ricardo?
RICARDO:	Aqui, Rogério, eu já volto mais tarde da rua pra não ter que olhar pra sua cara. Por que você ainda está acordado numa hora dessa? Se você brigou com a Vanessa, eu não tenho culpa nenhuma disso, não, meu irmão. Vá descontar seus problemas em cima de outro… Por que, em vez de encher o meu saco, você não vai atrás dela…? Vá gritar com ela, vá torrar a paciência dela, e vá tomar no seu… Mãe, vou pro meu quarto. Perdi o apetite.
MÃE:	Não, filho. Você bebeu. Não vai dormir sem comer. Depois, passa mal aí a noite e eu que vou ter que ficar limpando vômito de cavalão velho… Rogério, vá tomar o seu banho, filho!
ROGÉRIO:	Eu só saio daqui quando minha blusa aparecer.
MÃE:	Devolve a blusa dele, meu filho.
RICARDO:	Que blusa? Eu não sei de blusa nenhuma, não, mãe. Rogério e Vanessa se desentendem e ele vem descontar em quem?
MÃE:	A blusa nova dele, meu filho. Eu já te pedi… Não usa as coisas do seu irmão.
ROGÉRIO:	Mãe, faz ele devolver.
MÃE:	Estou tentando, meu filho. Ricardo, me passa a blusa do seu irmão para "mim" colocar para lavar.

RICARDO: Para "eu" colocar...
MÃE: Para "eu" colocar para lavar. Onde está a blusa, Ricardo?
ROGÉRIO: Ele não vai falar, mãe. Não vai.
RICARDO: Que saco, também! Eu já disse que eu não saí com a blusa dele, eu saí com a minha bege. Quer ver? Eu provo. (*Tira da pélvis.*) Aqui, está vendo? Minha camisa bege. Satisfeito agora?
ROGÉRIO: Você escondeu.
RICARDO: Não escondi porra nenhuma. Pode perguntar, mãe, pra todo mundo que me viu hoje, se não era a blusa bege que eu estava com ela. Eu não sei de blusa azul nenhuma. Nunca vi essa tal de blusa azul nova.
ROGÉRIO: Eu tenho certeza que você estava vestindo a azul. Eu vi quando você desceu do carro.
RICARDO: Vai ficar na mesma ladainha?
ROGÉRIO: Era a azul, sim. Eu vi.
RICARDO: Boa noite, mãe!
ROGÉRIO: Eu sei. Ele escondeu a azul lá fora, saiu daqui com a bege e trocou... Agora, na volta, ele pegou a bege de volta e... quer ver que a minha blusa azul não está atrás de algum vaso de planta da senhora? Eu vou lá fora encontrar.
RICARDO: Pode ir. Vai demorar tanto que vai dar tempo até de jantar sem ter que ficar olhando pra essa sua cara.
ROGÉRIO: Está no porão. Ele escondeu no porão.
RICARDO: Só um alucinado, lunático e mal das ideias, como você, para pensar que eu iria entrar naquele porão com tudo escuro. É rato, escorpião, barata, sem contar o Rodrigo que não tem dinheiro para o motel...
ROGÉRIO: O quê? Rodrigo tá trazendo mulher aqui pra dentro?
RICARDO: Não, ele leva lá embaixo. Aqui dentro, só você. Eu até gosto da Vanessa, sabia, acho até bom ela ter ficado esperta e percebido o mala que iria casar com ela...
ROGÉRIO: Eu só não te mato porque a mamãe nunca iria me perdoar.
RICARDO: Está vendo, mãe? O risco que eu corro? O dia que acontecer alguma coisa comigo, a senhora saberá muito bem quem denunciar para a polícia.
MÃE: Misericórdia, filho!
ROGÉRIO: Isso se ele não mandar me matar primeiro.

RICARDO: Vontade eu até tenho. Pode ter certeza.
ROGÉRIO: Eu sei. Por que não faz?
RICARDO: Porque eu tenho mãe e não quero viver longe dela.
ROGÉRIO: Preso na cadeia?
RICARDO: Fugindo, foragido, meu caro. Nunca deixaria me prender por ter assassinado um pangaré como você.
MÃE: Parem os dois, imediatamente. Pra tudo tem um limite! Chega dessa palhaçada! Tudo por causa de uma blusa? Ah, nem! Vocês dois vão acabar assassinando aaaa... (*aponta para si*)... "eu".
RICARDO: Vá lá no porão, vá. Vá buscar a camisa azul que eu usei!
ROGÉRIO: Quer saber? Amanhã eu tomo banho. Vou dormir, porque amanhã (*proposital*) "MIM" vai cuidar da vida pra dar boa vida pra um certo "eu" estudado, mas que não tem dinheiro nem para o cigarro...

(ROGÉRIO *sai definitivamente.* RICARDO *e a* MÃE *permanecem em cena.*)

RICARDO: O Rogério é foda, mãe! É foda, viu.
MÃE: Sabe do que vocês dois estão precisando? É de igreja. Isso é falta de Deus no coração!
RICARDO: Quando ele cisma com uma coisa...
MÃE: Eu te vi saindo com a camisa bege.
RICARDO: Então!
MÃE: Você trocou, filho?
RICARDO: Que saco, mãe! Até a senhora? Eu já disse que não saí com ela. Como que eu vou sair com uma camisa que eu nem sei que existe.
MÃE: Eu posso ir lá no porão ver se não está lá?
RICARDO: Numa hora desta?
MÃE: Olha lá, heim, filho. Eu vou descer até aquele porão, correr o risco de ser picada por algum bicho venenoso, ou pior, pior... uma lagartixa cair em cima de mim... por sua causa. Fala a verdade para mim.

(RICARDO *não diz nada. Olha no fundo dos olhos da* MÃE. *Segundos de silêncio. Responde com o olhar.*)

MÃE: Então, pega ela lá para eu lavar para o seu irmão poder usar.

RICARDO: Amanhã eu pego. Tá um cheiro de mofo insuportável naquele porão.
MÃE: Shhii... Fala baixo! A camisa nova... Vai ficar com cheiro. Pega ela lá que eu já vou colocar de molho, agora. Antes que seu irmão descubra. Depois, eu vou dizer para ele que encontrei caída atrás da parte das meias e cuecas. Por falar em cuecas... Gostou das cuecas novas que comprei para você?
RICARDO: A senhora sabe escolher... (*mostra a tirinha*) Aqui... Tô usando a branca!
MÃE: Deixa eu ver direito.
RICARDO: Quer me ver pelado, é, safadinha?
MÃE: Para de palhaçada, Ricardo. Esqueceu que era eu quem limpava suas fraldas de cocô? Tô cansada de ver este saco muxo seu!
RICARDO: A senhora tá precisando é de arrumar um namorado, mãe. Distrair um pouco.
MÃE: Já tive dois maridos, não basta?
RICARDO: Alguém para a senhora suspirar por ele...
MÃE: Seu irmão me enterra viva!
RICARDO: Ao invés de ficar suspirando nove meses pelo Tony Ramos, depois nove meses pelo Fagundes, depois nove meses pelo Zé Mayer...
MÃE: Tá achando que sua mãe quer saber desses homens? Eu suspiro é pelo Murilo Benício, o Murilo Rosa, o Jean Nequine.
RICARDO: Gianechini, mãe. É italiano.
MÃE: É? Pensei que ele fosse brasileiro, mesmo. Ele fala tão parecido com a gente. Mas esses atores, eles têm aula de sotaque...
RICARDO: Arruma um namorado rico, casa com ele e deixa o Rogério aqui, vivendo sozinho...
MÃE (*doce*): Pare de palhaçada, Ricardo. Vá buscar a camisa do seu irmão para eu lavar.

(*Áudio de moto vindo do portão. A mãe sente um arrepio. Fica nervosa.*)

MÃE (*salgada*): Vá buscar a camisa do seu irmão para eu lavar.

(RICARDO *tira a camisa de outro lugar. Ela estava amarrada em uma das pernas.*)

MÃE: Por isso que relaxa a camisa toda!

(*Chega* RODRIGO. *O mais novo. O mais bonito dos três.*)

RODRIGO: Ué, ganhei de você hoje?
MÃE: Rodrigo, Rodrigo... Já te disse pra você não ficar por aí rodando de moto... O dia que ficar sem uma orelha, igual aquele menino da Cida, você vai ver o que é bom pra tosse!
RICARDO: Qualé?
RODRIGO: Beleza?
RICARDO: Beleza!
MÃE: Moto é um perigo, eu já falei... Se cai, não tem como... pelo menos um pedaço da pele você deixa no asfalto. A diferença é que tem gente que deixa carne moída, e tem gente que deixa o filé inteiro!
RODRIGO: Amandinha tava te procurando...
MÃE: Eu falo, mas os filhos não escutam mais as mães. Preferem escutar o ronco das motos! As mães e as motos! Eita sina!
RICARDO: Você foi na Sinuca do Dé?
RODRIGO: Só passei lá pra resolver uma parada com o Wagner...
MÃE (*falando sozinha, ninguém a escuta*): Wagner? Ele tem moto porque não tem mãe! Eu me lembro quando a coitada ateou fogo no próprio corpo porque pegou o marido transando com... (*desconcertada*) a filha da vizinha de apenas 19 anos!
RODRIGO: ... A mulher tava louca te procurando. Pediu carona na moto pro Wagner para ver se te achava...
MÃE: A família desse Wagner é toda maluca! O pai dele, hoje, bebe mais que o Fusca que o papai tinha em 59...
RODRIGO: ... Eu disse que nem tinha te visto hoje. Então ela me perguntou quando você tinha saído. Você saiu cedo. Foi ver a parada do Açougue do Almir?
RICARDO: Fui. Mas não vai dar.
MÃE: Não, filho?
RICARDO: Não vai dar, não, mãe. Ele está querendo alguém com experiência.

MÃE:	É mesmo?
RICARDO:	Alguém que saiba escolher a carne no frigorífico, se não eles enganam. Eu ia trazer carne de terceira achando que estava levando de primeira. O velho é esperto. Não quer levar prejuízo.
MÃE:	Fazer o que, não é? Logo você arruma outro.
RICARDO:	Estou envolvido num negócio aí, muito bom! Manha, manha, manha! Vai ser a primeira vez que eu vou entrar o ano-novo sem estar no vermelho. E vocês sabem, entra com grana, passa o restante do ano com grana!
RODRIGO:	Assim que se fala, Rico. Eu ainda vou te ver bem, mano. Você é cabeça demais!
MÃE:	Que negócio?
RICARDO:	Hum?
MÃE:	Que negócio é esse que você está envolvido?
RICARDO:	Sabe aquele meu amigo, o Dico? Ele arrumou *uma boca* ótima pra gente. Não faça essa cara, mãe. É tudo legal. Mercadoria boa, com nota, que está na demanda. Deu pra gente pedir quase o triplo do que a gente pagou. Quero dizer, do que ele pagou. Eu não paguei nada. Apenas apresentei o comprador. Entendeu, mãe? Eu fiz apenas a transação toda. Ele entrou com a grana, eu entrei com o contato e o *trouxa* do comprador entrou com o lucro. Quase o triplo, Rodrigo. Você vai ver. Daqui dois dias eu recebo *a bufunfa da parada* e, maninho, prepare-se... Vamos passar o Reveillon no Clube Britânico!
RODRIGO:	Cada mulher!
MÃE:	Quem é esse Dico que eu não conheço?
RICARDO:	O Dico, mãe. Filho da Terezinha daqui da rua de cima... Lembra?
RODRIGO:	Filho do Moraes, que era taxista.
RICARDO:	Ele já veio aqui em churrasco, no meu aniversário, naqueles esquemas que eu pego a grana com a galera e organizo os comes e bebes... Lembrou?
MÃE:	Depois ainda diz que não sabe diferenciar a carne de primeira com a de terceira. Dos churrascos, onde todo mundo vai embora reclamando da carne de terceira, eu

	me lembro, mas esse… O cara que ficou te ligando ontem, o dia inteiro?
RICARDO:	E a senhora não passou o meu celular?
MÃE:	Se eu passo, você acha ruim. Se eu não passo, você acha ruim.
RICARDO:	Não gosto que passa pra cobrador. Sócio é outra história.
MÃE:	Sócio? Sei. Olha, lá, heim, Ricardo… Este ano você já esgotou a sua cota!
RODRIGO:	É isso aí, mano! Aquela parada do carro roubado, você quase que rodou!
RICARDO:	Tinha toda documentação. Eu não sabia…
RODRIGO:	Tudo falso, *"pangué"* (*gíria que resume pangaré*)! Tem que ficar mais cabreiro! A mãe até adoeceu depois que você passou a noite na cadeia.
RICARDO:	Eu não fiquei na cadeia. Eu fiquei na delegacia, dando depoimento.
RODRIGO:	Depoimento que começou de tarde e durou até o outro dia?
RICARDO:	Você não conhece a polícia do Brasil?
RODRIGO:	A parada ainda tá rolando… O treco tá na Justiça ainda… Você fica esperto, meu irmão. Acorda porque quem dorme no ponto perde o buzão!
RICARDO:	Qual foi a de hoje?
RODRIGO:	Ué… Eu e Wagner rodamos atrás de você e nada… Voltei na Sinuca e… alguém tinha que consolar a Amandinha…
RICARDO:	Safado! Pegando sobra de casa também? Danadinho, heim!
RODRIGO:	Qualé, *brow*? Mina chorando perto de mim, você sabe, eu tenho um coração de manteiga… e um troço do tamanho de bisnaga!
MÃE:	Olha o respeito! Por que Deus não me deu pelo menos uma menina, por quê? Casa só com marmanjo, é isso que a mãe é obrigada a escutar!
RODRIGO:	Reclamando de quê, gostosa?
RICARDO:	A mãe tá precisando é casar. Não é, Rodrigo?
RODRIGO:	Casar que nada, mãe. Curte, só isso. Quando pintar a vontade, beija um aqui… deixa ele ir embora. Quando a vontade voltar, você beija outro ali…

MÃE:	*Olha pra você ver*, este mundo tá perdido mesmo! Onde foi que eu errei? Onde eu errei, meu Deus? Rodrigo, tem panetone ainda, em cima da geladeira.
RICARDO:	Até hoje? O Natal foi três dias atrás!
RODRIGO:	Eu sou o único que gosta de panetone aqui em casa.
MÃE:	Só de falar me dá até arrepio. Eita troço enjoativo!
RICARDO:	Aquelas frutinhas não azedam, não? As passas do arroz a grega, no outro dia, fazem o arroz a grega virar arroz a iraquiana. Fede mais que morto que ninguém se lembra de enterrar...
MÃE:	Pra durar, eles enchem de conservantes. Eu já vi panetone sendo vendido em setembro. O troço, além de ruim, deve até fazer mal para a saúde. Mas seu irmão parece formiga. Não pode ver um doce...
RODRIGO:	Não, mãe. Tem certas coisas salgadas que eu também não resisto.

(*Os irmãos acham graça. Riem alto.*)

MÃE:	Me respeite, Rodrigo! Tá aprendendo com os outros? Nem você, que é o mais novo, coopera comigo nesta casa?
RODRIGO:	É, mãe, o Ricardo tem razão. A senhora tá precisando é casar. Casar e (*algum gesto indicando sexo*) atualizar!

(*Os irmãos acham mais graça. Riem mais alto.* ROGÉRIO *grita de dentro.*)

ROGÉRIO (off):	Dá pra me deixar dormir, bosta?
MÃE:	Ó... o irmão de vocês!

(RICARDO *e* RODRIGO *se calam e vão para a cozinha. A* MÃE *permanece mais alguns segundos, sozinha. Sente alívio por saber que todos os três já estão debaixo do seu teto. Dá uma "pescada" assistindo televisão. Levanta. Desliga a TV. Dirige-se até o interruptor de luz. Apaga a luz.*)

Ato II

Outro dia. Ouve-se o áudio de um filme. Algumas falas expressas. De repente, uma grande explosão preenche todo ambiente. A MÃE *está tentando abaixar o volume no controle remoto, mas, ela se atrapalha com as modernidades tecnológicas.* RODRIGO *vem correndo, do quarto, e procura o controle remoto. Em seguida chega* RICARDO, *muito assustado, muito mesmo.*

RICARDO: O que foi isso?
RODRIGO: O som do aparelho!
RICARDO: Puta que pariu! Quase morri de susto!
MÃE: Eu não sei mexer...
RODRIGO: É este aqui, o símbolo de "menos" embaixo do "mais". Viu? Vo-lu-me.
MÃE: Já falei que eu não sei mexer.
RODRIGO: Ou então, mãe, a senhora aperta o Power. Aí desliga.
MÃE: Eu ia limpar e disparou sozinho.
RICARDO: Ela deve ter ligado sem querer e o filme estava neste ponto...
MÃE: Claro que foi sem querer! Eu não mexo nas coisas do Rogério. Depois estraga e vocês conhecem bem o irmão de vocês...
RICARDO: Porra, que susto!
MÃE: Pronto. Rodrigo já desligou, viu! O café tá pronto! (*Para* RODRIGO.) Seu panetone tá lá... acaba logo com aquele troço... (*Para* RICARDO.) Filho, o tal de Dico te ligou. Eu passei o celular.
RICARDO: Eu desligo quando estou dormindo.
MÃE: Rodrigo, aquilo onde você trabalha é uma pastelaria ou é um matadouro de boi? Nunca vi uniforme tão sujo... Se você não cooperar... Eu não tenho mais idade e saúde para ficar clareando...
RODRIGO: Não vou trabalhar hoje. Se ligarem da lanchonete, diga que eu precisei viajar de última hora, aqui pra perto mesmo. Diga que, amanhã, sem falta, eu estarei de volta. Depois eu arrumo um atestado.
RICARDO: Atestado pra viajar?

RODRIGO: Ninguém lá tá nem aí... O atestado é só pra constar na Contabilidade.
MÃE: O que você vai fazer?
RODRIGO: Eu tenho que buscar um negócio... Um presente de Natal atrasado que eu próprio me dei...
RICARDO: Ingrato! Você é o único que ainda recebe presente no Natal. Da mamãe e do Rogério, porque, você sabe, eu...
MÃE: E eu posso saber o que é?
RODRIGO: Não. A senhora nunca vai saber.
RICARDO: Gente, mas o que de tão secreto pode ser esse tal presente?
RODRIGO: Quando ela...
MÃE: Ela?
RODRIGO: ...chegar, eu te chamo para ver. Mas só você, Ricardo. E se a mamãe souber, vai ter sido você...
RICARDO: Me deixe fora das suas confusões.
RODRIGO: Quem gosta de confusão aqui é você, meu chegado. Minha parada é limpa. Tá certo que não é bem o que eu queria, mas foi o que eu consegui juntar.
MÃE: Gastando dinheiro à toa? Não basta Rogério e essas praias, todo ano?
RICARDO: Este ano vamos ter que aguentar o Rogério dentro de casa. Ele e a Vanessa terminaram.
MÃE: É mesmo? Ele não me disse, nada.
RICARDO: E a vergonha? Aquele ali... caladão... na dele... Fiquei sabendo ontem. O Xico me disse que dessa vez é pra valer.
MÃE: E o que Xico sabe ou deixou de saber da vida da irmã? Isso é assunto deles.
RICARDO: O Xico disse que tem certeza, dessa vez é sério. Me parece que a Vanessa está até saindo com outro...
MÃE: Não fale essas coisas! Se seu irmão ouve... Minha Nossa...
RODRIGO: Ele já sabe, mãe. Todo bairro já viu. O patrão dela anda trazendo ela em casa todos os dias... E no Natal agora, ela foi conhecer a família dele... a família e os filhos... o cara, me parece, é divorciado.
MÃE: O que é isso que vocês estão me falando? Onde a Vanessa está com a cabeça?

RODRIGO: É... eu nem ia falar pra não preocupar a senhora, até porque Rogério nunca foi disso... mas ele anda bebendo... Só não vai na Sinuca do Dé porque ele sabe que encontrará comigo ou o Rico. Mas eu passei com o Wagner no Postinho e não acreditei no que vi. Era de cortar o coração. O Rogério estava sentado sozinho numa mesa do fundo, perto da máquina de CD, e, olha mãe, ele não parecia nada alegre, viu?

RICARDO: Eu falei, eu falei. Desde antes do Natal que eu venho percebendo o mau humor dele... Se bem que "Rogério mal-humorado" é pleonasmo.

MÃE: O que é pleonasmo? Alguma doença de cabeça?

RICARDO: Mas dessa vez está exagerado...

MÃE: Se é que isso está realmente acontecendo, o que eu duvido muito, porque eu conheço muito bem a minha nora, aquilo sim que é mulher e não essas confusões que os senhores arrumam. Vocês precisam ter paciência com o irmão de vocês. Ele gosta dela e está sofrendo de verdade. Ele não é como vocês que trocam de namorada como quem troca de par de meias...

RICARDO: A gente não é obrigado... e nem tem culpa de nada... eu não vou dar colher... deixa ele vir pra cima de mim pra ele ver só...

MÃE: Ai de você Ricardo, ai de você, principalmente você...

RICARDO: Então...

RODRIGO: Oh... eu não tenho nada com isso. Nunca me apaixonei, não sei como essas coisas funcionam. Eu vou cuidar da minha vida. Não se esqueça, mãe: eu precisei viajar. Inventa qualquer coisa, ou melhor, diga que não sabe por que eu viajei, depois eu conto que foi pra tratar...

MÃE: Tratar de quê?

RODRIGO: Esqueceu, mãe? Eu tô doente...

MÃE: Misericórdia! Fica brincando com essas coisas, depois adoece de verdade. Olha lá o que o senhor vai me aprontar, ouviu Rodrigo?

RODRIGO: Benção! (*Beija a* MÃE.)

MÃE: Deus lhe abençoe!

RODRIGO (*para o irmão*): Inté, pangué! (*Sai.*)
RICARDO: Mãe, tem jeito de destrancar o telefone para eu ver o que o Dico está querendo comigo?
MÃE: Se seu irmão descobre...
RICARDO: Uma ligação!
MÃE: Você sabe que ele não gosta...
RICARDO: Coisa rápida, mãe!
MÃE: Mas é ele quem paga a conta...
RICARDO: Vou só perguntar uma coisa, ouvir a resposta e pronto, acabou.
MÃE: Prefiro te dar o dinheiro pra você comprar o cartão...
RICARDO: Bobagem...
MÃE: A chave tá debaixo do filtro, na cozinha. Um minuto. Nem mais nem menos. Vou ficar na cozinha contando o tempo no relógio. Se passar de um minuto, eu venho e tiro da tomada.
RICARDO: Trinta segundos.
MÃE: Trinta segundos contando o tempo de demora para atender.
RICARDO: Eita, velha difícil! (RICARDO *vai para a cozinha buscar a chave do cadeado do telefone.*)
MÃE: Velha?
RICARDO (*off*): Ora, quanta ignorância a minha! Me esqueci que estou falando da ex-miss Colégio Padre Machado.
MÃE: Ex-Garota Colégio Padre Machado. Miss era coisa de pervertida. O Padre Machado era um colégio católico.
RICARDO (*volta para a sala*): Onde a senhora beijava os rapazinhos dentro da biblioteca...
MÃE: Foi onde conheci o pai de seus irmãos.
RICARDO: E meu pai, mãe, onde a senhora conheceu?
MÃE: Não me lembro. Não me lembro mesmo.
RICARDO: A senhora não gosta mesmo de falar dele, não é?
MÃE: Meu filho, seu pai entrou na minha vida para não ficar. Por isso, não durou nem um ano.
RICARDO: Porque ele morreu.
MÃE: Uma fatalidade. Poderia ter acontecido com o pai deles primeiro. Mas, aconteceu com o seu.
RICARDO: E a senhora, mais que depressa, voltou para o antigo marido.

MÃE: Ainda bem, senão Rodrigo não existiria. Já pensou eu, sozinha no meio deste campo de guerra entre você e Rogério? Oh, vamos parar com este assunto... Tô lá dentro de olho no senhor e este telefone... (A MÃE sai.)

RICARDO (no telefone): — "Dico, qualé, meu amigo?
— Beleza pura!
— Tô te ligando para saber se conseguiu falar com ele?
— E que horas ele vem buscar? Você sabe que tem que ser sem o meu irmão aqui...
— Puta que pariu, meu sócio! Como assim? Tô ferrado, bicho!
— Porra, cara, você disse que seria hoje, sem furo. Ele pegaria a mercadoria hoje, deixaria o cheque e a gente colocava a mão na grana amanhã...

(MÃE *volta, mas* RICARDO *não percebe.*)

RICARDO (no telefone): — Eu disse que era limpeza. Ninguém usa o porão. Mas acontece que o combinado era buscar hoje. Se busca amanhã, o cheque vai compensar quando? No ano que vem. Esqueceu que daqui três dias vai estar tudo fechado no mundo inteiro?
— Sacanagem, meu. Não foi isso que nós combinamos.
— Põe-se no meu lugar. Eu escondo quase meia tonelada de foguete no porão da minha casa, correndo o risco de explodir o quarteirão inteiro com toda a minha família junto...
— Ah, nem... fala uma coisa, depois faz outra. Assim fica difícil o diálogo.
— O que você pode fazer? O que deveria ter feito. Ter sido mais incisivo com o cara. Por que não disse? "Se não levar hoje, vou passar para outro comprador."
— Eu sei que não existe outro. É só pra pressionar o cara, vacilão!
— E mesmo não existindo outro... Afinal, você está falando com um profissional... Não existe, mas pode existir. Quantas festas vão fazer o show pirotécnico? Vai que alguma ficou na mão com o fornecedor... A festa é daqui três dias... de repente a gente consegue tirar quatro vezes mais...

(*A mãe desliga a tomada do telefone.*)

MÃE: Eu disse trinta segundos e você ficou dois minutos. Você não cumpre nada mesmo, não é, Ricardo? (*Tranca o telefone.*)
RICARDO: Ih, mãe. Estou numa emergência. Deixa pelo menos eu ligar pra pedir pra ele ligar para mim.
MÃE: Vou fingir que nem ouvi.
RICARDO: Então me dá o dinheiro do cartão.
MÃE: Continuo não ouvindo nada.
RICARDO: Emprestado. Eu te pago amanhã.
MÃE: Quantos maços de cigarro eu dei dinheiro para você comprar com a promessa de receber no dia seguinte?
RICARDO: Mãe, o assunto é sério.
MÃE: Sério? Cada um com seus problemas!
RICARDO: O que deu na senhora?
MÃE: O que deu em mim, Ricardo? Adivinha. Estou cansada.
RICARDO: Ih, lá vem a senhora…
MÃE: Eu não preguei Jesus na cruz, não! Vocês só vão sossegar no dia em que me verem esticadinha num caixão… Mas eu não vou dar esse gostinho pra vocês, não. Qualquer dia desses, eu junto minhas coisas e desapareço para sempre. Fugi de casa, a primeira vez, com oito anos de idade. Segui o circo. Papai me buscou em cima do caminhão. Já estava no meio da estrada… Vocês nunca mais ouvirão falar de mim. Nunca mais. Não volto nem pra conhecer neto. Nem pra casar filho. Se é que algum de vocês vai me dar esse prazer. Eu não sei onde eu errei. É um pior que o outro. Rodrigo, pelo menos, ainda é uma criança.
RICARDO: Dezenove anos e cheio de cabelo no saco.
MÃE: Este, pelo menos, eu ainda tenho esperança…
RICARDO: A senhora quando quer fazer suas cenas…
MÃE: Eu já estou cansada, Ricardo. Nem meu jeito vocês respeitam… Até do meu jeito de ser, de falar, vocês zombam. Deve ser porque eu sou uma péssima mãe. É isso, eu sou péssima mãe para vocês, meus queridos filhos perfeitos… É cada uma…

RICARDO: Vai ou não vai me dar o dinheiro para o cartão?
MÃE: Não. Eu vou ligar agora mesmo para a polícia e denunciar o que você está fazendo.
RICARDO: O que eu estou fazendo?
MÃE: O que você está fazendo, Ricardo...?
RICARDO: Só estou trabalhando. Não é isso que vocês vivem me jogando na cara? O que eu preciso é de um trabalho...
MÃE: De um emprego. Como seus irmãos. Um trabalha numa montadora de carro, dia sim, dia não, plantão de quase vinte e quatro horas em cima daquelas máquinas perigosas que, por qualquer descuido, corre o risco até de morrer. Seu outro irmão, mais novo que você e tá aí...
RICARDO: Fritando pastel!
MÃE: Sim, fritando pastel, fritando coxinha, servindo caldo de cana. Que problema há nisso?
RICARDO: Não estudei pra ficar...
MÃE: Você estudou pra ficar colocando em risco a minha vida, a vida dos seus irmãos e a vida de todo o quarteirão?
RICARDO: Eita ouvido afinado...
MÃE: Infelizmente eu ouço bem demais. Quem me dera ter nascido surda. Surda e cega. Para não ouvir e ver o que você anda fazendo com sua vida.
RICARDO: E muda também, pra não falar tanta besteira.
MÃE: Besteira, Ricardo? Você encheu o nosso porão de dinamite... Estamos morando na boca do vulcão! Você tem ideia da tragédia que você pode causar? Claro que não tem... Você só pensa em você. Mas fique sabendo que se essa casa explodir, você vai junto. Porque é vagabundo, não sai de casa pra trabalhar como seus irmãos. Oh, meu Deus, por que o Senhor não manda um raio e explode agora a casa comigo e este irresponsável, para, pelo menos, poupar a vida dos meus outros dois! Só me prometa poupar a vida dos pobres vizinhos que não têm nenhuma culpa de morarem ao lado de um terrorista!
RICARDO: Chega. Eu vou pra rua.
MÃE: Olha pra você ver, esta é boa! Então quer que eu morra sozinha?

RICARDO:	A senhora pensa que eu quero explodir a minha casa com a senhora aqui dentro?
MÃE:	Tá saindo e me deixando sozinha em cima de quase meia tonelada de pólvora!
RICARDO:	Era pra ser só até hoje.
MÃE:	Desde quando estamos dormindo em cima desta bomba?
RICARDO:	Chegou ontem. Era pra ser até amanhã. Mas o Dico vacilou, abriu as pernas para o comprador...
MÃE:	Minha Nossa Senhora... E se este comprador não comprar nada? O que vamos fazer com estes foguetes? Churrasco pra você arrecadar dinheiro enganando os convidados?
RICARDO:	Mãe, assim fica difícil conversar com a senhora. Esta casa é minha eu faço o que quiser com ela.
MÃE:	Esta casa é sua, Ricardo?
RICARDO:	Sim, minha. Foi meu pai que deixou de herança. Esta casa é minha, a casa, o teto, a varanda, o muro e até mesmo o porão. Tudo comprado pelo meu pai, que, quando morreu, deixou para o filho dele.
MÃE:	Deixou para nós. Não se esqueça que eu fui casada com ele.
RICARDO:	Mas nem esperou ele feder pra colocar outro homem aqui dentro de casa.
MÃE:	Um homem que sempre te criou como se filho dele, você fosse.
RICARDO:	Ah, é? Alguma vez ele me ensinou a jogar futebol? Quando meus primeiros pelos começaram a aparecer na cara, foi ele quem me ensinou como fazia barba? No Dia dos Pais, quando eu li aquele poema, ele estava lá para ouvir?
MÃE:	Porque foi na festa da escola do Rogério.
RICARDO:	O filho legítimo.
MÃE:	Estes professores marcam a festa no mesmo dia, no mesmo horário... Mesmo se ele fosse seu pai legítimo, não teria como ele estar nas duas festas...
RICARDO:	Acontece que, entre duas festas no mesmo dia e no mesmo horário, qual ele escolheu?
MÃE:	Isso não justifica você encher o porão da *sua* casa com dinamites. Dessa vez você foi longe demais. Depois do carro

roubado, eu achei que você tinha chegado no limite, meu filho. Mas não, tinha algo pior para vir. E veio. Vou ligar para o seu irmão Rogério me buscar, imediatamente. Precisamos sair daqui. E agora, eu nem sei onde o Rodrigo se meteu... Vou deixar um bilhete para ele no portão pedindo para ele não entrar em casa por nada neste mundo...

RICARDO: Um bilhete no portão? Para toda a vizinhança ficar sabendo.

MÃE: Se eu tivesse dinheiro, eu ia pedir para o Osvaldo, do carro de som, sair anunciando para todo o quarteirão. A filha da Marília acabou de ter neném... O Almerindo, agora que conseguiu se aposentar... E o Doca e seu boteco? Cheio de inocentes da outra rua... Ah, nem...

RICARDO: Não vai acontecer nada, mãe. Eles são profissionais. As caixas estão lacradas. Ninguém entra no porão... Nem Rodrigo vai lá hoje, nem amanhã. Ele tá comendo a Amandinha. Amandinha não entra no porão por causa das baratas. Eu tentei levar ela lá. Mas ela deu o maior piti...

MÃE: Ricardo, faça o que você fizer, mas eu te dou prazo até hoje a noite pra você consumir com essa coisa... Não quero que Rogério nem sonhe que isso esteja acontecendo...

(ROGÉRIO *chega, trazendo uma sacola.*)

ROGÉRIO: O que está acontecendo, mãe?

(*Silêncio e tensão entre eles. Segundos.*)

ROGÉRIO: Nem precisa falar. Eu já vi. (*Pausa.*) Na sua mão. A chave do telefone. É foda, heim, mãe! Nem a senhora coopera! Por isso que o folgadinho não toma jeito. A senhora acoberta demais... assim não vai aprender nunca... Estou errado, estou? Heim, estou falando alguma besteira? (*Para o irmão.*) E você, por que está calado? Não vai negar? Não vai dizer que não era você que estava usando o telefone?

MÃE: Não era ele. Era eu. Estava ligando para você. Você não estava na montadora?

ROGÉRIO: Na montadora? Claro que não. Esqueceu que hoje começaram minhas férias? Tinha pedido pra viajar com a Vanessa. Ela ligou?

MÃE: Férias? Mas, por que você acordou cedo?
ROGÉRIO: Pra comprar estas roupas para a festa. Para a festa e para um certo folgado usar depois, até estragar... A senhora sabe como ficam as lojas pra vender as brancas... Essa tal superstição de passar com roupa branca e nova... Vanessa é cheia de coisas...
MÃE: Meu filho, não minta pra mim. Me magoa. Eu já sei de tudo.

(ROGÉRIO *abandona a falsa alegria e entrega sua tristeza. Vai para o seu quarto sem falar nada.*)

MÃE: Consuma com isso hoje mesmo. Se ele descobre, ele é capaz de chamar a polícia. Ainda mais passando o que ele está passando...
RICARDO: Como eu vou descarregar com ele aqui dentro?
MÃE: Se vira!
RICARDO: Tudo é fácil pra senhora. Vou levar para onde?
MÃE: Leva pra casa da Terezinha e do Moraes. Não é treta do filho deles?
RICARDO: Se o Dico tivesse onde guardar os foguetes, ele não tinha me colocado na transação...
MÃE: Até hoje a noite, nem mais um dia...
RICARDO: A senhora vai fazer o quê?
MÃE: Nem queira saber, Ricardo. Nem queira. Essas suas maluquices, você puxou de mim. Seu pai nunca foi assim. A diferença é que eu consigo controlar as minhas, ao contrário de você. (*Vai para a cozinha.*) Não vou nem mexer com panela hoje... Vou fazer só uma salada pra gente almoçar pra não precisar acender o fogão... E vai ficar sem seu cigarro, capaz!

(ROGÉRIO *volta, transtornado.*)

ROGÉRIO: Mãe, minha camisa azul, até agora nada...
MÃE (*da cozinha*): Achei jogada atrás das suas meias e cuecas... Você tem que prestar mais atenção, meu filho. (*Volta da cozinha.*) Procura direito antes de acusar o seu irmão e me deixar doida...
ROGÉRIO: Achou? Que bom! E onde ela está agora?

MÃE: Onde? Coloquei pra lavar!
ROGÉRIO: Sei.
MÃE: Vou lavar amanhã. Não vou mexer com máquina hoje. Essa fiação antiga... deu curto hoje de manhã...
RICARDO: É mesmo, mãe? Então é melhor não ligar nada elétrico até arrumar...
ROGÉRIO: Acontece que antes de sair eu passei no porão para procurá-la...
RICARDO E A MÃE: No porão?
ROGÉRIO: Não encontrei a blusa, mas vi um monte de caixas... Era essa a surpresa que o Rodrigo disse que faria? Ele me pediu pra não falar nada com a senhora. O Rodrigo deve tá aprontando alguma, mãe... Quem convive com o diabo...
MÃE: Rodrigo, não.
ROGÉRIO: Vamos lá ver o que tem naquelas caixas.
RICARDO: Não. (*Pausa.*) É pra eu vender. (*Pausa.*) São foguetes.

(ROGÉRIO *fixa a* MÃE. *Ela fica sem reação.*)

ROGÉRIO: Todas aquelas caixas?
MÃE: Já disse pra ele tirar aquilo daqui, imediatamente.

(*O pavio foi riscado. Rogério começa a inflamar.*)

ROGÉRIO: O que você está aprontando dessa vez, malandro?
RICARDO: Trabalhando. Cada um sabe como ganhar o seu... O burro, puxa carroça; o inteligente, guia o dirigível...
ROGÉRIO: Olha pra você ver, mãe! A vontade que eu tenho agora é de enfiar um murro na cara dele.
RICARDO: Então dá. Malandro, uma ova! Esta casa é minha. Eu coloco o que eu quiser aqui dentro.
MÃE: Não comecem. Ele vai tirar as caixas ainda hoje...
ROGÉRIO: Você é desse tamanho pra quê? E ainda se diz o mais inteligente da casa, e até se acha no direito de corrigir a gente. Você pode até falar bonito, meu chapa, mas, na vida, faz tudo feio!
RICARDO: O que eu faço da minha vida é problema meu. Cuide da sua que eu cuido da minha. Por que não vai tomar conta da ex que tá dando pro patrão?

(ROGÉRIO *dá um soco em* RICARDO. RICARDO *nem mexe. Porém, instintivamente, dá um soco em* ROGÉRIO *que, por ser mais fraco, vai parar no chão, machucado.*)

MÃE: Minha Nossa Senhora! Misericórdia, meu Deus!

(ROGÉRIO *se levanta, ensanguentado… Fixa o irmão com ódio.*)

RICARDO: Vem… vem, palhaço! Eu te mato!

(ROGÉRIO *desmaia. Vertigem. Levanta novamente.*)

MÃE: O que eu fiz, meu Senhor? O que eu fiz pra merecer isto? Eu não preguei Jesus na cruz, não!

(ROGÉRIO *vai novamente para cima do irmão que não faz nenhum esforço. Mas, apenas com um empurrão, lança longe o irmão em desvantagem física.*)

MÃE: Oh, meu Deus! Perdoe meus pecados! Não deveria ter arrumado outro homem, não deveria! Mas eu tentei consertar…

RICARDO: Sai da minha casa! Se manda, porque se não eu sou capaz de fazer uma besteira e quando me arrepender pode ser tarde demais…

MÃE: Eu vou chamar a polícia pra vocês, dois animais. Animais? Nem gato, nem cachorro briga tanto assim pelo seu território… Parem com isso, imediatamente!

ROGÉRIO: A casa pode ter sido comprada pelo pamonha do seu pai. Mas quem manteve ela em pé? Foi o meu pai. E hoje, sou eu. O filho dele. E quem ajuda? Rodrigo. O outro filho dele. E quem coloca dinamite debaixo da gente? Você, o filho bastardo dele!

MÃE: Nem me ouvem. Estou invisível pra vocês?

RICARDO: Você não aguenta, meu chapa… não provoque… mais um murro meu e você quebra em quatro!

MÃE: Eu não aguento mais. Chega! Chega! Chega! CHE-GA! (*Desaba, é o pavio da mãe que explode dessa vez.*) CHEEEEEEEEEEEEEEEEEE-GA! (*Pausa.*) Chega… A vida inteira foi isso na minha vida… Eu não aguento mais! Primeiro foram seus pais… Foi isso a vida inteira… ora um, ora outro… Eles não podiam chegar perto um do outro que era a mesma coisa… Ora na língua, ora no braço… Não, aquilo não era vida… Cada um tinha o seu jeito, a sua força… Mas, não. Eles não sabiam dividir… Não sabiam conviver… Eu tinha que ser exclusiva… só ter olhos para um… só me deitar com um deles… e, antes mesmo da tragédia, antes mesmo de aquilo ter acontecido, eu ainda me perguntava, por que comigo? Se estava com um deles, o outro não me dava paz… Então a minha vida era um inferno… tão inferno que logo estava eu (*para* ROGÉRIO) terminando um casamento para ter paz… Mas, a paz nunca chegou para mim… porque o outro (*para* RICARDO), o outro não deixou… Quando ficou sabendo que eu estava livre, o que fez? Tudo. Tudo que podia para… me… conquistar… E conquistou… Se tornou doce, amável, paciente… Mas só dentro de casa. Porque, na rua, eu ficava sabendo, era confusão atrás de confusão… Os dois nunca se entenderam… Tanto fizeram… Tanto provocaram… Tanto ameaçaram que… aconteceu aquela tragédia… Minha faca predileta para cortar churrasco… (*para* ROGÉRIO) Seu pai… (*para* RICARDO) …seu pai.

RICARDO: O quê?
ROGÉRIO: Minha Nossa!
MÃE: Todos me diziam que isso, mais cedo ou mais tarde, iria acabar acontecendo. Mas eu achei que era exagero. Ciúmes de amor… e quando um deles se amarrasse em algum rabo de saia… eu teria sossego para viver em paz com meus dois filhos… Mas aconteceu… (*chora*) Passei a mão nos dois e fui para a casa da mamãe. Depois veio o inventário e a família do seu pai disse que esta casa havia ficado amaldiçoada… eles não queriam nada com ela… e que, por direito, ela era minha. Nunca mais vi a família dele… Passando dificuldade, porque a minha família nunca aceitou o fato de eu ter sido mulher de dois homens… Nunca mais vi mais ninguém e voltei para cá, o único teto que eu tinha para abrigar vocês, meus dois filhos… Me tranquei aqui dentro, de onde não saí nem para ir na igreja. Quem era eu também para ser digna de pisar lá? Até que um dia o porão estava com infiltração. Somente um homem poderia resolver o problema. Vocês crianças, Rogério, sempre doente, sempre

mais fraco, com bronquite, eu não poderia deixar o mofo tomar conta do lugar... Aí ele voltou... Arrumou o porão e me enfiou mais uma criança... Rodrigo... O seu inimigo estava morto, pensei... Ele conseguiu se livrar da pena alegando legítima defesa, o que realmente foi verdade... Eu, já grávida do terceiro, sem dinheiro nem para comer, tirando da minha boca para deixar para vocês dois... e agora, mais um que chegaria... Então me juntei à ele novamente... E o que me acontece? Eu descubro que meu marido não era fiel. Eu descubro que meu marido não era fiel porque ele não gostava de mim... Nunca gostou... Na verdade, ele sempre amou... (*para* RICARDO) o seu pai... (*para* ROGÉRIO) E o pai de vocês, Rogério, sempre amou... o pai do Ricardo. Tanto se amaram, tanto calaram esse amor, tanto esconderam no porão, que acabou em morte... Depois veio a outra tragédia... Foi pior do que fingir ciúmes da mesma mulher.

RICARDO E ROGÉRIO (*quase simultâneos*): O que aconteceu? Agora que começou, continue...

MÃE: Era um churrasco, aniversário do Ricardo, todos os vizinhos, parecíamos uma família feliz... Wagner, amigo do Rodrigo, ainda garoto... A mãe precisou do marido para buscar não sei o que na casa deles para a criança... Procurou o marido em todos os lugares desta casa. Nenhum convidado sabia onde ele estava, muito menos eu... procurei então o meu marido, e nós duas vimos... Pegamos (*para* ROGÉRIO) seu pai transando com outro homem: o pai de Wagner...

ROGÉRIO: Que vergonha!

RICARDO: Meu pai, não. O deles, sim...

MÃE: Outro. Mas a história começou antes... (*para os dois filhos*) entre os dois... Um amor de toda vida nunca resolvido, nunca assumido. E eu, no meio desse tiroteio. Depois fui juntando tudo, peça por peça desse confuso quebra-cabeça, e descobri que não era só ódio que unia os dois... eles tinham uma relação, sim... ficaram várias vezes... várias... as brigas eram mais ciúmes um do outro comigo do que de mim... Enquanto a loucura permitiu... enquanto o silêncio falou mais alto... Neste dia, o dia do flagrante, foi uma tragédia nesta rua… dois suicídios ao mesmo tempo… a mãe do Wagner e… (*para* ROGÉRIO) o pai de vocês. A única pessoa que viu, além de mim, ateou fogo ao corpo… o pai do Wagner não iria nunca falar sobre o que tinha acontecido… e eu? Claro que também não! Quanta vergonha!

RICARDO: Eu preciso ir ao banheiro, eu preciso vomitar!
ROGÉRIO: Cuidado, não acenda a luz! Pode ser perigoso.

(*Entra áudio de motocicleta.*)

MÃE: O que é isso?
ROGÉRIO: Parece uma moto…
MÃE: De onde está vindo esse barulho?
RICARDO (*desespera*): O porão!
OS TRÊS: NÃO!!!!!!!!!

(*O áudio da motocicleta aumenta, causando pânico. Como se algo fosse explodir. Silêncio. Nada explode. Minuto de silêncio.* RODRIGO *entra em casa.*)

RODRIGO: Mãe, a senhora mais cedo ou mais tarde iria ficar sabendo. Comprei a moto do Wagner.

(*Silêncio entre eles.*)

RODRIGO: O que aconteceu por aqui? Parece até que explodiu uma bomba!

(*Choram, abraçados. É o perdão de todos por seus pecados. O mito de Caim e Abel e os ritos de algumas mães.* RODRIGO *fica sem entender nada.*)

FIM.

Wesley Marchiori é natural de Belo Horizonte, graduando em Letras pela UFMG, dramaturgo, roteirista, produtor teatral e escritor. No teatro, autor de vários sucessos como *As Barbeiras*, *Vexame*, *Na Virada do Sexo*, *Cada um Tem a Sogra que Merece*, *2 de Novembro*, *Amar É uma Comédia*, *Subindo Pelas Paredes*, *Por Acaso*, *Não Caso*, *Ainda Te Pego*, *Alô, Alô, Brasil*, entre outras. Premiado no Prêmio Sinparc com o texto *2 de Novembro* na categoria Melhor Texto Inédito; Finalista do Prêmio João de Barro com o livro infantil *Casa Pequena* e Menção Honrosa no Grande Prêmio Minas de Dramaturgia por duas vezes com os textos *2 de Novembro* e *Se os Homens São Todos Iguais, Por que as Mulheres Escolhem Tanto?*

Clínica do Sono[1]

Daniel Toledo

> O sistema competitivo
> deforma o caráter humano.
>
> Subverte
> o instinto
> de trabalho,
>
> a tendência de produzir
> dentro dos limites
> de nossa capacidade,
>
> o interesse
> pelo trabalho
> bem-feito.
>
> Lewis Coser,
> sociólogo alemão
> (1913-2003)

Personagens:

SIDNEI: um homem com distúrbios de sono
SUESSE: uma imigrante em busca de trabalho
SEIDL: uma voluntária com peso nos ombros
SAMARA: uma operadora de telemarketing freelancer

1. *Clínica do Sono* estreou no Teatro Espanca!, em Belo Horizonte, em maio de 2015, com direção do próprio autor e atuação de Alexandre de Sena, Beatriz França, Daniel Toledo e Regina Ganz. Ao lado de *Fábrica de Nuvens* e de *Controle de Estoque*, a peça integra a Trilogia do Trabalho e o repertório do coletivo TAZ.

Ato I

Prólogo

Lá fora, o sistema soberano.

Aqui dentro, acolhedora atmosfera de decadência.

Cada integrante do público recebe, na entrada do teatro, um pacote plástico com pequeno travesseiro e cobertor.

Em algum ponto do palco, há um monitor, uma televisão. Parte do público vê de relance que ali são exibidas imagens de pessoas dormindo, transmitidas por algum tipo de câmera de vigilância.

Mesmo quando todas as luzes se apagam, a imagem da televisão respinga em algumas cadeiras situadas no palco.

Cena 1: Apresentação de Suesse

Vemos SUESSE *sentada em uma cadeira. Perto dela, um pacote plástico com travesseiro e cobertor (exatamente igual ao que o público recebeu na entrada do teatro). Também ao seu lado, há* uma cesta onde, descobriremos mais tarde, dorme um bebê. Entra trilha sonora. SUESSE vacila entre o sono e a vigília.

Cena 2:
Apresentação de Sidnei

Agora vemos SIDNEI, *sentado em outra cadeira, observando o monitor ao mesmo tempo que morde o último biscoito. Ele olha para a entrada do teatro por um instante, como quem espera alguém, depois volta a observar o monitor. Repara, em seguida, no estado de* SUESSE *e, finalmente, se dirige ao público.*

SIDNEI (*entre constrangido e aéreo*): Eles me perguntaram se eu tinha algum tempo livre, e eu disse que sim, tinha a tarde inteira. Eu não vi motivo pra mentir. Foi então que eles me trouxeram para esse lugar, me deram essa cadeira e pediram que eu ficasse por aqui, que eu acompanhasse o monitor e as pessoas, e anotasse caso algo de anormal acontecesse. Eles não explicaram o que era normal, anormal, não explicaram nada. Pediram que eu passasse a tarde aqui, a noite também, se pudesse. Pela noite eu ganharia em dobro, então aceitei. Eles mesmos não me pareciam muito normais, mas pareciam inofensivos, pareciam pessoas de boa vontade, dessas que praticam boas ações, filantropia. Então eu decidi ficar aqui, observando esse monitor. Eles não me avisaram que vocês viriam, não me avisaram nada. Mas, olha, eu já esperava. Porque todo dia é a mesma coisa: eu sento aqui diante do monitor, esperando que alguma coisa anormal aconteça, e depois chegam vocês. Não exatamente vocês, claro, outras pessoas, mas são como vocês. Ficam assim, quietos, me olhando. Talvez com sono, por isso os pacotes com travesseiro e cobertor. Talvez esperando que alguma coisa anormal aconteça comigo. Mas, olha, eu não quero ser grosseiro. Eu sou bem normal. Quem é que não tem um pouco de tempo livre, que não precisa de um trabalho? Enfim, de repente eu não sei o que dizer. (*Silêncio.*) Olha, eu não gosto de filantropia, mas eu confio nas pessoas que parecem ter boas intenções. Apesar de ter certa resistência em confiar nas pessoas que me aparecem, assim, de repente. Eu não confio totalmente em vocês, por exemplo. Mas acho que nada de mal, de anormal, vai nos acontecer – se ficarmos aqui, observando esse monitor, conforme o pessoal falou. Eles vêm toda noite, não sei se voltam hoje. (Silêncio.) É bom o silêncio, não é? Fui eu que abaixei o volume da televisão, do monitor. Eu perguntei a eles se podia, eles disseram que sim. Eles são boas pessoas. Não que eu confie neles, mas até agora também não tive motivos pra não confiar. (Silêncio.) É bom o silêncio, não é? Fui eu que abaixei o volume da televisão... Desculpa, eu estou me repetindo, mas daqui em diante não me repito mais, não. Eu não repito mais. Não repito. (Tensão.) Vocês podem confiar em mim. Ou podem não confiar também. Eu não quero ser grosseiro, mas na verdade tanto faz, confiar ou não, o que acontece acontece independente disso. (Silêncio.) É bom o silêncio, não é? Me dá uma sensação de liberdade. Uma sensação. (Silêncio. Olha o monitor. Morde novamente o último biscoito.) Nada de anormal. (Ao público.) Ah, eles costumam trazer mais biscoitos. Às vezes trazem frutas também, mas sempre são de plástico. Os biscoitos eu não sei se vai dar pra todo mundo. Aqui é tudo mais contado, não tem a fartura lá de fora. Ah, eles me deixam também um *voucher*, pra quando acaba a reunião, se eu quiser ir embora. Só que o *voucher* eu nunca uso, porque eu costumo ficar mais por aqui mesmo. (Silêncio.) Daqui a pouco ela chega aí. A senhora. A senhora parece que é fixa, ela usa uniforme. Ela é bem segura. Eu não, eu sou assim, do jeito que vocês estão vendo mesmo. Mas eu sou boa pessoa, eu... sou obediente, respeitador, trabalhador também. Eu só não faço caridade porque eu realmente não posso. Eu sou uma pessoa simples e se eu fizesse caridade, daqui a pouco já poderia me faltar alguma coisa, eu teria que dar um jeito. Recorrer à caridade, pedir ajuda na rua, trabalhar demais. Mas eu gostaria muito de fazer caridade. Se me sobrasse alguma coisa, eu faria, faria com certeza. (*Silêncio.*) Aliás, eu fico muito feliz que vocês tenham chegado. Porque, senão, eu estaria aqui sozinho, com ela dormindo, sem ninguém pra conversar até a hora em que a senhora chegar. Vocês vão ver quando ela chegar, o uniforme dela. No uniforme dela tem alguma coisa escrita, mas é em outra língua; eu não entendo. Eu fico doido pra perguntar, mas não pergunto, não gosto de invadir o espaço das pessoas. Não gosto mesmo. Por isso só vim aqui porque me convidaram. A única coisa que eu perguntei, teve um dia, foi se eu podia abaixar o volume. Pronto, não perguntei mais nada. (*Silêncio. Observa o monitor.*) Tudo certo. Bom, mas eu falava da senhora. O uniforme dela tem essas coisas escritas. É muito interessante o uniforme dela. (*Falta de assunto. Silêncio.*) Às vezes, quando eu estava aqui, mais cedo, antes de vocês chegarem, eu dei umas pescadas. Eu não dormi não, só dei umas pescadas, mas comecei a sonhar que a senhora chegava e trazia um uniforme igual o dela pra mim, só que masculino. Sonhei que eu virava fixo também. E que ia poder convidar outras pessoas pra trabalhar aqui, que não ia ter mais tempo livre pra nada. É cada sonho que a gente tem. Cada sonho. (*Silêncio.*) Eu não sou de falar muito, não. Assim, falo mais só quando tem gente mesmo. Aí eu falo. Fora isso, não falo, não. De tarde fiquei aqui sozinho, fiquei calado, quase o tempo todo. Fiquei olhando o monitor, as pessoas.

Cena 3:
Esperando Seidl

SIDNEI (*referindo-se a* SUESSE): Ela chegou, tava claro ainda. Ela tava mais acordada. Não sei se veio pra ficar. Ela chegou mais cedo, a gente conversou, aí eu sugeri a ela que esperasse a senhora até mais tarde. (*Silêncio.*) Ela ficou assim, e eu fiquei aqui, sozinho, em silêncio, assistindo ao monitor, esperando vocês chegarem, pensando na vida. Pensando se fico até amanhã, depois de amanhã. Fico pensando nisso agora, fico pensando nessas coisas, eu falo demais. (*Silêncio.*) Aí às vezes quase me dá um sono. Mas de noite eu não sou de dormir, não. Primeiro, porque não consigo mesmo. Segundo, porque já já ela chega aí, e eu não quero que ela me encontre dormindo. Porque quero ser fixo. Resolvi agora que quero ser fixo. Hoje em dia é bom ser fixo. Quando a gente é fixo, a gente tem mais direitos. (*Silêncio.*) Daqui a pouco ela chega aí. Vocês vão ver como é diferente. A pessoa com uniforme é diferente. Tem mais direitos. Eu acho. (*Para* SUESSE.) Daqui a pouco ela chega aí. (*Silêncio.*) A voluntária.

SUESSE: É... é ela que decide?
SIDNEI: Ela decide um pouco. Porque tem eles também. (*Refere-se ao público.*) E tem os superiores dela, mas os superiores nunca aparecem. Eles são superiores, né.
SUESSE: Tomara que ela apareça, Sidnei.
SIDNEI: Aparece, sim... ela é fixa.
SUESSE: Como que ela é, Sidnei?
SIDNEI: Oi?
SUESSE: Como que ela é?
SIDNEI: Ela... Normal... Normal com... peso nos ombros.
SUESSE: Peso nos ombros?
SIDNEI: Peso nos ombros.
SUESSE: E dá pra ver?

(SIDNEI *assente com a cabeça.*)

SIDNEI: Eu acho bonita a história dela. Perder tanta coisa e recomeçar tudo, assim, com aquele peso todo nos ombros. É bonita a história dela.
SUESSE: E ela conversa com a gente? Como é?
SIDNEI: É, tem a apresentação, tem os depoimentos, ela é conversada. Eu só não sei como é que ela consegue conversar com a gente, assim, com aquele peso todo nos ombros. Mas daqui a pouco ela chega aí. E, olha, eu fico muito satisfeito que você tenha chegado mais cedo, se não eu estaria aqui sozinho com eles, sem ninguém pra conversar, até a hora de a senhora chegar.
SUESSE (*sem saber o que responder*): Às vezes conversar é bom.
SIDNEI: Falar.

SUESSE: Isso, falar.
SIDNEI: Falar alivia.
SUESSE: Ajuda.
SIDNEI: Ajuda, sim.

(Longo silêncio. SUESSE dá uma pescada.)

Cena 4:
Siedl Chega Acelerada

Uma mulher entra no teatro e caminha em direção ao palco. Ela traz um pacote cheio de biscoitos.

SEIDL: Com licença... Boa noite. Boa noite, gente.
SIDNEI: Boa noite, senhora.
SUESSE (discretamente): Boa noite, senhora.
SEIDL (pergunta a SIDNEI): E o Sr. Martin? Já apareceu?
SIDNEI: Ainda não, senhora.
SEIDL (chega de vez): O trânsito, Sidnei, o trânsito. Eu ainda vou enlouquecer com o trânsito, Sidnei. Enlouquecer.
SIDNEI: O trânsito é um horror, senhora, sempre um horror.
SEIDL (brusca): É sempre um horror, mas hoje foi diferente, Sidnei. Você precisava ter visto. Tinha um... um carro velho no meio do trânsito. Era um carro muito velho, Sidnei, que não conseguia subir o morro. Um carro fraquinho. Aí só tinha uma pista no morro, e os motoristas dos carros maiores precisavam se segurar. Precisavam se segurar e torcer para que o carro velho, fraquinho, andasse. Foi bonito, Sidnei, todo mundo torcendo pra que ele, o carro, conseguisse chegar ate o fim da ladeira. Uma cena rara. (Contempla.) Eu mesma torci bastante... Eu quase me distraí com a cena e desci de ré naquele povo todo, Sidnei. Imagina a tragédia, imagina a burocracia. É gente demais no trânsito, gente demais. Eu não sou filósofa, Sidnei, eu participo também, mas às vezes eu me pergunto: pra onde vão essas pessoas?

SIDNEI: Pra onde, senhora?
SEIDL: Não sei. Mas se elas viessem todas pra cá, Sidnei, seria melhor. Se elas largassem os carros, esquecessem esses ônibus e viessem pra cá. Se elas passassem o dia aqui, como você. Se passassem a noite também. Se passassem a noite, Sidnei, elas ainda ganhariam em dobro.
SIDNEI: Por isso aqui é bom, senhora. E aqui não tem trânsito.

(Silêncio.)

SIDNEI: E a bolsa, senhora?
SEIDL (*demora a entender*): Caindo.
SIDNEI: O desemprego?
SEIDL: Subindo.
SIDNEI: A Fórmula 1?
SEIDL: Perdi a corrida, Sidnei. Perdi a corrida.
SIDNEI: Ouvi dizer que a corrida foi muito bonita.
SEIDL: Perdi, Sidnei. No trânsito.
SIDNEI: Parece que o brasileiro chegou em quinto lugar.
SEIDL (*desdenha*): Quinto?

(*Sidnei assente com a cabeça; silêncio.*)

SIDNEI: Muitas… entrevistas, senhora?
SEIDL: Televisão, Sidnei. Revista, jornal, uns sites que eu nunca ouvi falar. Eu não me acostumo, Sidnei. Não me acostumo com isso. O interesse que essa história provoca nas pessoas. O interesse que as pessoas têm por essa história é uma coisa que eu não entendo. Desde que fui afastada, Sidnei, desde que fui afastada não tenho paz! Nem na cadei… – quer dizer, na clínica. Nem na clínica eu tinha paz. (*Para o público.*) Vocês me desculpem, a gente já vai começar, mas eu não estou bem. Não é que eu não esteja bem, eu tô ótima. É que estou cansada. Estou cansada de falar de mim. Farta. São quantos anos disso, Sidnei? Contando a mesma história pra juiz, delegado, advogado, escrivão, testemunha, colega de cela, carcereiro, pra amigo, pra parente. É tudo tão… cansativo. Foi tudo tão cansativo, Sidnei, por favor.
SIDNEI: Eu imagino, senhora, peço desculpas.

(SIDNEI cutuca SUESSE.)

SUESSE: Desculpa, senhora.

(Silêncio.)

Cena 5:
Suesse na Berlinda

SUESSE (*digna, disfarçando a falta de graça*): Boa noite, senhora.
SEIDL (*para* SIDNEI): Sidnei, ela é nova aqui?
SIDNEI: Sim, senhora.
SEIDL: O nome dela?
SIDNEI: Como, senhora?
SEIDL: O nome. Dela.
SIDNEI: Suesse.
SEIDL: Suesse?
SUESSE/SIDNEI: Suesse.
SEIDL: Por que é que ela não está lá... junto com... eles?
SIDNEI: Ela chegou mais cedo, senhora. Queria dar uma palavrinha com a senhora.
SEIDL: Olha, uma palavrinha comigo... Fala, então, de uma vez, um pouco de você, Suesse.
SUESSE: De mim, senhora?
SEIDL: Claro.
SUESSE: Boa noite, senhora. Boa noite, gente. Meu nome é Suesse. Tenho essa aparência, mas sou daqui mesmo. Sou de família polonesa, que veio para o Brasil na década de 1980. Tenho 27 anos, bela presença, e eu tenho aqui para vender essas bonecas polonesas que eu mesma faço. (SEIDL *se distrai com alguma coisa.*) Essas bonecas representam uma bela terra de muitas florestas e rios, usam uma vestimenta típica – com colete, saia listrada e avental –, e estão sempre prontas para a dança folclórica tradicional da Polônia, a polca. É isso.
SEIDL (*sem olhar*): Que linda, Suesse.
SUESSE: Obrigada.

SEIDL: Você tem quantas dessa?
SUESSE: Pronta, só essa, senhora. É que são muitos detalhes.
SEIDL: Que pena, eu compraria umas oito. Mas levo essa pra te ajudar. No final da reunião, eu pego com você. Pode ser?
SUESSE (*um pouco desapontada*): Pode... pode sim.
SIDNEI (*cheio de dedos*): Pois então, senhora, antes de a senhora chegar eu conversei um pouco com a Suesse, e ela tá procurando um lugar pra ficar. Aí eu pensei uma coisa: será que ela não poderia ficar por aqui de uma vez, ajudar a gente com o serviço? A gente ajuda ela, e ela ajuda a gente.

(SIDNEI *cutuca* SUESSE.)

SUESSE: É... Eu faço essas bonecas, senhora, mas eu também tenho experiência como barista, copeira e cozinheira, senhora. Cozinho muito bem.
SEIDL: Aqui só servimos biscoitos.
SUESSE: Mas eu também faço... cama, faço faxina muito bem. Sempre trabalhei em estabelecimento pequeno, familiar, mas agora que vim pra cidade grande, eu preciso crescer. Eu acho que eu preciso crescer, senhora. (*Percebe alguma coisa em* SEIDL; *tenta encerrar.*) É isso, senhora, muito prazer. (*O climão continua; ela atribui às crianças.*) Ah, e tem os meninos também, senhora. Eu estou com duas crianças, mas elas são muito educadas.
SEIDL (*irônica*): Olha, Sidnei: crianças.
SIDNEI: Duas crianças, senhora.
SEIDL: Quantos anos?
SUESSE: Três e um. Mas o de três já tá na escola; toma conta do de um. Eles não atrapalham o serviço, a senhora pode ficar tranquila.
SEIDL: Será, Sidnei?
SUESSE: E, pelo que eu vi ali com o Sidnei, o trabalho não é muito puxado; eu dou conta.

Cena 6:
O Peso nos Ombros

SUESSE: Qualquer coisa, eu deixo os meninos no cantinho, de vez em quando vou lá, dou comida, vejo se tá tudo bem, e pronto. É como se fossem dois peixinhos, senhora. Eu só trago mesmo porque não tenho casa pra deixar. (*Tenso.*) Eu ainda não sei, senhora, como é que funcionam as coisas por aqui, mas eu acho que preciso crescer na vida. Preciso crescer. Preciso de uma oportunidade, uma chance, uma vaga. (*Encara* SEIDL.) Preciso que a senhora aposte em mim, senhora. Preciso merecer a confiança da senhora. Preciso de um apoio, um auxílio, uma mão...

(*Tenso.*)

SEIDL: Por que que você me olha desse jeito?

(*Tenso; silêncio; climão.*)

SUESSE: Que jeito, senhora?
SEIDL (*impaciente*): Sidnei.
SIDNEI: Senhora?
SEIDL: Sidnei, dá pra ver, não é verdade?
SIDNEI: Ver?
SEIDL: Ver, Sidnei. O peso. Nos meus ombros.

(*Climão.* SIDNEI *e* SUESSE *se entreolham.*)

SIDNEI: Sim, senhora. Dá pra ver de longe. (*Segue o climão.*) Mas não é de todo ruim, senhora. É bom esse peso. Nós não somos mais crianças.
SUESSE (*tentando amenizar*): Não somos crianças, senhora.
SIDNEI: Cada um tem seu peso, senhora. Aqui dentro – com exceção das crianças – ninguém mais é criança. A gente conhece o mundo, sabe o peso que o mundo tem.
SUESSE (*sem saber o que dizer*): Sabe sim.
SIDNEI (*consola*): E olha, senhora, pelo que eu li... sobre a sua história, eu acho que os ombros estão até leves. É por isso que

admiro e respeito a senhora. Porque aparenta ser mais leve do que realmente é — mesmo que ainda seja pesada.

SEIDL (*recompondo-se*): Você sabe, Suesse, lá na cade... — eu vou chamar de clínica, ok? Lá na... clínica eles diziam a mesma coisa. Diziam: "É claro, você carrega, de fato, alguma coisa, não é inocente, de forma alguma, mas ninguém diria que o caso é assim tão grave." Eles diziam isso. Falavam sempre. E isso me fazia bem.

SIDNEI: Mas é verdade, senhora. Olhando assim, não tem quem diga.

SUESSE (*sem saber o que falar*): Não tem, senhora.

SEIDL: Eles sempre diziam isso na cadeia, quer dizer, na clínica, mesmo os... enfermeiros. Eles diziam: "No máximo foi cúmplice, aposto que não foi autora." E a verdade é que fui... autora. E olha, eu acho, é mais leve ser autor do que cúmplice. Os meus cúmplices, coitados, eles passam noites em claro até hoje, eu não gosto nem de falar sobre eles.

SIDNEI: Eu entendo, senhora. Peço desculpas.

SUESSE (*no impulso*): Desculpa, senhora.

Cena 7:
O Público Está Presente

SEIDL *tira um pacote de biscoitos da bolsa, e o apoia em algum lugar. Procura, ali dentro, um biscoito recheado e o come enquanto observa novamente a plateia.* SUESSE *fica de olho.*

SEIDL: E eles?

SIDNEI: O que tem eles, senhora?

SEIDL (*impaciente*): Você adiantou alguma coisa pra eles, Sidnei?

SIDNEI (*em dúvida*): Não, senhora.

SEIDL: Eles chegaram há muito tempo?

SIDNEI: Foram todos muito pontuais, senhora.

(SEIDL *observa o público.*)

SEIDL (*impaciente*): Fizeram muitas perguntas?

SIDNEI: Nenhuma até agora, senhora. Foram todos muito educados. Na verdade, eu é que tomei a liberdade de falar um pouco, mas sem importuná-los. Eu tentei sempre ser agradável, senhora, sem me expor demais.
SEIDL: Quantas horas, Sidnei?

(SIDNEI *informa a hora real.*)

SEIDL (*impaciente*): Acho que podemos começar... sem o Sr. Martin.
SIDNEI (*ameniza*): Como de costume, senhora.
SEIDL: Se ele chegar, a gente explica. (*Lembra-se de* SUESSE.) Suesse, querida, você ajuda hoje, e a gente vê como faz. Pode ser?

(*Entra trilha sonora.* SIDNEI *veste um uniforme provisório, um casaco.* SUESSE *maquia-se rapidamente, com os restos da maquilagem de* SEIDL.)

Ato II

Cena 8:
Sejam Bem-Vindos

SEIDL (*forjando simpatia*): Boa noite... Boa noite... Eu peço desculpas pelo atraso, mas como vocês puderam ver, essa é uma reunião informal. Nós estamos aqui, todos, muito à vontade, e eu só tenho mesmo a tarefa de conduzir a reunião, o encontro de hoje. Em nome da Clínica do Sono, agradeço a cada um de vocês. Muito obrigado pelo interesse de todos. Vejo, entre os candidatos de hoje, alguns rostos conhecidos. Mas também tem gente nova por aqui. (*Refere-se a* SUESSE.) Bom, espero que esse seja o início de um novo momento na vida de cada um de vocês. Aliás, eu sei que cada um está aqui por um motivo específico, mas algumas informações breves são importantes para todos. A nossa entidade oferece aos candidatos cama, comida e ocupação, mas existem regras que precisam ser seguidas. Para aqueles que vêm à sua primeira reunião, explico que a

Clínica do Sono é uma entidade internacional, idealizada pelo Sr. Martin e gerida por seus próprios colaboradores. Aqui na clínica, os que têm sono excessivo são tratados com a oportunidade de dormir de modo livre e indefinido, desempenhando atividades produtivas somente nos intervalos entre uma "hibernação" e outra. Já aqueles que não conseguem dormir recebem a função de acompanhar o sono dos que dormem. Pra que vocês tenham uma ideia, somente o Sidnei, que vocês conheceram há pouco, está acordado há pelo menos três dias e acompanha o sono de 25 pessoas através desse monitor.

SIDNEI: É verdade.

SEIDL: Obrigada, Sidnei. Em cada período de oito horas, os colaboradores – como é o caso do Sidnei – recebem benefícios diários de alimentação e transporte, tendo ainda a possibilidade de pernoitar aqui e ganhar em dobro. Nosso projeto também conta com voluntários, como é o meu caso. Esses voluntários não precisam permanecer na clínica em período integral, mas são responsáveis pelas reuniões de recrutamento de novos colaboradores e pela supervisão das atividades gerais da instituição. Lembro, por fim, mais uma vez, que a Clínica do Sono é uma entidade internacional, sem fins lucrativos, oferecida em vários países como um caminho alternativo ao sistema soberano. Desde sua criação, ela tem sido gerida por seus próprios pacientes... quer dizer, colaboradores, e sustentada a partir de ações como o voluntariado e a filantropia de integrantes do sistema soberano. Naturalmente. Apesar de pouco conhecida no Brasil, ela é bastante disseminada em alguns países do Leste Europeu, como é o caso da Bielorrússia, da Ucrânia e da Romênia.

SUESSE: Com licença. Da Polônia também, senhora.

SEIDL (irônica): Obrigada, Suesse. Da Polônia também. Poucos sabem aqui no Ocidente, mas em alguns desses países a população das clínicas pode chegar a mais de 10% da população total e, nos últimos cinco anos, pode apresentar taxas de crescimento superiores às que caracterizam os sistemas competitivos locais. Somente a título de curiosidade, entre as causas associadas ao crescimento das Clínicas do Sono em diferentes partes do mundo, estão fenômenos como a falência do socialismo, o último suspiro do capitalismo, a saturação das grandes cidades globais e, é claro, a nostalgia em relação a uma vida mais tranquila. (*Respira fundo.*) Para conhecer um pouco da história dos nosso candidatos, nas reuniões da Clínica do Sono nós sempre abrimos espaço para depoimentos...

(Climão. O telefone de SEIDL toca dentro da bolsa.)

SEIDL (*ao público*): Um instante, por favor, é que eu tinha um imprevisto marcado mais ou menos pra esse horário...

Cena 9:
Janelas de Bucareste

SEIDL (*ao telefone*): Pois não?
SAMARA: Boa noite, gostaria de falar com a Sra. Sheila Seidl?
SEIDL: Já está falando com ela, querida.
SAMARA: Sra. Sheila Seidl, boa noite. Meu nome é Samara, sou operadora de telemarketing freelancer e gostaria de falar com a senhora sobre o projeto "Janelas de Bucareste".
SEIDL: "Janelas de Bucareste"?
SAMARA: Sim, o "Janelas de Bucareste" é um projeto social internacional relacionado ao campo da habitação.
SEIDL: Projeto social de habitação, que ótimo! Samara, querida, ligou pra pessoa certa. Eu tenho muita experiência com projetos sociais de habitação.
SAMARA: Pois então, senhora: o "Janelas de Bucareste" prevê investimento em habitação para moradores de Bucareste que foram removidos para as periferias da cidade por causa das obras de renovação do centro histórico.
SEIDL: Eles estão renovando o centro histórico de Bucareste? Que ótimo, isso vai gerar muitos empregos.
SAMARA: Não, senhora. A renovação foi feita na década de 1990, mas até hoje esses moradores vivem em *containers* numerados que sequer têm janelas.

SEIDL: Vivendo em containers sem janelas? Coitados!
SAMARA: Pois então: participando do nosso projeto, a senhora pode contribuir para que janelas sejam instaladas nesses containers, melhorando a vida de centenas de famílias romenas atingidas pelas reformas da década de 1990.
SEIDL: A-do-rei o projeto. Um instante, por favor... (*Para o público.*) Com licença...

(SEIDL *sai de cena.*)

Cena 10:
Biscoito Racionado

Silêncio; constrangimento.

SIDNEI (*ao público*): A senhora tem uma vida muito agitada... (*Para* SUESSE, *sem muito entusiasmo.*) Quer um biscoito?
SUESSE: Como?
SIDNEI: Um biscoito.
SUESSE: Se não for abuso, eu quero, Sidnei. Eu não sei se vou ficar aqui, se vou receber o *voucher*. Eu tô só com o café da manhã, e o menino também.

(SIDNEI *vai até as coisas de* SEIDL, *pega o pacote de biscoitos e oferece para* SUESSE.)

SUESSE: Não, Sidnei, esse é dela.
SIDNEI: Não é não. É nosso, é aqui do setor.
SUESSE: Deixa de ser mentiroso, Sidnei.
SIDNEI: É do setor.
SUESSE: Que horror, Sidnei.
SIDNEI: É do setor.
SUESSE: Sidnei, se é do setor, por que é que ela não deixa em algum lugar pra todo mundo?
SIDNEI: Porque ela prefere guardar junto com a bolsa dela.
SUESSE: E sempre que a gente quer biscoito, a gente tem que pedir pra ela?
SIDNEI: Isso.

SUESSE: Então é dela.
SIDNEI: Não é que é dela... É que ela gosta mais que a gente coma só quando ela vem. E quando ela vem, a gente pode ficar à vontade. Só não pode comer o recheado.

(SEIDL *retorna.*)

SEIDL: Ah, que bom, Suesse, o Sidnei já te ofereceu os biscoitos. Pode ficar à vontade, viu? Só não pode comer o recheado.
SIDNEI: Foi o que eu disse, senhora.
SEIDL: Você acredita, Sidnei, que não era entrevista, era telemarketing? Taí um ramo que não para de crescer. Eu nunca vi um bom operador de telemarketing desempregado, Sidnei. Nunca vi. Essa Samara, por exemplo: ela é operadora de telemarketing freelancer, trabalha pra várias empresas, vários projetos sociais. Tem dia que ela me liga de três a quatro vezes, Sidnei. Mas são sempre umas ofertas boas, um projetos sociais ótimos, do jeito que eu gosto. Ela conhece o meu perfil. (*Come um biscoito recheado.*) Aliás, Suesse, se você não der certo por aqui, porque não é todo mundo que se adapta assim tão fácil, você pode tentar se qualificar pra operadora de telemarketing. Tem muita oportunidade hoje em dia. Eu só não sei como é que você faria com as crianças...

(*O telefone de* SEIDL *toca novamente.*)

Cena 11:
O Futuro dos Meninos

SEIDL (*ao público*): Agora deve ser a entrevista... (*Ao telefone.*) Pois não? (*Saindo de cena.*) Já está falando com ela, querida.

(*Silêncio.*)

SIDNEI: Vai querer biscoito ou não?

(SUESSE *aceita e morde um biscoito.*)

SUESSE: Que biscoito ruim, Sidnei.

SIDNEI:	É.
SUESSE:	Nossa, é ruim demais.
SIDNEI:	Eu já comentei com a senhora.
SUESSE:	E o que que ela falou?
SIDNEI:	Falou que foi esse que ganhou a licitação.

(*Depois de pensar um pouco,* SUESSE *pega outro biscoito e entrega para o menino que está no carrinho.*)

SIDNEI:	Os meninos são muito educados mesmo.
SUESSE:	São sim. (*Acha graça.*) Na verdade, o de três não tá aqui, né, Sidnei. Ele tá na reunião da escola. Mas é muito educado também.
SIDNEI:	E são seus, esses meninos?
SUESSE:	Oi?
SIDNEI:	São seus? Esses meninos?
SUESSE:	Não, Sidnei. São do meu irmão, só que ele teve um… problema. Aí sobrou pra eu cuidar.
SIDNEI:	Então você ajuda ele.
SUESSE:	Ajudo.
SIDNEI:	E ele te ajuda de volta.
SUESSE:	Mais ou menos isso, Sidnei.
SIDNEI:	Eu acho que esses meninos iam ser muito felizes aqui.
SUESSE (*respira fundo*):	Será, Sidnei?
SIDNEI:	Ah, iam sim. Ia ser bonito ver esses meninos crescerem aqui. Saindo pra estudar, começando a trabalhar oito horas por dia, quem sabe doze, quem sabe até mais?
SUESSE:	Quem sabe…
SIDNEI:	Quem sabe no futuro eles podem até te ajudar com alguma coisa? Quem sabe eles dão certo na vida, começam até a fazer caridade?
SUESSE:	Quem sabe, Sidnei.

Cena 12:
Desabafo de Seidl

SEIDL *retorna*.

SEIDL: Com licença, gente, vocês me desculpem, foi a entrevista, quer dizer, o imprevisto... Você não acredita, Sidnei, você não acredita. Você também não vai acreditar, Suesse, eu não sei se na Polônia também é assim... Aliás, Suesse, você me desculpe, eu não sei nada sobre a Polônia.

SIDNEI: Eu também não.

SUESSE: Eu sei algumas coisas...

SEIDL (*brusca*): Então depois você conta, querida. (*Para SIDNEI.*) Sidnei, você não vai acreditar. Eu já te falei, né, Sidnei, que eu sou uma média empresária. Eu tive sociedade em uma empresa de construção civil. Eu construo prédios, Suesse. Construo e... destruo também, A gente derrubou uma casa. Uma casa. Uma casa velha. E a gente construiu um prédio no lugar. Coisa mais normal do mundo, né, Sidnei? Sai casa, vem prédio, todo mundo sabe. Eu ia morar na cobertura, né, Sidnei. (*Emocionada.*) Eu ia morar na cobertura. Eu não entendi até hoje por que, mas o Estado veio processar a construtora, minha média empresa. Veio me processar. Veio me processar, e queria suborno pra encerrar o processo. Eu não concordava com suborno, também nem tinha dinheiro pra isso, porque estava tudo investido no prédio, na cobertura. Me processaram, não subornei, acabei indo pra... eu vou chamar de cadeia, ok? Acabei indo pra cadeia. Acabei indo pra cadeia, eles tomaram meu prédio, minha cobertura e ainda me obrigaram a entrar em programa de voluntariado, Suesse. Me obrigaram a trabalhar aqui, Suesse. Todo dia. Com todo o respeito, pra lidar com gente feito você, Suesse. Gente que nunca construiu um prédio, nunca derrubou uma casa, nunca gerou um emprego, Suesse. Gente que só sabe, pelo jeito, fazer boneca polonesa, trabalhar de garçonete e barista. É muita humildade da minha parte. É muita humildade, você não acha, Suesse?

SUESSE *(sem convicção)*: Acho... Sim... Senhora.
SEIDL: É muita humildade.
SIDNEI: Muita humildade.

(Atmosfera de constrangimento.)

SEIDL: Eu fico muito mexida com essas entrevistas, vocês me desculpem, acho que eu perdi o fio da meada...

(Enquanto SEIDL mexe em alguns papéis, SUESSE ensaia uma fuga.)

SEIDL: Suesse, querida, você disse que queria falar sobre a Polônia. *(Imperativa.)* Pode começar o seu depoimento enquanto eu me organizo.

Cena 13:
Polônia em 5 Minutos

SUESSE: O nome Polônia – *Polska* – tem origem na tribo dos "polanos", que significa "pessoas que cultivam a terra", e é derivado da palavra *pole*, que significa "campo". O reino da Polônia foi fundado em 1025, mas deixou de existir em 1772, quando seu território foi dividido entre os impérios russo, alemão e austríaco. A independência só foi reconquistada no final da Primeira Guerra Mundial, em 1918. Vinte anos depois, em 1939, a Segunda Guerra Mundial começou pela invasão à Polônia, ao mesmo tempo pela Alemanha e União Soviética, e o país perdeu 30% da sua população e 20% do seu território no final da guerra. Durante quase cinquenta anos, desde o fim da guerra até a queda do Muro de Berlim, a Polônia foi uma economia planificada e dominada pela União Soviética. Após a instauração do regime democrático, o país sofreu profundas reformas e se tornou uma economia de mercado. Agora a Polônia almeja um desenvolvimento econômico maior. A Polônia quer crescer. E o caminho encontrado é a entrada na União Europeia. Só que ainda há uma resistência entre a população, que tem medo das reformas e do aumento do custo de vida. É isso.

SEIDL: Eu desejo toda a sorte do mundo pra Polônia.
SIDNEI: Eu também, senhora.
SEIDL: Porque o Euro é uma moeda muito forte.
SIDNEI: Muito forte.
SEIDL: E a Polônia é um país fraco.
SIDNEI (*hesita*): Muito fraco.
SEIDL: Olha, Suesse, eu vou ser bem sincera com você: faz um curso de telemarketing, querida! Ninguém mais compra essas bonecas, não. O que que uma criança vai fazer com uma boneca dessas? Essa boneca não canta, não fala, não anda de patins... Nem dormir essa boneca dorme, e fica com esse olho estatelado, o tempo todo.
SUESSE: Ela canta, sim, fala, anda de patins, faz tudo. Tudo o que a criança quiser, ela faz.
SEIDL: Suesse, querida, hoje existe bonecas que cantam, falam, andam de patins independentemente da vontade da criança. Você vai depender da vontade de uma criança pra boneca cantar? Por favor. Além disso, com o tempo que você leva pra fazer uma boneca dessas, um chinesinho no comando de uma máquina faz pelo menos umas dezoito. E agora eles estão começando a produzir no Brasil, viu, Suesse? Taí: se eu fosse você, eu dava um jeito de estudar mandarim e corria atrás disso. Ou então do telemarketing, que também é uma ótima opção.

Cena 14:
Janelas de Varsóvia

O telefone de seidl toca dentro da bolsa.

SEIDL (*ao público*): Ó, deve ser a Samara. (*Ao telefone.*) Pois não?
SAMARA: Boa noite, gostaria de falar com a Sra. Sheila Seidl?
SEIDL: Já está falando, querida.
SAMARA: Sra. Sheila Seidl, boa noite. Meu nome é Samara, sou telemarketing freelancer e gostaria de falar com a senhora sobre o projeto "Janelas de Varsóvia".

SEIDL: "Janelas de Varsóvia"?
SAMARA: Sim, o "Janelas de Varsóvia" é um projeto social internacional relacionado ao campo da habitação.
SEIDL: Projeto social de habitação, que ótimo! Ligou pra pessoa certa. Você sabe, né, Samara, eu tenho muita experiência com projetos sociais de habitação.
SAMARA: Pois então: o "Janelas de Varsóvia" prevê investimento em habitação para moradores de Varsóvia que foram removidos para as periferias da cidade por causa das obras de renovação do centro histórico.
SEIDL: Eles estão renovando o centro histórico de Varsóvia? Que ótimo, isso vai gerar muitos empregos.
SAMARA: Não, a renovação foi feita na década de 1990, mas até hoje esses moradores vivem em *containers* numerados que sequer têm janelas.
SEIDL: Vivendo em *containers* sem janelas? Coitados!
SAMARA: Pois então: participando do nosso projeto, a senhora pode contribuir para que janelas sejam instaladas nesses *containers*, melhorando a vida de centenas de famílias polonesas atingidas pelas reformas da década de 1990.
SEIDL: A-do-rei o projeto. Um instante, por favor... (*Para o público.*) Com licença...

(*Entra trilha sonora.* SEIDL *sai de cena.* SUESSE *ensaia nova fuga.* SIDNEI *come sucessivos biscoitos.*)

Ato III

Cena 15:
Sidnei na Berlinda

SIDNEI: Quer mais biscoito?
SUESSE: Não, Sidnei, obrigada.
SIDNEI: Tá acabando.
SUESSE: Eu sei.

SIDNEI: O recheado não pode.
SUESSE: Obrigada, Sidnei. (Silêncio.) Você gosta de viver aqui, Sidnei?
SIDNEI: Ah. Foi uma oportunidade que apareceu, e eu resolvi aproveitar.
SUESSE: Aproveitar o que, Sidnei?
SIDNEI: É... é uma empresa internacional, Suesse. Eu nunca tinha trabalhado em empresa internacional.
SUESSE: E por que que você concorda com tudo que ela fala, Sidnei?
SIDNEI: Porque... porque pra mim tanto faz, e ela gosta assim. E é interessante a vida dela. O mundo dela é grande, Suesse.
SUESSE: O mundo é um só, Sidnei! O seu por acaso é pequeno?
SIDNEI: Não é que é pequeno, só é menor. Mas quase tudo que tem lá fora a gente tem aqui também. De um jeito ou de outro acaba chegando. Eu já trabalhei em prédio lá fora, e era a mesma coisa que aqui. Só que aqui é diferente, porque tem eles, que vêm todo dia, todo dia é gente diferente. E tem a senhora, que vem quase sempre, fala o meu nome o tempo todo. E lá no prédio tinha noite que não chegava ninguém. E nem toda portaria que eu trabalhei o pessoal guardava o meu nome. Tinha gente até que me dava blusa no inverno, me dava tênis, uns sapatos novos, coisa boa. Mas nunca sabia o meu nome. Era como se eu fosse uma pessoa de segunda classe, sabe. De uma outra língua. De uma outra Terra. Como se eu fosse lá da Polônia.

Cena 16:
Suesse x Seidl

SEIDL *volta à cena.*

SEIDL: E eu não sei onde foi que eu cadastrei meu telefone que agora não param de me ligar pedindo doações para todo tipo de projeto social. Eu gosto de ajudar, Sidnei, mas, às vezes, eu confesso, aqui pra vocês, eu fico me sentindo um pouco explorada por esse sistema.
SUESSE (*não aguenta olhar na cara da outra*): Tá louca.

SEIDL: O quê?
SIDNEI: Oi?
SUESSE: Só pode estar louca.
SIDNEI: Suesse?
SUESSE: Sidnei, você passa o dia inteiro olhando um monitor, a outra é telemarketing freelancer, os romenos moram em *containers* sem janelas e a senhora acha que ela é que está sendo explorada pelo sistema?
SEIDL: E não estou, Suesse?
SUESSE: Olha, senhora, eu... eu... Eu também não sou filósofa, não. Mas eu acho que o problema lá de fora é que tanto a senhora quanto o tal desse sistema, seja ele qual for, nunca sabem quando parar. Quando parar de trabalhar, de construir, de produzir, de fabricar. Não conseguem parar de crescer. Não conseguem parar de crescer e mandam pra cá quem não se encaixa nesses planos de crescimento. Mandam pra cá ou então, quem sabe, pra esses *containers* sem janelas. E se eles reclamarem, vocês dão janelas. Ou então biscoitos. Vocês mantêm todo mundo quieto pra vocês poderem viver como vivem. Mantêm todo mundo quieto, dando pra nós o mínimo possível. E vão fazendo testes, pra saber quanto é que podem economizar com a gente, o quanto é que a gente aguenta, e por quanto tempo. E a senhora não pense que eu quero mudar de lado, não, porque eu quero é mudar de jogo. Porque cada um vive como quer, senhora. Trata a si mesmo como quer. Mas ao outro, não. (*Em tom de ameaça.*) A senhora já ouviu falar que o homem é o lobo do homem? Eu te digo que esse lobo vai encontrar outro lobo. Um lobo que ele mesmo criou. (*Ameaça.*) Então é melhor perceber, senhora, que quando a diferença entre os dois lados é muito grande, todo mundo sai perdendo. Então é melhor ter menos pra todo mundo ter mais, e dividir, sim, pra que ninguém deixe de ter.
SEIDL (*farta*): Suesse, por favor! Você vai aborrecer os interessados com esse "papo-leste"! Quando você nasceu, querida, nem Guerra Fria tinha mais.

SUESSE: Não é "papo-leste" nem "papo-oeste", senhora! O meu papo é de um lugar onde o mundo já acabou e começou de novo. E acabou porque ninguém soube a hora de parar. E os que quase acabaram com o mundo vivem hoje cheios de peso nos ombros, que nem a senhora. Porque são vocês, senhora, que nos tratam como inimigos. Porque se hoje eu não tenho uma casa pra deixar esses meninos, senhora, é porque, em algum momento da história, roubaram a nossa casa, a nossa terra. Porque terra, senhora, tem pra todo mundo. E terra não era pra ninguém ficar sem. Mas a senhora pode ficar tranquila, porque eu não preciso de prédio nem de cobertura. Eu só preciso encontrar o meu quintal.

SEIDL: Querida, eu tô tranquila! Eu tô ótima! É só você que enxerga essa batalha que não existe. Tá todo mundo na mesma. A gente só quer segurança, só quer... conforto. Segurança... pro nosso patrimônio, pras coisas que nós conquistamos. Segurança e conforto pra nos manter... onde nós estamos. E pra manter vocês também... onde vocês estão – sem tanto conforto, mas com toda a segurança do mundo. E nós vamos ajudando vocês, sim, na medida do possível.

SUESSE: E o que que é possível, senhora? Uma vaga aqui na Clínica do Sono? Um curso de telemarketing? Um biscoito recheado? Olha, senhora: eu não sofro de ambição, longe disso. Mas essa clínica não tem nada a ver comigo, eu tô fora.

(SUESSE *vai embora pela porta que conduz à rua.*)

SEIDL: Suesse, querida, eu tenho necessidades que você não tem. É natural.

(SEIDL *pode ir atrás de* SUESSE *e voltar em instantes.*)

Cena 17:
Siedl Vai Recomeçar

SEIDL: Ai, levou a boneca... (*Silêncio.*) Quantas horas, Sidnei?

(SIDNEI *informa a hora real.*)

SEIDL: E nada do Sr. Martin...

SIDNEI (*desapontado*): Mais uma vez, senhora.

SEIDL: Ô, Sidnei, pode ter certeza, a sua hora vai chegar. Assim que o Sr. Martin aparecer por aqui, eu vou dizer a ele o quanto você tem sido bom pra nós. O quanto tem sido obediente, respeitador, trabalhador também. Hoje em dia não é fácil encontrar gente como você, Sidnei. Você vê essa menina... Como era mesmo o nome dela, Sidnei?

SIDNEI: Suesse.

SEIDL: Suesse?

SIDNEI: Suesse.

SEIDL: Você vê essa Suesse, Sidnei. Radical demais. Paranoica. Onde é que ela quer chegar assim, Sidnei? Eu fico preocupada com aquelas crianças. Imagina, se crescerem ouvindo aquele "papo-leste", não vão encontrar lugar em empresa nenhuma. Onde já se viu, ficar chateada só porque eu sugeri um curso de telemarketing... (*Silêncio.*) Samara que não me ligou mais. (*Silêncio.*) Que horas eram mesmo, Sidnei?

SIDNEI: Agora são (*informa a hora real*).

SEIDL: De onde que ela falou que era mesmo, Sidnei?

SIDNEI: Parece que a família era da Polônia, senhora.

SEIDL: A Polônia é um país sofrido.

SIDNEI: E que país não tem os seus sofrimentos, senhora? O importante é saber quais são. E tratar deles. Não desistir. Até curar.

SEIDL: Um dia cura, né, Sidnei.

SIDNEI: Cura sim, senhora.

(*Silêncio.*)

SEIDL: Desculpa, Sidnei, quantas horas?

(SIDNEI *informa a hora real.*)

SEIDL (*preparando-se para ir embora*): Sidnei, você não vai acreditar. Eu tenho um jantar agora. Mas é um jantar chatíssimo, com um monte de gente importante. Não é fácil recomeçar,

Sidnei. Mas quando a gente tem um objetivo, a gente corre atrás. E eu quero aquela cobertura. Eu vou morar numa cobertura, Sidnei. Vou ter fazenda, casa em todo lugar, um monte de empregado. Vou começar tudo de novo.

(Silêncio.)

SEIDL: Você gosta de fazenda, Sidnei?

SIDNEI: Ah, quando eu era pequeno eu gostava. Depois perdi o contato.

SEIDL: Quer um do recheado, Sidnei? (*Entrega o pacote pra ele.*) Pode pegar dois. Tem mais na bolsa. (SIDNEI *devolve o pacote. Ela guarda na bolsa. Dirige-se ao público.*) Bom, como vocês puderam ver, essa foi mesmo uma reunião... informal. Apesar dos contratempos, e da ausência do Sr. Martin, espero ter feito uma boa condução. Infelizmente, como vocês... (*Toca o telefone. Ela o coloca no modo silencioso e continua dirigindo-se ao público.*) Como vocês puderam perceber, eu tenho uma vida... agitada, e outro compromisso me espera em outro lugar. (*Ao telefone.*) Só um instante, querido! (*Ao público.*) Por causa disso, peço licença e autorizo o Sidnei a encerrar o encontro de hoje. (*Para sidnei.*) Te vejo amanhã, Sidnei?

SIDNEI (*ambíguo*): Claro, senhora.

SEIDL: Com licença...

(SEIDL *sai de cena.*)

SEIDL (*fora de cena*): Pois não?

Cena 18:
Um Novo Momento?

SIDNEI: Boa noite. Bom, em nome da Clínica do Sono, eu agradeço pela atenção de todos os que ficaram até agora. Espero, de verdade, que esse seja o início de um novo momento na vida de cada um de vocês. Na entrada vocês receberam travesseiros e cobertores. Os que quiserem ficar por aqui, podem abrir os pacotes. E sejam bem-vindos. Os que forem embora, por favor, devolvam os pacotes na saída.

(*Entra trilha sonora. SAMARA volta à ação.*)

SAMARA: Boa noite. Meu nome é Samara, gostaria de falar com a senhora sobre o projeto "Janelas de Brasília". Boa noite. Meu nome é Samara, gostaria de falar com a senhora sobre o projeto "Janelas de Rosa Leão". Boa noite. Meu nome é Samara, gostaria de falar com a senhora sobre o projeto "Janelas de Dandara". Boa noite. Meu nome é Samara, gostaria de falar com a senhora sobre o projeto "Janelas de Zilah Spósito". Boa noite. Meu nome é Samara, gostaria de falar com a senhora sobre o projeto "Janelas de Vitória". Boa noite. Meu nome é Samara, gostaria de falar com a senhora sobre o projeto "Janelas de Esperança"[2].

FIM.

Daniel Toledo é dramaturgo, diretor e ator, além de pesquisador e crítico em artes cênicas, performance e artes visuais. Mestre em Sociologia da Arte pela UFMG, fundou, em 2013, o coletivo TAZ, criando, de sua autoria, a Trilogia do Trabalho, em uma investigação sobre trabalho e exploração na sociedade contemporânea. Como roteirista, dramaturgo e diretor assistente, colaborou com os diretores Eder Santos e Rita Clemente, com o grupo Madame Teatro, com a Cia Afeta e com o coletivo Toda Deseo. É coeditor do site Horizonte da Cena e integrante do coletivo de críticos DocumentaCena.

[2]. Rosa Leão, Dandara, Zilah Spósito, Vitória e Esperança são nomes de ocupações urbanas situadas na região metropolitana de Belo Horizonte, cidade que recebeu a estreia da peça. Esses nomes podem ser substituídos em montagens realizadas em outras cidades.

Hoje Não Tem Milagre

Wester de Castro

Peça em 3 atos e 10 cenas

Personagens:

    Inquisidor
    Estrangeiro
    Padeiro
    Jesus
    Cliente
    Inspetor

Ato I.
Quem Faz o Pão

Cena 1:
O Inquisidor e o Estrangeiro

O ambiente e a luz nos remetem aos porões de tortura ao mesmo tempo em que têm um tom de gabinete para despachos gerais. Vemos tudo numa penumbra, inclusive as personagens. Estão em cena o INQUISIDOR, *de pé, de frente opressivamente para o* ESTRANGEIRO, *que está sentado.*

INQUISIDOR (*usando um alto-falante, está bem próximo do estrangeiro, mas mesmo assim usa o alto-falante num tom de protesto e tortura*): Fala a verdade!!! (*o rodeia*) Não vamos perder tempo. (*num susto*) A verdade!!! Só interessa a verdade...

(*O* ESTRANGEIRO *permanece em silêncio, quase uma estátua. O olhar vidrado no nada.*)

INQUISIDOR (*seguindo como em uma tortura*): E então??? (*Ri ironicamente entre dentes.*) Não vai falar??? Vamos!!!

(O ESTRANGEIRO *permanece passivo.*)

INQUISIDOR (*dando elementos para que ele comece a falar*): é ou não é você quem comercializa a farinha? (*colando o auto-falante no ouvido do sujeito*) Fa-ri-nha!!!

(O ESTRANGEIRO, *quase no limite da tortura, tosse de dor.*)

INQUISIDOR (*ainda com auxílio do alto-falante*): Fala a verdade... agora!!! Isso não é um pedido. Não é você quem vende a farinha??? Fala, PORRA ! Pode ser em francês, mas fala a verdade, vai! Pode ser em qualquer língua. (*Chamando um outro oficial, que não vem.*) Tradutor?! Tradutor?! Onde está a droga deste tradutor. (*Volta a falar com o* ESTRANGEIRO *enquanto o tortura mais um pouco.*) Vai falar a verdade...

(O ESTRANGEIRO *começa a espumar pelo canto da boca de tanta dor.*)

INQUISIDOR: Essa farinha "É um produto especial". Não é assim que você oferece?! Uma farinha especial... babaca, babacão! (*Se referindo à tortura.*) Pode babar... baba cão! Baba...
ESTRANGEIRO (*ainda espumando pelo canto da boca, fala, em francês, com muita dificuldade*): Vérité.
INQUISIDOR: Mais alto!
ESTRANGEIRO (*levando as mãos à cabeça com muita dor*): Vérité. Vérité.
INQUISIDOR: O quê??? Resolveu falar?! (*Chamando novamente o tradutor.*) Tradutor?! (*Tortura ainda mais.*) O que você está dizendo???
ESTRANGEIRO (*já sem nenhuma força*): Vérité...
INQUISIDOR: O que é isso??? Onde está o tradutor? (*Falando no alto-falante.*) PORRA!!! (*O tradutor não vem. O* INQUISIDOR *volta a falar com o* ESTRANGEIRO.) Fala mais... quero mais. "Vérité???"... Fala! Fala o que é. Que tipo de farinha é aquela? Mas fala a verdade!!!

(O ESTRANGEIRO *ainda está sentado e continua a sentir dor. O ambiente vai ganhando outra luz. Agora vemos que o* ESTRANGEIRO *está vestido com um avental. Pronto! Com isso ele mostra ser um* PADEIRO.)

ESTRANGEIRO/PADEIRO: O senhor quer saber a verdade???... Sou eu. (*Quase num enfrentamento.*) Sou eu sim quem vende farinha...

(Nesse momento, é iluminada uma placa que até então não se via. Nela se lê, "PADA-RIA". O INQUISIDOR vai para outro lado da cena, ainda não o vemos totalmente, mas ele está muito bem vestido. Com terno e bons sapatos. Ostenta, de certa forma, um luxo. No outro canto da cena, ele vai fazer a figura do TRADUTOR que traduz do francês para o português algumas falas do PADEIRO.)

Cena 2:
O Estrangeiro/Padeiro

(Ainda com resquícios de dor e segurando agora um pãozinho francês, o ESTRANGEIRO/PADEIRO fala em francês.)

ESTRANGEIRO/PADEIRO: La grande misère
INQUISIDOR/TRADUTOR (fazendo uso do alto-falante): A grande miséria.
ESTRANGEIRO/PADEIRO: Le moins, c'est plus si ... misère
INQUISIDOR/TRADUTOR: Quanto menos se tem mais se é... miséria.
ESTRANGEIRO/PADEIRO (come do pão e agora fala em português afrancesado): E com a barriga cheia descobre-se que na França não há pão francês. Là. Não há. Là. Não há. Pain français.
INQUISIDOR/TRADUTOR: Pão francês.
ESTRANGEIRO/PADEIRO: Le précurseur de la baguette.
INQUISIDOR/TRADUTOR (com o alto-falante): O precursor da baguete.
ESTRANGEIRO/PADEIRO (fala grave, talvez mostrando a baguete): A grande miséria. Com o cesto vazio descobre-se que no Brasil não há trigo. Portanto não há farinha, se não tem farinha a farinha, é um bom negócio. O que não tem é um bom negócio. Não tem farinha, logo não há pão, não há roscas, não há tortas, não há trouxas, trouxinhas ou bolinho de chuva. Trouxas há. Não há é croissant. Opa! Croissant não há. Croissant, talvez, há. Não. Não há. Não há. (O INQUISIDOR/TRADUTOR continua em cena, ainda pouco iluminado. Vemos apenas sua silhueta.)
    MISÉRIA, TAMBÉM CONHECIDA COMO CARANGUEJO. CA-RAN-GUE--JO. NÃO SABIA? PASSA A SABER. PASSA A SABER. MISÉRIA, TAMBÉM CONHECIDA COMO FALTA. ABRO A PORTA DO QUARTO E NA CAMA, EM MEIO AO MEU EDREDOM DE PENAS DE PATO, MISÉRIA DEITADA E TÁ

DEITADA DE QUATRO. MISÉRIA: AQUELE GRANDE BURACO. QUANTO MAIS SE TIRA, MAIS SE TEM. BURACO E MISÉRIA. E COISINHAS MUITO FRACAS. PIADAS. FALTA DE TRIGO. FALTA DE GRAÇA. FALTA DE SAL. O QUE SE PASSA NESSE BANQUETE? SE NÃO FOSSE MISÉRIA O NOME DESTA HORA DESREGRADA... QUE OUTRO NOME TERIA? SE NÃO FOSSE MISÉRIA, SEU NOME SERIA DESGRAÇA. DES-GRA-ÇA. NÃO SABIA? PASSA A SABER.

(O INQUISIDOR/TRADUTOR *continua pouco iluminado. As roupas que usa são as mesmas. Quase não se identifica que as cores do seu terno fino nos remete às cores de túnica clássica de Jesus. Saberemos em breve que ele é o próprio Jesus Cristo, e que deixou o alto-falante de lado e está segurando agora uma bandeja. Nela temos: hóstias vermelhas, um pão, o cálice de vinho e saleiros. Corpo, sangue e suor de Cristo)*

ESTRANGEIRO/PADEIRO (*segue falando*): Eu quero mais, mais, mais, mais, muito mais, mais pão. Desgraça, também conhecida como A Danada. Também conhecida como falta de riso, piada mal contada. Se não fosse desgraça, que outro nome teria essa palhaçada? (*Mostra uma grande baguete.*) Não teria nome nenhum. A coisa que não tem nome é chamada de inominada. (*Reparte a baguete como na santa ceia. A multiplicação do pão. joga os pedaços aos pombos.*) Misère (miséria) Dor de uns La douleur d'un, (JESUS CRISTO *agora aparece plenamente sobre grandes fachos de luz. Está em cena segurando a bandeja enquanto o* ESTRANGEIRO/PADEIRO *continua falando.*) De outros triunfo. Triomphe. Triunfo: por fora casca. Casca. O de fora. Cachola. O de dentro massa. A massa de dentro é igual miolo. Miolo de pão. Miolo. Miolo é o de dentro. (JESUS CRISTO *se senta e prepara a ceia. Reparte a hóstia e a tempera com o sal do saleiro. Experimenta. Bebe um pouco do vinho. Tudo paralelamente às falas do* ESTRANGEIRO/PADEIRO. *o* ESTRANGEIRO/PADEIRO *retira do pão que segura o miolo e faz uma pequena bolinha. Mostra a bolinha.*) Miolo de pão. Miolo de dentro. Miolo de gente é cérebro. Cé-re-bro. Não sabia? Não sabia? Não saber. Cérebro que não sabe é miolo. Vou repetir pra todo mundo entender: cérebro que não sabe é miolo. Miolo de farinha. Cérebro sem fermento. (*Pede pausa.*) Um momento. (*Analisa a bolinha do miolo e repara em* JESUS, *que segue na sua Santa ceia.*) O tamanho do cérebro... O TAMANHO DA FORÇA... (*Usando os restos do pãozinho sobre o bíceps.*) Muque. Músculo. Pãozinho. Batata. Forte.

Fraco. Força. Inteligência… (JESUS *pigarreia.*) Inteligência…
(JESUS *pigarreia como que chamando o foco para si. Dizendo-se inteligente.*
Então JESUS *começa a contar uma parábola.*)

Cena 3:
O Grande Sermão

Jesus está sentado como se sentam os que se posicionam na cabeceira da mesa; fala para a multidão. Tem os braços abertos à meia altura.

JESUS (*apresenta os elementos que estão na bandeja, mostrando sucessivamente, nessa mesma ordem, o cálice de vinho, o pão e o saleiro*): Sangue, corpo e suor de Cristo. Amém… (*Começa a contar uma parábola no tom dos sermões.*) Estávamos em um lugar onde muitos comiam pão. Então o padeiro cresceu e, como um titã, vendeu, vendeu, vendeu. A padaria ainda estava apenas começando e todos compravam o pão. Salivavam e pensavam assim "Vem, vem pra mim". Aí surgiram os empresários e os comerciais de televisão. Vem pra mim, vem! O sal calibrava o bendito e todos ficavam satisfeitos. Até que uma noite, para o terror dos famintos, assaltaram a padaria e o padeiro ficou sem sal. Foi aí que surgiu a fome e o medo e, com eles, os seguros de vida e desemprego. (O PADEIRO, *em cena paralela, presta atenção em todos os detalhes da parábola.*) A clientela toda sumiu, pararam de comprar o pão. Mas o que iriam comer? Um disse, cheio de esperança "Temos fermento, trigo e água, ainda vai dar. Vai dar!" Mas vai dar no quê? Uns descrentes questionavam "Fazer pão sem sal???" Foi aí que quase surgiu o pãozinho de doce, quase. O padeiro resolveu fazer o pão com o que tinha. Todos naquele lugar ficaram felizes com a decisão. Agradeciam a mim e enquanto o pão estava no forno todos rezavam e esperavam, mas o cheiro não aparecia. O padeiro ia conferir o forno dizendo "Vai dar, vai dar". Mas vai dar no quê? Ninguém sabia. E cruzavam os dedos para que o pão saísse perfeito. Assim surgiu a figa. Se não desse certo, todos ficariam perdidos. O rei estava com seu prato na mão, atrás os avós, afilhados e os irmãos. Todos apreciadores de um bom pão. Assim surgiram os departamentos, as senhas e os benefícios. Todo o bairro, todo o país se animava e gritava "Tira do forno! Tira do forno que temos pressa, queremos pão!" Então, o padeiro pressionado se viu encurralado e retirou o pão às pressas, pois estavam famintos e precisavam saciar-se depressa. Mas a sorte nem sempre aparece e o pão estava queimado. Queimado. Muitos buchichos. O único pão do país estava queimado. De repente, quando abriu-se o pão tostado, dentro do pão, lá dentro havia um saleiro cheio. Foi quando surgiu a ideia do milagre. (*Mostra o saleiro que é posto num pequeno oratório como imagem santa.*) "É do pão preto que vem o suor de cada dia", o padeiro pensou. Só pensou. E depois deste milagre, um saleiro que apareceu do nada dentro de um pão queimado, nunca mais faltou pão naquele bairro... Fim desta parábola (*Pausa. Comenta, finalizando.*) Bem... espero que isso seja uma boa parábola.

(O PADEIRO *está ajoelhado na frente de* JESUS CRISTO, *como que pedindo, agradecendo, fazendo uma oração.*)

PADEIRO: Foi um milagre, Senhor!

Cena 4:
O Dia em que Jesus Encontrou-se com o Padeiro

O PADEIRO *e* JESUS *começam uma conversa na padaria.*

O PADEIRO (*eufórico*): Um milagre! (*decidido*) Mas agora eu preciso fazer os pães.
JESUS: Entendo... e eu faço o quê, enquanto isso?
PADEIRO (*como quem poupa a imagem santa de* CRISTO, *há uma luz especial sobre o oratório com o saleiro*): Fica quieto... descansa...
JESUS (*fraternal*): Que coração...

PADEIRO: Pai, vai me tomar por egoísta porque meu desejo é ficar sozinho e fazer pães?
JESUS (*ainda fraterno*): Te tomarei como filho apenas.
PADEIRO: Mas e depois? Um Deus, quando se sente inútil, não toma o filho por egoísta?
JESUS: Filho, inútil é a pomba na gaiola. E eu não sou rolinha para ficar preso.
PADEIRO: Pai, e qual é a verdade da pomba?
JESUS: Entender da gaiola mesmo nunca estando numa. Me deixe te ajudar a fazer os pães?
PADEIRO: Não posso!
JESUS: Se eu for livre você pode me tomar da forma que quiser. Me ouça agora, Eu, Jesus Cristo de Nazareth, te amo muito. Eu tenho te amado muito, Padeiro. Por isso faço questão de te ajudar com os pães. Tenho te amado muito. Você entende o que quer dizer muito? (*O PADEIRO acena com a cabeça que sim.*) Muito você entende.
O PADEIRO (*fala de forma direta, mas sem agressão*): Você devia me pagar ao invés de me amar tanto...
JESUS: Mas o que eu sei é amar!
PADEIRO: Você devia me pagar...
JESUS: Pelo quê?
PADEIRO: Pelo que deve já é de bom tamanho.
JESUS: Ando devendo...
PADEIRO: É o que todos dizem.
JESUS: Olha! Me vê?
PADEIRO: Tanta luz que enxergo pouco.
JESUS: Mas o cheiro você sente?
PADEIRO: Sinto, o forno e a massa estão prontos.
JESUS: Sábio não é quem conhece mais do ofício do que de si... pare, ore e pense!
PADEIRO (*ajoelha-se e começar a rezar*): Pai Nosso que devia estar no céu, Pai Nosso que devia estar no céu (*Repetidas vezes, como se indicasse para JESUS o caminho de volta, o céu.*) Vai pro céu! O céu é o caminho. O Céu. Pai nosso que estais NO CÉU... Céu. Céu. E o senhor me ouve?
JESUS (*com relação ao fato de o padeiro estar ajoelhado*): Levanta, homem!!!

PADEIRO: Então sai (*Breve pausa, ameaçando.*), ou hoje...
JESUS: O que tem hoje?

(*O* PADEIRO *se levanta pra dizer.*)

PADEIRO: Senão hoje não multiplico os pães. Pronto, é isso!
JESUS: Ah... e assim nasce seu sindicato...
PADEIRO (*se lamentando*): Jesus...!
JESUS: Vai fazer a primeira greve da história? (*E toma um gole de vinho.*)
PADEIRO (*num gesto de "lavando as mãos"*): Eu desisto do Senhor.
JESUS (*advertindo-o seriamente*): Pôncio...
PADEIRO: O quê?
JESUS: Pilatus!
PADEIRO: Vou desistir... é isso!
JESUS (*tomando um grande gole do vinho com o qual já fica um pouco embriagado*): Pôncio Pilatus!!!

(*O* PADEIRO *vê aquilo.* JESUS *está levemente bêbado. Não sabemos se os momentos a seguir são realidade ou fruto da falta de sobriedade de* JESUS.)

PADEIRO (*como se fizesse uso do estado alcoólico de* JESUS): O Senhor quer uma ocupação de verdade?! (*Tira de uma de suas pernas uma espécie de prótese, como se usasse uma prótese mecânica. Com isso cai de joelhos bruscamente.*) Toma, ocupe-se. Toma minha perna.
JESUS (*sensibilizado*): Pobre homem... você é aleijado?
PADEIRO: Satisfeito agora? Ocupa-se de mim, anda!
JESUS: Anda tu, pobre... levanta e anda...
PADEIRO: Eu me coloco de joelhos, Senhor, porque não tenho pernas. Não é por penitência...
JESUS (*com certa dúvida*): Aleijado???... Está blefando...?
PADEIRO: Se sabe de tudo, vai ver que não.
JESUS: Se crê em mim, levanta e terá pernas pra andar. Meu filho...
PADEIRO (*quase chorando*): O pão, Senhor...
JESUS (*alisando a cabeça do padeiro*): Meu filho...
PADEIRO: Sou só um padeiro...
JESUS: Em terra de fome, o padeiro nunca é só um padeiro. É uma promessa.
PADEIRO: Ando desconfiado que o Senhor não sabe caminhar sozinho...

JESUS *(chamando a atenção do padeiro)*: Tomé... !!!
PADEIRO *(com certa raiva)*: O quê???
JESUS *(mostrando as canelas)*: Toma! Eu tenho pernas!!! Toma minhas pernas!
PADEIRO *(desistindo)*: Não Te peço mais nada...
JESUS: Não te satisfaz minhas pernas??? Então toma! *(Pega uma peruca de cabelos longos que está por perto.)* Toma meus cabelos.
PADEIRO: É uma farsa!!!
JESUS: Não, é um *souvenir*.
PADEIRO: Não tens os cabelos compridos?
JESUS: Eu tenho todos os disfarces de que preciso!!! Usa meus cabelos! Minhas pernas! Os óleos, os bálsamos, minhas correntes e moedas e medalhas e chaves. Se abençoa com tudo isso. Mas levanta e anda!
PADEIRO: Chega. *(Rejeitando a peruca.)* Chega! Eu fico com minha perna, o Senhor fica com seus cabelos. Hoje não há pão, não há nada... chega! Hoje nenhum milagre, nenhum milagre sobre a terra!
JESUS *(num mimo quase infantil)*: Por mim, tudo bem...

(JESUS já está totalmente sóbrio.)

PADEIRO *(num desespero quase infantil)*: Senhor, fala, eu não entendo suas metáforas!
JESUS: Quero fazer os pães contigo, já disse. *(Breve sorriso.)*
PADEIRO: Tem tanta gente com fome...
JESUS: Tem tanto tipo de fome... levanta e anda!
PADEIRO: O Senhor está perdendo seu tempo comigo. Eu repito: não escolhi ajoelhar... me ajoelho porque não tenho pernas, não é por penitência.
JESUS: Está atormentado...
PADEIRO *(num ato de desistência)*: Não quer ir, não vá.
JESUS *(numa ironia mimada)*: Não vamos... eu já fiz tanta coisa, acho que posso mesmo descansar. *(Para o PADEIRO.)* Descansa você também, padeiro. Eu já fiz tanta coisa, meu filho, que não custa fazer mais uma ou deixar de fazer umas...
PADEIRO: Refaça! Tem muita coisa precisando de reparo.
JESUS: Nisso tens razão.

PADEIRO: Viu? Refaça, faça os reparos.
JESUS (*como se estivesse tendo uma grande ideia*): Vou reparar o homem...
PADEIRO (*animado com o fato de jesus, talvez, ir embora*): Isso, boa ideia!!!
JESUS: No último dia...
PADEIRO: Mas no último! Por que não refaz o homem agora enquanto eu cuido dos pães...?
JESUS: Vai ser no último. No último dia, o homem vai voltar a ser pó.
PADEIRO (*numa explosão súbita*): FARINHA! Tudo farinha do mesmo saco!
JESUS: E a multidão, em forma de poeira, vai subir fácil, facinho, aos céus.
PADEIRO: E o senhor receberá todos com muita alegria, vai forrar a mesa e servir pães, muitos pães!!! (*Interessado em vender e ser útil.*) Vai ter pão, não vai, Senhor???
JESUS (*dramático*): Não sei. Eu estarei cego, meu caro.
PADEIRO: Cego?...
JESUS: Tanta poeira vai turvar minha visão. E é por não ver, que vai sobrar uma dose de sobriedade em mim. Será aí, cego, tentando desembaçar as retinas que vou dizer minha maior sabedoria. Toma nota "O HOMEM SE FEZ SOBRA E ELEVOU O PÓ À OBRA-PRIMA...", e um raio derradeiro repartirá a terra como se reparte a laranja da tampinha...
O PADEIRO (*numa bagunça gigante com o saco de farinha, sobe a poeira*): É o apocalipse!... O apocalipse!... O fim dos tempos... os ataques... o terror... o fim... é claro, o apocalipse é o grande momento de Deus!!! (*Em meio à poeira* JESUS *desaparece lentamente. O* PADEIRO *faz uma enorme carreira de farinha. Cheira tudo. Então, drogado, diz.*) Ontem eu tive um sonho. Sonhei que Jesus dirigia um carro ao lado do meu. Batíamos um racha. Seu carro era um Santana. No vidro traseiro do carro Dele estava escrito "Foi Deus quem me deu." Jesus ouvia um rock no talo e empolgado com os embalos não parou no sinal vermelho. Foi gentilmente convidado pra hora do bafômetro, enquanto isso eu via tudo pelo retrovisor do meu Corcel. Jesus estava tonto, mas se justificou, o vinho era Santo. Pediu desculpa, o guarda entendeu, Jesus deu carteirada, o guarda benzeu. Jesus saiu da blitz ileso. Pisou

pesado, passou por mim sem dar recado, contato ou coisa que o valha. Do jeito que sumiu no horizonte estava a mais de duzentos por hora, parecia insano, me mostrou o dedo médio e cheirou algo que estava em um pano. Jesus sumiu, evaporou, deixou na estrada um rastro, um rastro de dióxido de carbono... é um buraco de sentidos, um rombo na camada de ozônio. (*Alguém toca aquelas campainhas de balcão, tipo recepção de hotel. Insiste. Mais campainhas. Invocado com a interrupção de seu delírio, fala aos ventos.*) Mamãe, quando eu nasci, mamãe deve ter dito: "Sua vida será baseada em fatos reais... em fatos reais e honestos. Não cometerás nenhum daqueles pecados capitais, e ganhará a vida com o suor do seu trabalho. Somente." Droga! Como eu queria que minha mãe tivesse mentido... mamãe podia ter mentido.(*Mais campainha.*) É um absurdo, mamãe... num país de canalhas, quem faz o pão vive de migalha, um absurdo... (*Vai atender o cliente, reclamando.*) é um absurdo...

Ato II.
Quem Compra o Pão

Cena 5:
Compra e Vende

Inicialmente o que vemos é um CLIENTE *com um ar levemente suspeito. Ele está vestindo um sobretudo soturno e chapéu preto que pode lhe esconder parte do rosto. A cena se passa numa sucessão de ações, não há fala. Segue-se assim: O* CLIENTE *e o* PADEIRO *se olham sem drama. O* CLIENTE *retira do bolso moedas, as põe no balcão.* PADEIRO *nem confere, coloca as moedas no bolso, pega um saco de papel e vai até os pães. Coloca quatro pãezinhos no saco e entrega ao* CLIENTE*. O* CLIENTE *nada diz, também não confere a quantidade de pães e saí. Senta-se num banco ali perto. Pega um dos pãezinhos, analisa, cheira, abre o pão e reparte em migalhas. O* CLIENTE *joga migalhas aos pombos da praça, sem pressa. O* PADEIRO *observa durante um tempo e resolver falar.*

Cena 6:
Os Pombos da Praça

PADEIRO: Ei! Esses pombos não são de verdade, foi a prefeitura que colocou pra enfeitar bem a praça. Tinha umas garças também, mas a molecada quebrou tudo.

CLIENTE (*ligeiro e esperto*): Se os pombos não são de verdade como o senhor me explica o sumiço das migalhas?

PADEIRO: Os ratos talvez. Esses pombos não fazem nada... são de gesso.

CLIENTE (*sem compreender*): Uma praça que não tem pombos...???

PADEIRO: Nem mendigo tem, quem dirá pombos... foi tudo pro mesmo lugar... foi tudo ó (*apontando*), tudo pro céu. Os pombos e os mendigos. É... e tem mais: essa grama aí é de borracha, viu... Não é mato, não...

CLIENTE: Só falta o senhor me dizer que a fonte...

PADEIRO: A fonte é a fonte, tem água. Mas não tem peixe.

CLIENTE: Uma fonte sem peixe também?! (*Como se tivesse tido uma boa ideia.*) E por que o senhor não vende uns peixinhos? Já vende pão, vende o peixe também. Tudo o que não tem é bom negócio!

PADEIRO: Não posso vender peixes, porque além dos pães já estou vendendo fichas pro banheiro público.

CLIENTE: Isso não deve dar lucro...

PADEIRO: Muita gente compra, mas pouca gente usa. O banheiro público é muito sujo.

CLIENTE: Uma merda...

PADEIRO: Mas quando o negócio tem alma, dá lucro. A placa do banheiro público diz assim: "O que fede na possibilidade do banho é manter-se sujo." (*Breve pausa.*) Daí a pessoa acha bonita a placa, vem aqui e compra a ficha. Pra quê, eu não sei. A água do banheiro é a mesma água da fonte na praça. Por que as pessoas não tomam banho de graça na fonte da praça?

(*O* CLIENTE *agora segura uma migalha.*)

CLIENTE: Ora... (*pensando*) ora... porque a fonte da praça não tem placa... talvez...

PADEIRO: Não tem.
CLIENTE: E por que o senhor então não vende placas???
PADEIRO: Já estive pensando nisso...
CLIENTE: Mas antes seria interessante que o senhor acabasse com os ratos...

Ato III.
Quem Come o Pão

Cena 7:
A Armadilha

O PADEIRO, então, vai até onde se encontra o suposto CLIENTE, pega as migalhas de pão e começa a enfileirar as mesmas migalhas. O PADEIRO coloca tranquilamente uma migalha seguida da outra, como se fizesse uma trilha com os pedaços. No final, depois de colocar a última migalha, ele posiciona a ratoeira. Pronto, o PADEIRO fez uma armadilha para atrair ratos colocando a ratoeira no final da trilha de migalhas de pão. O CLIENTE vai aos poucos revelando ser o INSPETOR DA VIGILÂNCIA SANITÁRIA. Ele se coloca de frente para o início da trilha feita com migalhas de pão, então come o primeiro pedaço, come o segundo, vai assim sucessivamente comendo as migalhas até se deparar com a ratoeira. Vê a ratoeira, olha pro PADEIRO. Volta a olhar a ratoeira e novamente encara o PADEIRO e diz.

INSPETOR (*deixa de ser cliente e revela-se por completo INSPETOR DA VIGILÂNCIA SANITÁRIA*): Então você realmente tem ratos por aqui?
PADEIRO: Por aqui onde?
INSPETOR: Na padaria...
PADEIRO: Na padaria, não...
INSPETOR: E a armadilha seria pra quê?
PADEIRO: Pra pegar ratos... mas os ratos são da praça.
INSPETOR: Eu gostaria de falar com o responsável pelo estabelecimento.
PADEIRO: Sou eu. E o senhor, quem é?
INSPETOR (*mostrando um crachá que estava pendurado no pescoço por dentro do sobretudo*): Inspetor da Vigilância Sanitária. Terei que autuar a padaria.
PADEIRO: Autuar?

INSPETOR: E se encontrar mais uma anormalidade além dos ratos, terei que fechá-la.
PADEIRO: Meu senhor, não tem ratos na padaria.
INSPETOR: Posso verificar?
PADEIRO: Estou lhe dizendo que não tem.
INSPETOR: Ahhh, não há??? (*Apontando para dentro da padaria.*) Lá não há??? E eu, seguindo o rastro de migalhas quase caí na ratoeira por quê? O senhor entra em constante contradição.
PADEIRO: É que já disse que os ratos são da praça, não da padaria.
INSPETOR: E quem garante que eles não entram quando o senhor se distrai?
PADEIRO (*sem reposta, para e pensa um pouco*): Eu garanto, na minha padaria rato não entra.
INSPETOR: O senhor não vai me deixar entrar, é isso?
PADEIRO: Não foi isso o que eu disse.
INSPETOR: Acredito que o senhor me chamou de rato e ainda disse que ratos não entram... não vai me deixar entrar, é isso?
PADEIRO: Entrar pra quê? Se estou dizendo que não há nada de errado na minha padaria...
INSPETOR: Enche a boca pra dizer "minha". Devia se envergonhar... os sacos de farinha espalhados pelo chão...
PADEIRO: Vergonha não, (*com ironia*) ladrão é quem tem que ter vergonha...
INSPETOR: Primeiro me chamou de rato, agora de ladrão...
PADEIRO: O senhor quer me prejudicar?
INSPETOR: Posso ou não entrar?
PADEIRO: Desde que o senhor não me autue, pode entrar...
INSPETOR: Está sugerindo uma coisa em troca de outra? Uma espécie de suborno?
PADEIRO: Não. Estou lhe sugerindo que seja justo, somente.
INSPETOR: Agora está sugerindo que eu possa ser injusto e, por isso, vou lhe extorquir? Deixe-me ver suas mãos? Aposto que guarda nelas algo com o que vai tentar me comprar...
PADEIRO (*sem entender*): Ahhh???
INSPETOR: Agora! (*O padeiro mostra as mãos. O inspetor analisa as mãos do padeiro*): Hummmm... as unhas estão um pouco grandes, não acha???

PADEIRO (*olhando as próprias unhas*): Não, não acho.

INSPETOR: Com que frequência coça as orelhas, passa a mão pelos cabelos ou tira moedas de dentro do bolso? E por falar em cabelos… você não devia estar de touca??? Sinto muito, mas a padaria será fechada!

PADEIRO: Eu não coço as orelhas, não tenho moedas… e minha touca está aqui, guardada. Uso na hora em que faço a massa do pão.

INSPETOR: Você está mentido! (*Enfia a mão no bolso do padeiro de onde retira várias moedas. Joga as moedas sobre o balcão.*) Primeiro uma ratoeira que não é para pegar ratos, agora um bolso cheio de moedas que não são moedas…???

PADEIRO: Foi o senhor quem me deu essas moedas!

INSPETOR: Ahhh, então essas moedas não são suas?

PADEIRO: Não.

INSPETOR: Não???

PADEIRO: Bem, sim, mas eram suas…

INSPETOR: Agora o senhor está me oferecendo as moedas??? Quanto absurdo!!! Está tentando me comprar???

PADEIRO: Não estou entendo mais nada.

INSPETOR: Não me venha com meias verdades. Agora vai tentar comprar o alvará definitivo com meia dúzia de moedas. O senhor acha mesmo que eu me venderia por tão, tão pouco??? Meias verdades, meias moedas, meias vergonhas, isto sim. O senhor não tem caráter???

PADEIRO: Pois bem, quer entrar, entre!!! Vamos, entre!!!

(*A luz do lugar muda drasticamente. Agora o clima é todo sombrio. Quase como se faltasse luz, há muitas sombras. O* INSPETOR *liga uma lanterna. O* PADEIRO *guia o* INSPETOR *pela padaria.*)

Cena 8:
A Terceira Tentação

Já dentro da padaria, o INSPETOR *impõe.*

INSPETOR: Eu gostaria de ver o caderno de contabilidade… as notas.

PADEIRO: Fica tudo num pequeno escritório nos fundos.
INSPETOR: Está em dia com a receita? (*Pausa.*) Fala a verdade...
PADEIRO: Merda!
INSPETOR: A verdade...
PADEIRO: Eu só tenho esse pequeno negócio e não devo nada a ninguém.
INSPETOR: Só essa padaria???
PADEIRO: Sim.
INSPETOR: Mas se pudesse teria mais???
PADEIRO: Ser padeiro dá muito trabalho, já tenho o bastante.
INSPETOR (*num pequeno prolongamento*): Fala a verdade! (*Tentando seduzi-lo.*) Você teria duas, três, uma dúzia de padarias???
PADEIRO: Não, não teria.
INSPETOR: Uma rede toda!!!
PADEIRO: Não, não teria.
INSPETOR: Pensa em quantos pães você faria, na fila de clientes. Nos lucros, nas máquinas, nos empregados. O senhor deixaria de pôr a mão na massa... para pôr a mão nas notas...
PADEIRO (*sentindo-se tentado*): Para!
INSPETOR: Pois eu lhe passaria o direito de administrar uma dúzia de padarias que estão em meu nome.
PADEIRO: Em troca de quê?
INSPETOR: Consideração apenas, e uma porcentagem dos lucros...
PADEIRO: Eu trabalhando pro senhor...? Muito obrigado, dispenso.
INSPETOR: Não, eu apenas seria lembrando no final das contas.
PADEIRO: Prefiro seguir trabalhando pra mim mesmo.
INSPETOR (*fala pausadamente*): Autônomo?!
PADEIRO: Dê o nome que quiser.
INSPETOR: Pensa pequeno demais, homem...
PADEIRO (*retomando o assunto anterior*): Viu algum rato?
INSPETOR: Uma dúzia de padarias... pensa nisso.
PADEIRO: O senhor veio conferir se tinha ratos... Tem?

(*O* INSPETOR *vasculha uma gaveta.*)

INSPETOR: Vamos ver se acho algum rato...

(*A cena ganha agora mais luz. A penumbra e as sombras já não existem mais.*)

Cena 9:
A Segunda Tentação

O INSPETOR abre atrevidamente algumas gavetas, vasculha, mexe em papéis, numa dessas gavetas ele encontra uma arma.

INSPETOR (*ironizando e fingindo extrema perplexidade*): Mas veja só... o senhor tem uma arma aqui... uma arma de fogo...
PADEIRO: Deixa isso!
INSPETOR (*ironicamente*): O rato aos poucos aparece...
PADEIRO: Essa arma não é minha!
INSPETOR: Está sugerindo que esta arma é minha e que com ela eu vou te ameaçar???
PADEIRO: Me dá isso.
INSPETOR: Eu te ponho preso.
PADEIRO: Você não está sendo justo.
INSPETOR: Um padeiro que possui uma arma??? Suspeito, não?! Vou ter de fechar a padaria...
PADEIRO: Já disse que essa arma não é minha!
INSPETOR: Só falta eu abrir os fornos e encontrar granadas... eu abrir outras gavetas e encontrar mísseis e em outras encontrar binóculos, munição e tal e tal.
PADEIRO: Você quer o que de mim?
INSPETOR: Só falta eu abrir os sacos de farinha e encontrar maconha, cocaína e todas as irregularidades possíveis. A sua padaria é uma fachada. Devia mudar a placa.
PADEIRO: Fala, fala... pode pegar, leva o que quiser.
INSPETOR: E eu, inocente, achando que o senhor fornecia pão... apenas...
PADEIRO: Mas é o que eu faço, pães.
INSPETOR: Fala a verdade, homem! (*Mostrando a arma.*) Ou os ratos vão pipocar nesse lugar.
PADEIRO: Chega! O que o senhor quer saber?
INSPETOR: De quem é essa arma? Vamos, fala!!!
PADEIRO: Eu falo.
INSPETOR: Mas fala em alto e bom som, estou gravando... (*O inspetor retira um gravador de dentro de outro bolso.*)

PADEIRO: Tá bom, a arma é minha.
INSPETOR: Eu sabia... eu sabia... eu sei de quase tudo. E o senhor me acusando de plantar esta arma na sua gaveta para te incriminar. Tem outras?
PADEIRO: Não, só essa, eu prometo.
INSPETOR: Fala a verdade!!!
PADEIRO: Eu prometo! Pode conferir se quiser.
INSPETOR: E essa arma é pra quê?
PADEIRO: É uma arma de festim, nem tem bala.
INSPETOR: Primeiro uma praça que não tem pombos, depois uma fonte sem peixe, logo em seguida uma ratoeira que não tem ratos, depois um bolso que não tem moedas. Agora uma arma sem bala... O senhor entra em constante contradição, eu já disse.
PADEIRO: Olha, olha o senhor mesmo... ela não tem balas. Não atira nem nada, nem estalo.
INSPETOR: Uma arma de festim...??? (*Aponta num repente a arma em direção ao* PADEIRO, *como quem vai atirar. Continua, quase sempre irônico*): Que dizer que não tem bala? E eu posso atirar?
PADEIRO: O senhor está me assustando...
INSPETOR: Mas não há motivo pro medo... Ou há? Não, não há? Se não tem bala, esta arma é inofensiva. Posso atirar tranquilamente que nem estalo dá.
PADEIRO: Para! Vamos parar com isso.
INSPETOR: Atiro ou não atiro? Atiro? Ou não atiro?
PADEIRO: Vai, então atira! (*Pausa.*) Vai! Já disse. Atira!
INSPETOR: Esperto, você, não?! Querendo fazer de mim um assassino. De vítima eu passaria a ser assassino. Me surpreende com tamanha perversão.
PADEIRO: Mas o senhor queria atirar...
INSPETOR: Tenho uma ideia melhor... O senhor vai fazer tudo o que eu pedir, do jeito que eu pedir... Toma! (*Passa a arma para o* PADEIRO. *Segurando a arma, o* PADEIRO *se prepara para obedecer aos comandos do* INSPETOR.) Como se sente segurando sua arma? (*O* PADEIRO *não diz nada.*) Ficou mudo? O rato comeu sua língua... (*Cobrando resposta.*) Como se sente???
PADEIRO: Nada.

INSPETOR: Não sente certo poder???
PADEIRO: A arma é de mentira!
INSPETOR: Se é de mentira, o senhor não vai hesitar...
PADEIRO: O quê?
INSPETOR: Vai levar a arma até a sua cabeça... (O PADEIRO hesita.) Anda! Ou a padaria será fechada!

(O PADEIRO leva a arma até sua própria cabeça.)

INSPETOR (conduzindo): Dedo no gatilho... (O PADEIRO obedece.) Muito bom!!!
PADEIRO: Satisfeito?
INSPETOR (decidido): Agora atira!
PADEIRO: Não!
INSPETOR: Atira!
PADEIRO: Não...
INSPETOR: Vai!!!
PADEIRO: Não, não posso...
INSPETOR: Mas, homem... Não te entendo... Se a arma não tem bala, qual o problema?

(O INSPETOR anda de um lado pro outro. O PADEIRO continua com a arma na cabeça.)

INSPETOR (num júbilo): Se a arma não tem bala, isso faz você agora ser imortal! Vai, vai, goza de sua imortalidade, Padeiro!!!
PADEIRO: Não, não vou mais ceder aos seus pedidos!
INSPETOR: Ora, ora... como se tivesse muita escolha...
PADEIRO: Acabou...
INSPETOR: Considere sua padaria fechada.
PADEIRO: Fecha!
INSPETOR: Bravo... o rato vai aos poucos desaparecendo. O senhor é um homem ou um rato?
PADEIRO: O único rato aqui é você.
INSPETOR: E só descobriu isso agora... Enquanto prende a pomba na gaiola, o rato conhece a ratoeira... Me dê cá essa arma. (Pega a arma de volta.) Seu covarde... Uma arma nas mãos de um tolo... Devolve isso pra gaveta que é o melhor lugar. (Põe a arma de volta na gaveta.) Vamos ver o que mais eu acho por aí... (Saí vasculhando os fornos.)

Cena 10:
A Primeira Tentação

O INSPETOR *começa a esvaziar alguns fornos que estão cheios de pães. Na verdade, vemos que são pedras, mas essas pedras serão tratadas como pães. Vai jogando sem dó os pães pelo chão. Inicialmente o* PADEIRO *assisti a tudo de forma passiva.*

INSPETOR: Olha só quantos pães e mais pães. Os fornos estão cheios...

(*Não satisfeito com a passividade do* PADEIRO, *o* INSPETOR *o provoca ainda mais, agora pisando nos pães que acabou de jogar no chão.*)

INSPETOR (à medida que vai pisando, vai também avaliando pão por pão): Macio... macio... macio...

PADEIRO (*finalmente reage, lúcido, sem esbravejar*): Pisa, homem. Pode pisar. Não está pisando em pão, está pisando em pedra.

INSPETOR (*como num insulto*): Você é só um padeiro!

PADEIRO: E você pensou que eu fosse o quê? Os pães acabaram... Além disso, não sei de mais nada.

INSPETOR (*comemorando*): Amanhã não tem pão!

PADEIRO: Não. Satisfeito? Não era isso, fechar a padaria? Amanhã não tem pão. Nem mil, nem cem, nenhum pra contar a história...

INSPETOR (*incentivando*): Mão na massa!!!

PADEIRO: Não.

INSPETOR: Como não???

PADEIRO: Amanhã a padaria não abre.

INSPETOR: Isso não faz sentido... Padaria abre todo dia.

PADEIRO: Dia de descanso... O dia em que o padeiro não multiplicou os pães... O dia em que o fiscal da vigilância sanitária transformou o pão em pedra, o trabalho em pedra, a vontade em pedra. Fiquei com preguiça, é isso. O dia em que dentro de uma padaria fechada o fiscal autuou o padeiro. Mas era o padeiro quem devia autuar o fiscal...

INSPETOR: Então... eu consegui.

PADEIRO: Se isso fosse um jogo, você teria vencido. Mas sem mais o que fazer, sua maior vitória também seria sua maior derrota.

(*Os dois falam simultaneamente como se dessem o "xeque-mate" um no outro.*)

PADEIRO E INSPETOR: Te trouxe para dentro da minha ratoeira!

(*Breve pausa.*)

PADEIRO: O dia em que o grande milagre revelou o grande pecado. Hoje não.

(*Voltam a falar simultaneamente.*)

PADEIRO E INSPETOR: Você é um padeiro (*ao mesmo tempo*) Você é um inspetor.

(*Continuam simultaneamente.*)

PADEIRO E INSPETOR: Vontade de pisar na sua cabeça...
PADEIRO E INSPETOR: E fazer você comer o pão que...
PADEIRO E INSPETOR (*o padeiro diz*): Você pisou. (*Enquanto o* INSPETOR *diz*): Você amassou.
INSPETOR: Mas... amanhã não tem pão.
PADEIRO: Entende que fechando minha padaria você também fechou o seu negócio? Como se Deus e o capeta sobrevivessem dos mesmos destroços.
INSPETOR: Mas eu não quero mais fechar a padaria.
PADEIRO: Você entra em constante contradição...
INSPETOR: Nós fazemos parte de um mesmo negócio.
PADEIRO: Sim, um mesmo negócio...
INSPETOR: E o rato?
PADEIRO: O rato anda por essas pedras. Como você, como Deus..
INSPETOR: Deus???

(*O* PADEIRO *e o* INSPETOR *olham para o céu como se mostrassem Deus ali. Depois olham pra direita, também mostrando Deus ali. Olham pra esquerda e finalmente olham para o chão, onde o* PADEIRO *escolhe uma pedra.*)

PADEIRO (*pegando a pedra*): Deus é a mesma pedra sobre a qual eu alimento meu milagre e você alimenta sua meta... (*Oferece a pedra ao* INSPETOR.) Nós fazemos parte de um mesmo negócio... O milagre e o pecado estão na mesma reta. Transformar pedra em pão e pão em pedra.

(*A cena escurece*)

(*Pausa.*)

(*Luz.*)

(*Em cena, um jarro de vinho, um punhado de farinha e saleiros... em meio a hóstias vermelhas.*)

PADEIRO: Sangue, corpo e suor divinos.

(*Muita luz.*)

FIM.

Wester de Castro é graduado em Licenciatura e Bacharelado no curso de Teatro da Universidade Federal de Minas Gerais. Ao lado da Asterisco Cia de Teatro, já trabalhou como ator, diretor e dramaturgo em diversos espetáculos, cenas curtas e intervenções urbanas. Dirigiu, em 2010, a peça *A Casa do Sol*, com reconhecimento da crítica e do público. Também criou e encenou o espetáculo *Roleta Russa*, com referência à obra e vida de Bertold Brecht, sobre o qual publicou artigo. Em Belo Horizonte, tem exposto seus textos através de leituras dramáticas promovidas em diversos espaços culturais. Desde 2011 leciona teatro para alunos do ensino fundamental na rede de ensino pública.

IN
Detalhes

Júlio Vianna

Personagens:
 Bela
 Eduardo
 Isa
 Lourenço

Homem sentado no chão. Em suas mãos há algo embrulhado num pano. Sua respiração permeia o ambiente.

LOURENÇO: "Isso é tudo que eu queria!"… "É impossível fazer isso!"… "A pior coisa que já me aconteceu!"… "A coisa mais importante do Mundo"… "Não existe nada parecido!"… "Se sentindo a pior pessoa que já existiu!"… "Morri de dor"… "Perfeito!"… (*Olha para o embrulho por um breve momento. Olha para plateia. Retoma.*) "Jamais senti algo tão"… "Não é possível!"… "É impossível!!"… "Não para de falar!"… "Sem dúvida nenhuma"… "Eu tenho a mais absoluta certeza!"… "Para sempre"… "Nunca!"… !!!

Essa mania esquisita de criar hipérboles, de superlativizar, de colocar em extremos emoções, raciocínios, sensações. E a gente faz isso, não é? A gente adora fazer isso! Por causa do impacto…da força… do sentimento que traz. É: dessa sensação mentirosa de que tudo está absoluto, de que isso ou aquilo é importante demais. "Absoluto"…Como se nada pudesse alterar

A AFIRMAÇÃO. COMO SE AQUELE DETALHE, AQUELE PEQUENO E QUASE IMPERCEPTÍVEL DETALHE, NÃO FOSSE CAPAZ DE "CAUSAR O MAREMOTO". (QUEBRA DE CLIMA.) EU ME LEMBRO COMO SE FOSSE HOJE: SAÍ CORRENDO PORQUE LÁ FECHAVA ÀS QUATRO. GERALMENTE, QUANDO EU PEDALAVA, ERA UMA EMOÇÃO BEM DIFERENTE DAQUELA: DE LIBERDADE, DE "CABELO ESVOAÇANDO E OLHO SEMICERRADO" COM AQUELA DOR PRAZEROSA, DO VENTO NO ROSTO. MAS AQUELE DIA NÃO. AQUELE DIA EU ME SENTI COM AQUELA SENSAÇÃO DO "MEDO DAQUELE OLHAR BRAVO DE NOSSO PAI, QUANDO FAZEMOS BOBAGEM NA INFÂNCIA", DO RELÓGIO COM PONTEIRO ACELERADO, DA BOCA SECA NO ÚLTIMO SEGUNDO ANTES DAQUELA DESCIDA VERTIGINOSA DA MONTANHA RUSSA, DE "NÃO CONSEGUIR O QUE EU QUERIA". PORQUE "NÃO CONSEGUIR O QUE QUERO" É UMA ESPÉCIE DE TATUAGEM INTERNA, DE MARCA PESSOAL. SE EU REALIZASSE UM SONHO CADA VEZ NA VIDA QUE ISSO ACONTECEU COMIGO, EU SERIA — COM O USO DA HIPÉRBOLE DE QUE FALEI AGORA HÁ POUCO — O HOMEM "MAIS SORTUDO DO UNIVERSO"!! SE BEM QUE ISSO TAMBÉM SERIA UMA COISA QUE "EU QUERO" E AÍ... A MARCA PESSOAL, A TAL DA TATUAGEM INTERNA... (RETOMA À HISTÓRIA.) ENTÃO EU ENTREI, COM O PACOTE NA MÃO, ARRUMEI O CABELO FINGINDO TIRAR A FRANJA DO ROSTO E, QUANDO O PAINEL APITOU MEU NÚMERO, EU FALEI: "OI. SEDEX, TÁ? É QUE É IMPORTANTE E 'COISA IMPORTANTE A GENTE PRECISA RESOLVER RÁPIDO'. NÃO É?" (PARA A PLATEIA.) COISA IMPORTANTE A GENTE RESOLVE RÁPIDO!!!?? QUE RAIO DE AFIRMAÇÃO FILOSÓFICA É ESSA? CADÊ O "NOSSA, SEU CABELO ESTÁ BONITO HOJE", OU O "TÁ SABENDO DA MOSTRA DO TARANTINO?"; OU MESMO O "TÁ CALOR, NÉ?" PORQUE ATÉ O ÁPICE DO EXTREMO DA FALTA DE PAPO, EXTERNALIZADO NUMA PERGUNTA SEM GRAÇA DE CUNHO METEOROLÓGICO, É MELHOR DO QUE ISSO. SE ALGO IMPORTANTE FOSSE RESOLVIDO RÁPIDO, VOCÊ JÁ TERIA RESOLVIDO ISSO, NÃO É, LOURENÇO? VOCÊ JÁ TERIA A LEMBRANÇA DO CHEIRO DELA EM SUA CAMISA, OU AQUELA FOTO CHEIA DE FILTRO, ABRAÇADOS EM FRENTE A ALGUM PONTO TURÍSTICO, OU UMA COM AQUELE OLHAR BOBO E SORRISO ESTÁTICO DE VOCÊS DOIS, SEGURANDO UMA TAÇA DE VINHO...

BELA: Dez?
LOURENÇO (*voltando*): Oi?
BELA: Vai ser "dez"?
LOURENÇO: Não, um só. Só esse aqui mesmo. (*Apontando o pacote.*)

BELA *(quase sorrindo)*: Sedex…"10"?
LOURENÇO: Sede…? *(Sem graça.)* Claro. Sedex 10, por favor. Vontade de me enfiar no pacote pra ser despachado junto e um "obrigado" com cara de bobo. Subo na bike, vento no rosto, vergonha de mim mesmo e corpo jogado na cama.

(........)

BELA: Hoje é um dia muito atípico. Daqueles que ficam guardados na memória, como o dia em que andei de bicicleta pela primeira vez, sem as rodinhas; ou o do coração na boca no primeiro salto de asa-delta; ou o do sentar na praça, em uma cidade estrangeira, tentando decifrar o mapa do metrô e onde fica aquele bistrozinho simpático que seu amigo te indicou. "Vai lá que a comida é ótima e o preço é honesto!". Pois é: hoje é um desses dias. Eu nunca fui muito de romantismo, sabe? Sempre preferi o *Sportv* do que a mostra "Júlia Roberts" no *Telecine*. Sair empanturrada de um rodízio de pizza do que aquela luz de velas num restaurante francês. Meu primeiro beijo foi aos onze anos, com um cara que tinha dezesseis, um "bambambam" do colégio, tipo um *quarterback* de filme americano. E quando acabamos de nos beijar, eu disse: "Você mexe demais sua cabeça, menino. Aprenda a fazer isso direito e voltamos a conversar." Eu tenho orgulho das minhas cicatrizes – de cada uma delas: no braço, no joelho, na ponta da sobrancelha… Não que eu seja uma "Freddy Krueger", nada disso. É porque cada uma delas marca uma memória transformadora na minha vida. *(Reiterando.)* Eu sou vaidosa. Uso uns cremes de nome complicado que minha mãe trouxe da "segunda lua de mel em Paris" que, de segunda, não tem nada, porque ela e meu pai vivem indo pra lá e acumulando outras 3000 fotos naquele álbum digital, que nem eles têm paciência de rever. Mas, enfim: estava falando sobre "hoje"…

(Som de telefone celular tocando.)

ISA (*olha a tela de seu smartphone. Atende.*): Oi, Edu! Não posso falar agora. Vou começar uma consulta. (*Ouve.*) Sim, de um cão. (*Ouve.*) Não sei a idade exata: uns dois anos, acho. Hum hum, peludinho. Hum hum, é, é brincalhão. Edu, não posso conversar agora. (*Ouve.*) Sim, Edu, eu sei que "eu já estou conversando", mas eu "não posso conversar agora". Me liga tipo... (*Ouve. Acaba rindo e cedendo.*) Tá, Edu, fala rápido. (*Ouve.*) Hum. Hum. Sei. Sei. Não sei. Sei. Não. Sei. Hoje é um dia importante? Por quê? (*Ouve.*) Sim, lembro. Claro que eu lembro daquela loucura! E tem como esquecer a imagem de você "pelado, dando cambalhota na neve, a 16 graus negativos"?!! (*Ouve.*) Especial, Edu? Segundo minha memória, te rendeu uma pneumonia e eu acabei ficando, durante dez dias da viagem, cuidando de você. Mas o que tem a ver essa história com o dia de hoje? Ai, eu não sei por que atendo a seus telefonemas a essa hora da manhã. (*Ouve.*) Não, eu não estou com raiva. Não, não tô. Não. (*Impaciente.*) Já falei que não. (*Ouve. Fica mais calma.*) Não, juro. (*Ouve.*) Não, não vou fazer isso. Eu estou atrasada, lembra? Não. Não. (*Quase cedendo.*) Para, não vou. Não, Edu. (*Quase sorrindo.*) Nãão. (*Ouve.*) Se eu fizer, você para? (*Ouve.*) Tá. (*Olha para os lados para averiguar se está sozinha. Fala com uma voz engraçada, bem infantil.*) "Põe leite condensado não, moço: prefiro azedim!" (*ri.*) Tchau, "Eduardo". (*Desliga o telefone, pensativa. Ri sozinha.*)

(LOURENÇO *chega ao trabalho. Arruma suas coisas na mesa. Respira profundamente e se senta.*)

LOURENÇO: Não é que eu não goste daqui. Paga minhas contas, ocupa minha cabeça durante oito horas por dia, não tem muita "encheção de saco"... O problema é a sensação de não me encontrar, de viver protocolarmente. E o mais irônico é que sou reconhecido como um ótimo "funcionário"! Funcionário!! Ou seja, eu desempenho uma "função" com ótima "funcionalidade"! Só que, no fundo, "não funciona"! Como é que pode "funcionar", se a plenitude da realização só está em "um dos lados"? O pessoal que trabalha aqui é até legal. (*Nesse momento os outros atores pegam suas cadeiras e se sentam, formando um quadrado.*) Rola uns programas bacanas...

FUNCIONÁRIO 1: Happy hour hoje?

FUNCIONÁRIO 3: Ai! Chefe é pior do que sogra: a gente é obrigado a ver todo dia!

FUNCIONÁRIO 2: Oh, esquece não: churrasco, domingo, lá em casa!

LOURENÇO (*retomando*): A não ser quando inventam de jogar "aquele jogo de perguntas"!

(*Atores assumem a posição de jogo.*)

FUNCIONÁRIO 2 (*fingindo ter um cartão nas mãos*): "Ciências", pra você. (*Lendo.*) "Um animal triblástico, não segmentado, de simetria pentarradial e celomado pode ser um(a): a) lírio-do-mar; b) minhoca; c) tênia; d) polvo; e) camarão.

LOURENÇO: Como é que eu vou saber isso??

FUNCIONÁRIO 2: Ué... biologia, segundo grau. E aí?

(LOURENÇO, *um pouco impaciente, finge pensar.*)

FUNCIONÁRIO 1: Vai! Chuta qualquer coisa!

FUNCIONÁRIO 3: Vai, Lourenço! Escolha uma!

LOURENÇO: Tá bem...é.... b) minhoca.

FUNCIONÁRIO 2: Não, Lourenço!! Não!! (*Lendo, como se já soubesse a resposta.*) "O único filo animal a apresentar simetria pentaradial é o filo dos Equinodermos!" Ou seja, letra A.

FUNCIONÁRIO 1: Quase hein, Lourenço? Você chutou "B", não é?

(LOURENÇO *olha para a plateia em tom de confidência.*)

FUNCIONÁRIO 3: Sua vez, pra mim!

LOURENÇO (*quase impaciente, lê um cartão*): "Celebridades".

FUNCIONÁRIO 3: Nossa, adoro!

FUNCIONÁRIO 1 (*chateado*): Ai, você é sortudo demais!

LOURENÇO (*lendo*): "Qual o nome completo da cantora finlandesa... (*Com um pouco de dificuldade para ler.*) Taria...Tarja...Turun.... Tarja Turunen"? (*Olha para a plateia em tom de confidência. Retoma.*) a) Tarja Susanna Turunen Cabuli; b) Tarja Turunen Susanna

Eerika Cabuli; c)Tarja Solie Susanna Turunen Cabuli; d) Tarja Hietala Susanna Cabuli; e) Tarja Cabuli Turunen Solie.

FUNCIONÁRIO 3 (*pensa por alguns segundos*): Lê de novo a d? (LOURENÇO *lê.*) E a a? (LOURENÇO *lê.*)

(FUNCIONÁRIO 3 *volta a ficar pensativo.* LOURENÇO *retoma a conversa com a plateia.*)

LOURENÇO (*enquanto fala, os outros atores vão se desvencilhando dos novos personagens e retornando aos seus lugares iniciais*): Cá entre nós, um jogo em que, vez ou outra, alguém sabe uma resposta sobre um assunto absurdo que ninguém ouviu falar, ou que a "grande emoção" é conseguir acertar "chutando" uma alternativa!?!

FUNCIONÁRIO 3: Letra E!!

LOURENÇO (*desanimado e impaciente*): Não! Letra C!!

FUNCIONÁRIO 3: Ai...era minha segunda opção.

(LOURENÇO *ameaça dizer algo, mas só confidencia seu olhar com a plateia.*)

(........)

BELA: Pois é: estava comentando sobre "hoje"! Depois de quase cinco anos, ele resolveu "marcar um encontro". Cinco anos!! Cinco anos de cartas anônimas, de flores, de CDs temáticos de música. Sim, porque já teve o CD para viagem de carro, o CD para dias de chuva. Até CD com trilha ideal para o primeiro encontro sexual, teve. Cinco anos! Eu me lembro que, no início, pensei que era uma brincadeira de mau gosto de algum ex-revoltado. O Joel, por exemplo...

(Um *dos atores assume o papel de* JOEL.)

JOEL: Acabou? Como assim, Bela?

BELA: Bom, Joel, sabe o que é: você é legal, beija bem, é charmoso...mas me pedir pra te chamar de "papaizinho" na cama, e ainda querer me chamar de "minha filhinha"...

(Retoma.)

BELA: Mas não era o Joel, nem o Lúcio, não era nenhum deles. E as cartas continuaram chegando, as lembrancinhas, aquele poema "meio barango", mas simpático. A descoberta do seu excêntrico gosto musical, a vontade em comum de fazer o caminho de Santiago, e a sinceridade e uma calma absurdas em me dizer que, só quando estivesse pronto, iria marcar um encontro. Então o que, pra mim, no início, soava como uma diversão, acabou se transformando numa coisa muito presente em minha vida. Não que eu esteja apaixonada. Nada disso. Mas que estou muito curiosa e ansiosa pra conhecê-lo hoje, sem dúvida nenhuma... Cinco anos... (Ri.)

(*Mudança de cena. Fila do cinema.* LOURENÇO *e* ISA *esperam para entrar na sala. Ela carrega um lanche nas mãos.* LOURENÇO *pensativo, com ar melancólico. Balbucia algo inaudível, como se conversasse sozinho.*)

ISA (*um pouco ansiosa*): Eu adoro essa sessão na hora do almoço.

LOURENÇO (*voltando a si*): O quê?

ISA: Essa sessão! Tem coisa melhor do que filme de terror na hora do almoço?

LOURENÇO: Ah... é. (*Ainda absorto por seus pensamentos.*)

ISA (*pausa*): Está demorando pra abrir hoje. Sabe que horas são?

LOURENÇO: O quê?

ISA: As horas... (*Mostrando as mãos ocupadas com o lanche.*) Não consigo alcançar o celular pra ver. (*Sorri.*)

LOURENÇO: Desculpe, eu também estou sem celular. Doei o meu ontem.

ISA: Doou? (*Curiosa.*)

LOURENÇO: É. Doei para uma instituição.

ISA (*pausa. Curiosa.*): Mas doou por quê?

LOURENÇO: Não vou precisar mais dele.

ISA: Legal. (*Pausa.*) Sabe o que eu mais gosto em filme de terror?

LOURENÇO: Oi?

ISA: O que eu mais gosto nesse tipo de filme? (*Sorri, em tom de confidência.*) Eu acho filme de terror uma bobagem. Mas eu adoro ficar olhando as pessoas ao redor. Tem coisa mais engraçada do que aquelas expressões de medo, de pavor que umas fazem? Eu me divirto demais! Eu nem presto atenção no filme! (*Ri.*) Oh, liberaram a entrada. (*Começam a andar na fila.*) Nossa, agora que pensei: você é um desses que se assustam em filme e eu aqui, fazendo chacota? (Ri.)

LOURENÇO: Não. (*Sorriso sem graça.*) Só precisava me distrair um pouco. É que hoje é um dia muito importante e minha cabeça está "a mil".

ISA (*sorri*): Bem... então, "boa distração" pra você! (*Preparando-se para entrar na sala de cinema.*) Ah, foi um prazer te conhecer: "Isa"! (*Estende a mão.*)

LOURENÇO (*cumprimentando-a*): Prazer, "Lourenço".

(........)

EDUARDO (*surge com o celular nas mãos, lendo uma mensagem*): "Estou no cinema: sessão *Almoço do Terror*. Me ligue mais tarde. Beijo." (*Digita.*) "Que horas estará no consultório? Preciso muito falar com você. Me ligue quando sair daí. Beijo." (*Guarda o celular. Pausa. Pega-o novamente. Digita.*) "P.S.: saudade muita de você!" (*Pausa. Celular vibra. Lendo.*) "Deixe de ser exagerado: nós saímos ontem. Risos. Beijo." (*Digita.*) "Tem certeza? Pra mim parece que foi ano passado! Risos." (*Celular vibra. Lendo.*) "Rs Rs Rs Rs, bobo! Nos falamos mais tarde. Smile de sorriso aberto, smile com língua pra fora, smile com boquinha de beijo." (*Sorri. Digita.*) "Figurinha de homenzinho dançando, smile com língua pra fora e olho fechado, coração colorido, navio, bolo de aniversário, smile mandando beijo." (*Pausa. Digita de novo.*) "O filme é bom? Tem sexo?" (*Pausa rápida. Celular vibra. Lendo.*) "Tchau, Edu!". (*Sorri. Guarda o celular.*)

(........)

BELA: "Mas, Bela, por que trabalhar no Correio?" Sim, eu ouço isso quase sempre. "Você é tão inteligente, primeiro lugar geral na federal, pós-graduação na Alemanha, fala cinco línguas fluentemente, recordista brasileira em salto de asa--delta...e presta concurso para os 'Correios'?" (*Risos.*) O que essas pessoas não entendem é que gosto do que faço. Simples assim. Por que alguém acha que pode delimitar a felicidade de alguém, por critérios de ascensão social ou profissional, baseados em senso comum? É claro que gosto de conforto, de tranquilidade, de estar bem. Mas elas não entendem que eu já tenho isso. Eu moro num apartamento hiper aconchegante, num bairro onde as pessoas ainda te dão "bom dia"! Tenho dois vira-latas amorosos e bagunceiros; faço, pelo menos, uma viagem incrível por ano; e tenho a minha própria coqueteleira e aquele livro raro de receitas de *drinks* tailandeses. Além disso, já tem uns seis anos que estou juntando uma grana pra montar meu próprio negócio: uma casinha de chás e tortas, no modelo daquela que fiquei apaixonada, quando conheci Amsterdã. Ah, eu também faço yoga e jogo no time de rúgbi daqui da cidade: as duas coisas me equilibram. (*Risos.*) Eu nunca pensei em me casar, sabia? Não acredito em nenhum desses rituais religiosos onde alguém, que não conhece nada da minha vida, vem me ditando receitas pra ser feliz. "Qual é?!!" (*Risos. Pausa.*) Mas aí, como em uma dessas encruzilhadas loucas da vida, eu me pego hoje olhando para o relógio de hora em hora, e me perguntando: "Por que será que ele marcou um encontro naquela ponte?"

(........)

(ISA *chegando na clínica veterinária.*)

ISA (*aperta o comunicador de mesa*): Ei, Su! Acabei de voltar do almoço. Ligaram do laboratório? (*Ouve.*) Ai...me faz um favor e liga lá de novo. Diz que é só um hemograma e não um exame de DNA! Pedi ontem de manhã! Essa secretária nova é péssima! (*Ouve.*) Não, Su, tô falando da secretária do laboratório. (*Ouve.*) E desde quando você é nova aqui? (*Risos. Ouve.*) Nova, Su! (*Ouve.*) Suzana, eu sei que você não é velha: "nova" no sentido de trabalhar no lugar há pouco tempo, não de idade. (*Risos.*) Enfim, se alguém me ligar, já pode passar a chamada. (*Ouve.*) Hum? Edu ligou? Sim. Hum, hum. Ligou três vezes. Hum, hum. E tem recado diferente nas três vezes? (*Risos. Ouve.*) Tá bom, Su, me fale os recados. (*Ouve.*) "Cadê você, sua veterinária *sapequinha*?"

Entendi, esse é o primeiro. E o segundo? (Ouve.) Hum... "Eu querendo te ver e você no cinema, rindo da cara dos outros! Ai ai ai ai..." Su, ele falou assim? (Risos. Ouve.) Falou. Inclusive os quatro "ais". (Risos.) E o último? (Ouve.) Hum. Como assim: está sem graça de repetir?! (Ouve.) Hum. Hum. Ai, Suzana, fala logo, pare de bobagem. (Ouve.) Tá bom, eu vou pedir pra ele parar de deixar esses recados com você. Agora fale, porque eu tenho uma castração daqui a cinco minutos. (Ouve.) "Aposto que teve sexo no filme do almoço, né, taradinha?" (Risos. Desliga o comunicador.) Ai, Edu... (Pensativa, com um sorriso bobo no rosto.)

(........)

(Música. Os quatro personagens executam as seguintes ações. LOURENÇO se arruma, penteia os cabelos, passa uma colônia e fica se olhando no espelho. Há um misto paradoxal de expectativa, ansiedade e calma. BELA observa um relógio pendurado na parede. Essa ação é interrompida por movimentos que imitam o recebimento de um envelope, o carimbar e o depósito do mesmo em um recipiente, para ser despachado. Essas duas ações se alternam, continuamente. ISA retira as luvas, ensanguentadas pela cirurgia que acabou de realizar, e começa a lavar as mãos. Enquanto executa essa ação, olha para o seu celular, pensando em EDUARDO. EDUARDO, com uma cerveja long neck em uma das mãos e uma fatia de pizza na outra, joga uma partida de fliperama em algum parquinho de shopping center, ou em algum bar que possa estar aberto a essa hora da tarde, em plena quarta-feira. Música cessa. As ações também, gradativamente, só restando LOURENÇO em cena.)

LOURENÇO: "Eu jamais faria isso"!!... "Não dá mais pra aguentar"!!... "É muito além do que eu consigo suportar!!"... "O amor da minha vida!!"... "Eu faria absolutamente qualquer coisa"... "Estou morrendo de ódio... morrendo de angústia... morrendo de vontade... MORRENDO de..." ..."Morrendo de...amor!!" Por que será que todo mundo morre tanto, de tanta coisa? Cinco anos!! Faz quase cinco anos que penso no dia de hoje. No início era só um flerte, um interesse. Algo que me chamava a atenção. Uma possibilidade de alívio para os dias cinzentos, porque estes constantemente permeiam minha vida. Eu sempre fui muito tímido, sempre precisei ser abordado em festinhas, em baladas, ou ter encontros arranjados por amigos em comum. E, obviamente, a proposta de arranjo sempre partia da outra parte interessada. (Ri.) Aí você começa um relacionamento! Passa a dividir segredos, intimidades, frivolidades e, de repente... você se vê sentado no sofá, abraçado a alguém que você não tem a mínima ideia de como foi parar ali. (Pausa.) E aí recomeça o ciclo de encontros arranjados, beijos alcoolizados na balada e, mesmo assim, com iniciativa delas, e a bendita timidez que não te deixa sequer contar aquela piada que seria capaz de fazer qualquer um no mundo arrancar um sorriso de um desconhecido, porque com você contando, Lourenço, parece um caso trágico. Mas hoje não. Hoje é o seu dia. O dia desse encontro tão aguardado, o dia de resolver essa angústia e esse vazio que preenchem o seu peito todos os dias. Chega desse olhar de criança olhando a praia da janela num dia chuvoso. Hoje é o dia de olhá-la de frente e dizer: "sou teu". Não tenho mais medo. (Olha o relógio.) Tá na hora! (Sorri. Sai.)

(........)

BELA (lendo uma carta): "Espero que tenha gostado do CD: esse é para *viagens de carro em rodovias movimentadas, em dias de feriado prolongado. Mas o motivo desta carta não é pra falar da trilha que montei pra você. Escrevo hoje, Bela, porque qualquer assunto que eu queira te dizer, seja do tanto que eu te acho especial, seja do tanto que eu acho chato o desenho do Tom & Jerry, eu quero fazer isso pessoalmente, olhando nos seus olhos! Então, minha linda funcionária dos Correios: amanhã, no final da tarde, no lado direito da ponte, sentado naquele banco de madeira antigo e charmoso... estarei te esperando. Beijo carinhoso, assinado: O homem do tempo.*" (Sorri.) Eu nunca entendi direito esse codinome "O homem do tempo"!! No início, achei que ele poderia ser meteorologista ou até alguém da área de entrega do Sedex, porque esse povo vive correndo contra o...

(brinca) "tempo"! (Ri.) Mas depois de cinco anos, esse codinome secreto até que é bem significativo, não é? (Ri. Pausa. Olha o relógio.) Enfim, melhor me apressar pra não me atrasar! (Sai.)

(........)

(LOURENÇO dirigindo o carro. Ouve uma música no rádio.)

VOZ DO RADIALISTA (ao final da música): E agora, ouvintes da 112,13, a música mais pedida da semana: "Oops! I did it Again", versão com os maravilhosos Lana Del Rey e Ozzy Osbourne, que abre o CD Tributo a Britney Spears.

LOURENÇO (abaixa a cabeça pra mudar a estação do rádio): Se tem uma música que não combina com esse momento...

(Ouve-se um som sutil de algo passando embaixo da roda do carro. LOURENÇO levanta a cabeça rapidamente e olha pelo retrovisor direito. Percebe algo balançando no asfalto, mas não consegue identificar o que é. Freia o carro bruscamente. Ele está na entrada da ponte.)

LOURENÇO (nervoso, respirando sofregamente): Aquilo é um plástico ou... uma asa? (Desce do carro. Caminha até o objeto, num misto de ansiedade e medo. Abaixa-se vagarosamente.) Meu Deus... é um... (Pega o animal cuidadosamente com as mãos e o enrola em sua blusa de frio. Senta-se no asfalto. Sua respiração permeia o ambiente.)

(Surge EDUARDO. Percebe LOURENÇO sentado no asfalto e caminha até ele.)

EDUARDO: Oi!

(LOURENÇO não responde. Seu olhar está fixo no animal em suas mãos.)

EDUARDO (impressionado com a expressão de LOURENÇO): O que aconteceu?
LOURENÇO (atônito): O quê?
EDUARDO: Tá tudo bem? Precisa de ajuda?
LOURENÇO: Ele... eu estava trocando de rádio... eu não vi... eu não sei... parecia um pedaço de plástico... eu... eu nem sei se fui eu... ou se ele já estava... eu não vi... eu não vi... eu jamais faria isso...
EDUARDO (aproximando-se de LOURENÇO): Calma...calma. (Pausa.) Posso ver?

(*Os dois se olham por alguns instantes.*)

EDUARDO: Fique tranquilo... Eu só quero ajudar.

LOURENÇO (*com muito cuidado, mostra o animal para* EDUARDO): Está morto... não está?

EDUARDO (*observando o animal*): Não sei. (*Olha mais de perto.*) Não. Parece que respira...

LOURENÇO (*assustado*): O quê?

EDUARDO (*animando-se*): Sim! Ele está respirando!

LOURENÇO (*entre o alívio e o desespero*): Jura? (*Observa o animal de perto.*) Sim! É verdade! (*Voltando a se desesperar.*) Mas... o que eu faço? Eu não sei o que eu faço! Eu nunca tive bicho. Eu não conheço nenhuma clínica veterinária...

EDUARDO: Eu conheço.

LOURENÇO: O quê?

EDUARDO: Eu conheço alguém que pode salvá-lo. Ou tentar, pelo menos...

LOURENÇO: Sério?! Por favor!! Eu pago o que for preciso. Não importa! É longe daqui? Me fale onde fica que eu...

EDUARDO: Pode deixar que eu o levo. (*Os dois se olham.* LOURENÇO *entrega o animal para* EDUARDO.): Eu vou fazer o que for preciso, tudo que eu puder... ok?

LOURENÇO: Ok. Obrigado.

EDUARDO (*saindo. Para*): Ah... me dê seu número pra eu te ligar da veterinária.

LOURENÇO: Claro! Vou anotar pra voc... Aiii... estou sem celular.

(EDUARDO *se compadece novamente com a imagem de* LOURENÇO *desolado. Aproxima-se dele e entrega seu celular.*)

EDUARDO: Tome. Fique com o meu.

LOURENÇO: Mas...

EDUARDO: Sem problema. Eu ligo pra ele pra dar notícias. Depois você me devolve. (*Sorri.*)

(LOURENÇO *também sorri, sem graça.* EDUARDO *também sorri e sai com o animal nas mãos.* LOURENÇO, *aos poucos, se levanta. Por alguns segundos, observa o horizonte. Vira-se de costas e encaminha-se para o fundo da cena. Sobe na beira da ponte. Paralelamente ao seu movimento, surge* BELA.)

BELA (*observa-o subindo*): Oi!
LOURENÇO (*assustando-se, olha para ela*): Oi...
BELA: Engraçado, né?
LOURENÇO: O quê?
BELA: A gente sempre começa com um "oi". (*Sorri.*)
LOURENÇO: Oi?
BELA: Viu? (*Risos. Reconhecendo-o.*) Eu me lembro de você! (*Aproxima-se.*) O que toda semana despacha uma encomenda para o sul... (*Forçando a memória.*) Lourenço, não é?
LOURENÇO (*surpreso*): Sim. Isso!
BELA (*rindo*): Nossa, todos esses anos e eu nem imaginava... (*Quebra.*) Então você vem sempre aqui?
LOURENÇO: Quase sempre.
BELA (*observa o horizonte*): É bonito mesmo! Engraçado que eu nunca tenha parado para observar a vista deste lugar.
LOURENÇO: É... quase ninguém para. Esse banco (*aponta-o*) fica praticamente vazio o ano inteiro!

(........)

(*Consultório veterinário de Isa. Eduardo entra, carregando o animal*)

ISA: Oi, Edu! (*Reparando no embrulho em suas mãos.*) O que foi?
EDUARDO: Preciso da sua ajuda. (*Coloca na mesa um pano em que o animal ferido está enrolado.*)
ISA: Como assim? O que aconteceu? (*Aproxima-se e olha o embrulho.*) O que é isso, Edu? (*Desconfiada.*) É alguma brincadeira?
EDUARDO: Ele foi atropelado... ou quase atropelado, agora há pouco.
ISA (*percebendo o nervosismo de* EDUARDO): Ok. Vou dar uma olhada. É um cachorrinho? (*Desembrulha o animal.*) Edu!!! Mas é um morcego!!?
EDUARDO: Sim! É um morcego. Mas tá respirando... Talvez ainda dê pra salvá-lo não é? (ISA *fica atônita. Interpelando-a.*): Não é?
ISA: Edu... é um... morcego! (*Num misto de susto e surpresa.*) Eu nunca tratei de um morcego! Não é minha especialidade. Ainda mais se tratando de um... Eu não sei o que fazer... eu não sei...
EDUARDO (*tentando acalmá-la*): Mas você pode dar uma olhada, não pode?

ISA: Edu...
EDUARDO (*pegando-a pelas mãos*): Isinha: uma olhada...
ISA: Edu...
EDUARDO (*aproximando-se mais dela*): Por favor...

(ISA *sente a proximidade de seus corpos e olha para ele.*)

EDUARDO: Tenta, vai?

(........)

BELA: Então? Por que aqui?
LOURENÇO (*ambíguo*): O quê?
BELA: Por que esse lugar? Por que vir aqui?
LOURENÇO (*respira*): Porque tem o pôr do sol mais incrível que já vi. Porque é calmo e a distância até a água é enorme! (*Olhando para baixo.*)
BELA (*olha para baixo também*): Nossa! É alto mesmo!
LOURENÇO: É. Assim é garantida...
BELA (*ainda olhando para baixo*): Garantida? O que é garantida?
LOURENÇO: A morte.
BELA (*estranhando*): A morte? Do que você está falando?
LOURENÇO (*calmo*): Que quando eu saltar daqui, dessa altura, é garantido que eu morra.
BELA (*estranhando ainda mais*): Espera. Você tá me dizendo que está planejando saltar daqui?
LOURENÇO: Sim.

(........)

ISA: Mas por que esse desespero? Esse olhar... Eu nunca te vi desse jeito.
EDUARDO (*emocionado*): É porque hoje... não pode acontecer algo triste assim! Hoje é dia de vida.
ISA: Hã?
EDUARDO (*puxando-a para mais perto dele*): Eu sei que eu brinco muito, que eu te dou muito trabalho. Eu sei o tanto de dor de cabeça que já te dei... Mas a verdade é que há muito tempo eu escondo o que eu sinto... de você!
ISA (*nervosa*): Do que você está falando?

EDUARDO: Minha linda... (*Sorri nervosamente.*) Será que você não percebeu? Durante esses últimos anos... Você não notou nada de diferente?

ISA (*muito nervosa*): Notei o que, Edu?

(*Os corpos dos dois estão muito próximos.*)

EDUARDO (*respira profundamente e a olha fixamente nos olhos*): Que eu estou... apaixonado.

(*Silêncio. A respiração dos dois permeia o ambiente.*)

(........)

BELA (*Pausa. Olha pra LOURENÇO. Olha para baixo. Começa a sorrir.*): Ah, Lourenço! Você, hein? Por um momento eu até acreditei que iria pular mesmo. (*Rindo.*)

LOURENÇO: Ué... mas eu vou...

BELA (*interrompendo*): Não, porque você, parado aí, com esse olhar sério, me dizendo essas coisas... Por um instante eu pensei: "Nossa, será que...? (*Ri.*) Ai ai...

LOURENÇO (*não entendendo*): O quê?

BELA: A vida é muito surpreendente mesmo. Porque bonito, charmoso, eu sempre te achei, mas bem humorado eu não imaginava.

(*LOURENÇO parado, observando-a.*)

BELA: Seu perfume é outra coisa em que eu reparava. Cítrico, né? Mas sabe o detalhe que mais me marcou? Sua letra. Porque, pela letra, a gente consegue perceber muita coisa.

LOURENÇO (*faz uma ação com as mãos como se preenchesse um envelope*): Mas... pela letra? Só pela letra?

BELA: É. Sua letra sempre me chamou a atenção. Sobretudo o jeito que você escreve o "e".

LOURENÇO: É?

BELA: É. (*Pausa.*) Posso subir aí também?

LOURENÇO (*impressionado*): Claro.

(*BELA sobe e fica ao lado de LOURENÇO. Ele a segura pela mão.*)

(........)

ISA (*perdendo a voz*): Você disse apaixonado?
EDUARDO (*beija as mãos dela*): Perdidamente!
ISA (*quase sem voz*): Então... hoje... aqueles telefonemas... o assunto?
EDUARDO (*beija suas mãos novamente*): Sim. (*Doce e carinhoso.*) E eu não posso deixar algo morrer. Logo no dia do meu encontro... com ela!
ISA (*quase desfalecendo*): Ela?
EDUARDO (*empolgando-se*): Sim! Faz cinco anos que estou completamente apaixonado por uma moça com a qual eu nunca saí! (*Sorri.*)
ISA: Uma moça...
EDUARDO (*afastando-se um pouco*): Eu sei que é absurdo! "Edu, o cara que vive tendo rolos, que nunca namorou ninguém seriamente, que sempre fugiu de romantismo, perdido de amor por uma quase desconhecida." (*Ri.*) E tem mais: inventei um codinome secreto durante todo esse tempo e me comunicava com ela através de cartas, poesias, lembrancinhas... Até CDs eu gravava e enviava pra ela, acredita? (*Sorri.*)
ISA: Cinco anos...
EDUARDO: E aí, depois de tanto tempo incógnito, vivendo esse amor platônico, eis que tomo coragem e resolvo marcar nosso primeiro encontro. Só que aí sou surpreendido por um desconhecido, chorando, sentado no asfalto, completamente desolado, segurando um morcego ferido em suas mãos.
ISA (*atordoada*): O quê?
EDUARDO: Bom... mas isso eu te conto depois, com mais calma. Isinha, eu preciso ir. Estou atrasado pro encontro com ela. Desculpa vir aqui, assim, desse jeito, te atordoando com mais uma história absurda da minha vida. (*Ri. Aproxima-se dela, novamente.*) Você faz isso por mim?
ISA (*quase sem forças*): Sim.
EDUARDO (*beija sua testa*): Você é a amiga mais linda desse mundo! (*Sai.*)
ISA (*observa* EDUARDO *saindo. Pausa. Olha o morcego na mesa. Aperta o comunicador*): Suzana, traga minha maleta, por favor. (*Coloca suas luvas. Respira profundamente. Olha para a plateia. Começa a examinar o morcego.*)

(........)

BELA: Nossa... Dá um pouco de medo, né? E olha que não tenho problema com altura.
LOURENÇO (*olhando para ela*): Eu não fico com medo. Na verdade, é um dos poucos lugares em que me sinto bem...
BELA (*olha para ele. Pausa. Segura sua outra mão*): Por que você nunca falou comigo?
LOURENÇO (*olhando para ela*): Porque eu nunca consegui fazer o que eu realmente queria em nada na minha vida.
BELA: Nunca é tempo demais! (*Sorri.*)

(*Os dois se olham. Os corpos se aproximam. A respiração é ofegante. Beijam-se. No começo, timidamente. Aos poucos, se transformando num beijo apaixonado. Após alguns instantes, ouve-se um barulho de celular tocando.*)

LOURENÇO (*interrompe o beijo docemente. Percebe o celular que está em seu bolso*): Ah... desculpa, tenho que atender essa ligação! (*Atende.*) Alô? (*Sorri*) Oi! Eduardo? Pode falar...

FIM.

Júlio Vianna é diretor, dramaturgo, ator e pesquisador teatral. Mestre em teoria literária pela Faculdade de Letras da UFMG, atualmente é doutorando na área de Artes Cênicas pela mesma instituição. Foi responsável pela dramaturgia de trabalhos como *Argonautas de um Mundo Só*, *Quixote*, *RE-toques*, *Aquele Pequeno, Quase Insignificante*, *Pequenas Porções de Sonhos*, *As Portas*, *Ponto de Ônibus*, *Sessão das Duas*, e atuou na coordenação dramatúrgica do espetáculo *Através das Sombras*. Foi coordenador do Núcleo de Pesquisa em Dramaturgia do Galpão Cine Horto em 2012. É cofundador e integrante da Cia. 4comPalito desde 2001.

Risco

Luísa Bahia

*Para Fernando Brina
e suas sempre-vivas.*

A viagem não começa quando se percorrem distâncias, mas quando se atravessam as nossas fronteiras pessoais. A viagem acontece quando acordamos fora do nosso corpo, longe do último lugar onde podemos ter casa.
Mia Couto

O Espaço, O Tempo.

Risco é uma odisseia, um quadro, um blues, um pequeno ritual.

A dramaturgia é um pequeno roteiro para a viagem. Um guia para o percurso, porque a gente planeja, mas viajar, só viajando mesmo. A comunidade de ouvintes é participante da história, afinal, estamos todos no mesmo barco. Ela se posicionará em um semicírculo. A história será contada por uma atriz que, por sua vez, será acompanhada por um músico; mas não pode ser qualquer músico, ele precisa ser multi-instrumentista, pois os múltiplos serão os inteiros! A cada apresentação a atriz/narradora será acompanhada por um músico diferente, em um espaço diferente, de preferência lugares bem aconchegantes. Pode ser feito à luz do dia ou à luz da lua. Isso depende do tempo!

atriz entra em cena um pouco ofegante.

> Han Tum Tum, han Tum Tum...
> Meu coração bate em fá,
> A cabeça de dar dó,
> Tá em tempo de sincopar,
> Anacruse.
> Anacruse é uma coisa fora do tempo.

(No espaço há uma cadeira e um banquinho com um copo de água. A atriz se senta.)

> — Eu não me organismo, é um problema genérico!
> Han! Meus óculos!

(A atriz corre para os bastidores para buscar seus óculos.)

> — Eu não me organismo, é um problema genérico!
> Essa é uma frase! Há quatro tarefas e uma outra frase: os múltiplos serão os inteiros!
> Há também uma pergunta e uma resposta! É, sempre há uma pergunta e uma resposta. Não necessariamente nessa ordem. Tem sempre alguém que morre e alguém que

nasce, não necessariamente em ordem nenhuma. Simples, simples. Fazer um risco é simples. É como surfar. Viver, só pegando a crista da onda, se você quiser pegar a crista da onda, é claro! Mas depende do tempo, pois o tempo é um ditador! Com sol consola, com frio, empedra a gente! Ela? Vai ser a Dora por um tempo, mas poderia ser qualquer outra. Mulher não tem pensamento, mulher tem é iluminação! A lágrima é o átomo do mar. Há um velhinho. Um não, muitos! Mas um perguntou se eu era feliz! Eu não sabia responder. Há um risco, um traço transparente, que vai ganhando alimento até ficar vermelho como as regras. As regras doem, muito. Há também um coelho, que mora na lua. Não se preocupe, um dia você verá, se quiser, é claro. Há também uma tartaruga. Um grande casco pra servir de concha. Há coisas que não têm explicação. A vontade de ir embora, por exemplo. O mar, por exemplo. A palavra "saudade". O assoalho, o assoalho do oceano. É bonito, é forte, um traço, é um risco, uma queloide, uma foice, um parêntese, uma possibilidade no instante...

Dora vive na ilha de Bodadidjan, Bodadidjan. Devo dizer que Bodadidjan tem uma dimensão de 6 por 4. É sim, bem pequenina! Dizem que tem muitas árvores e que é ponto de apoio das revoadas e das migrações dos pássaros para o leste. Tem uma avenida grande que atravessa a ilha inteira. É uma terra de vida simples. Mas o tempo? O tempo é um ditador, de tudo por tudo!

Dora quer atravessar o Atlântico, mas antes precisa parir o Risco, a história em treze páginas. Ela pode usar doze cantos desde que eles sejam muito significativos. Ela precisa cumprir quatro tarefas, com diferentes graus de dificuldade. No fim Dora precisa descobrir que a ilha é redonda. Mas só no fim. Antes ela precisa conhecer a ilha inteira, como a palma da sua mão. Dora precisa cumprir suas tarefas e cada tarefa cumprida lhe dá direito a um prazer. Eles devem ser graduais até o prazer final. O da plenitude. Virá?

A travessia se inicia de frente para o mar. Dora está em cima do casco de uma tartaruga. Ela tem os cabelos longos, que balançam ao vento. As pernas um pouco arqueadas para trás, tipo uma meia-lua. No dia em que Dora começa a sua viagem,

O MAR ESTÁ CALMO. HÁ UMA PARTE DE AREIA, BEGE, COM ALGUNS DETALHES MAIS ESCUROS DOS DOIS LADOS. COMO DITO ANTERIORMENTE, DORA ESTÁ EM CIMA DE UMA TARTARUGA. UM CASCO. DEPOIS HÁ UMA LINHA DE AREIA JÁ MOLHADA, UM POUCO MAIS ESCURA. E ALGUMAS PEDRAS, PEDRAS PRETAS. DEPOIS HÁ UMA ESPUMA RALA, COM ALGUNS BURACOS. PRECISO QUE VOCÊS CHEGUEM PERTO PARA VISUALIZAR. DEPOIS HÁ UMA PEQUENA VIRAÇÃO. UMA CAMADA DE ESPUMA DAS ONDAS. ELA É IRREGULAR. HÁ TAMBÉM UMA PEQUENA FENDA E DEPOIS A ESPUMA CONTINUA. DEPOIS HÁ OUTRA ONDA, EU SEI, JÁ ESTÁ DEMORADA ESSA DESCRIÇÃO, MAS É PRECISO PRIMEIRO DESENHAR A PAISAGEM. PINTÁ-LA COM DETALHES. COMO EU IA DIZENDO, HÁ UMA OUTRA CAMADA DO MAR QUE SÓ TEM UM PEDAÇO DE ESPUMA. DEPOIS HÁ UM TRECHO DE MAR UNIFORME, MAROLINHAS, PEQUENINAS, MAROLINHAS, PEQUENAS ONDAS, SEM GRANDES TORMENTOS.

(*A atriz aponta para a esquerda, depois se conserta, devia ter apontado para a direita. Esse jogo se repete sempre que ela falar das direções.*)

DO LADO DIREITO, ESSA PARTE DE MAR, TERMINA NUMA OUTRA MAIS ESCURA. DO LADO ESQUERDO, NÃO, A COISA É MAIS MISTURADA, É TIPO UM *DÉGRADÉ*, A ÁGUA VAI SAINDO DO ESVERDEADO E VAI SE AZULANDO. É, DIREITA E ESQUERDA APRESENTAM GRANDES DIFERENÇAS. DESDE QUE FORAM INVENTADASSSSSSSSZZZZZZZZZZZZZZ...

(*Ela se desconserta com o zumbido da cabeça.*)

DORA TEM MUITOS PENSAMENTOS. TEM UMA TAREFA A CUMPRIR E TEM MUITO MEDO DE SE PERDER MAIS UMA VEZ. FICA PENSANDO EM QUAIS SERÃO OS PRÓXIMOS DESAFIOS. SEMPRE. ELA SEMPRE COLOCA UM DESAFIO MAIOR E MAIOR E MAIOR À FRENTE. INVENTA REGRAS, MUITAS. ESTABELECE PRAZOS, LIMITES, BORDAS.

— AMANHÃ SERÁ ASSIM, AMANHÃ SERÁ ASSADO. A PARTIR DE HOJE VOU FAZER ISSO TODOS OS DIAS. UM RISCO, UM RABISCO, UMA POSSIBILIDADE NO INSTANTE. ELA PARE IDEIAS, METÁFORAS INCRÍVEIS E TODO O DIA TEM A SENSAÇÃO "ACHEI, ACHEI! NOSSA COMO NUNCA TINHA PENSADO NISSO ANTES!" E VIRA UM LABIRINTO SEM FIM. HÁ SEMPRE ALGO GENIAL NO PRÓXIMO INSTANTE. SEMPRE.

(*Ela canta.*)

"Left is right, right is left
There is no start
Take a look at my body
It sounds like a sphere.

Fear no life
Look around
There in no boundaries.

The road is blue
like a square, a cube
No side to move

I'm sleeping while rolling
Swimming I can feel
Just felt my liver
But is it moving or still?"[1]

O mar acaba e dá pra ver o limite entre o mar e o céu. Eles não se azulam, não. Mais do lado direito do que do lado esquerdo. Acho que as coisas do lado direito são mais duras, mais exatas, não sei, é só uma impressão. Do lado esquerdo parecem ser mais amorfas, mais misturadas.

Dora quer uma coisa, ela sabe aonde quer chegar, mas parece que tem algo que a chama para trás.

(*A atriz canta. As frases entre aspas são músicas.*)

"Descobri que era eu mesmo oculto, dentro das coisas que sinto."[2]

— O homem tem uma voz linda. E um sotaque engraçado, lá do outro lado do mundo.

"A graça que vem de cima, e veeeeemmmm da graça."[3]

Agora começa uma música forte, uma percussão...

---

1. "Liver" de Luísa Bahia e Gabo da Luz.
2. "Graça Divina" de Caetano Veloso e Jorge Mautner.
3. Ibidem.

(Dora até se embanana com as coisas.)

É QUE... NOSSA, ESSA É MARAVILHOSA! PUTAQUEPARIU!!!!! AÍ ENTRA UM SAX, RASGANDO, RASGANDO, ENTRANDO DENTRO DO CORPO DE DORA, DORA SENTE UM CALOR, UM CALOR, E... DORA PENSA EM COMEÇAR A CHORAR, DORA COMEÇA A QUERER CHORAR. DORA, DORA, AIIIIIIII. O HOMEM GRITA, AH, UH, BRUM.

POR QUE É QUE DORA ESCOLHE OS CAMINHOS MAIS DIFÍCEIS? ELA JÁ SABE AONDE QUER CHEGAR, MAS VIVE AOS RODEIOS, VIVE AOS RODEIOS!

— EI, SE LIGA! PRESTA ATENÇÃO, VOCÊ TEM UM OBJETIVO A CUMPRIR, CLARO, MUITO CLARO E NÃO ADIANTA, NINGUÉM VAI TER PENA DE VOCÊ SE VOCÊ NÃO CONSEGUIR, NINGUÉM VAI PODER TE AJUDAR.

NESSA HORA TOCA UMA MÚSICA BONITA, UM POUCO MAIS TRISTE. ELA TÁ COM UM NÓ ENGASGADO NA GARGANTA. ELA QUER E NÃO QUER CHORAR, SEUS PÉS FORMIGAM. DORA ESCREVE COM AS DUAS MÃOS, COM A PONTA DOS DEDOS. PRA QUEM, PARA QUEM DORA VAI CONTAR ESSA HISTÓRIA? PARA UM HOMEM, PARA UMA MULHER?

UM CACHORRO LATE À DIREITA DE DORA UM LATIDO GROSSO; UM CARRO PASSA, OUTRO. O TELEFONE TOCA! É UM VELHINHO:

— EI, VOCÊ É FELIZ?
— O QUÊ?
— VOCÊ, FELIZ?
— NÃO, SENHOR, OBRIGADO!
— EU DISSE "FELIZ"!
— O QUE É QUE VOCÊ TEM?
— DÚVIDA, DÍVIDA, UMA DOR NO PEITO.
— SEI.
— É QUE ÀS VEZES A GENTE SE ESCONDE.
— DENTRO DA BALEIA?
— NÃO, NO ASSOALHO, NO ASSOALHO DO OCEANO.
— HUM. MAS ÀS VEZES É PRECISO PEGAR A CRISTA DA ONDA.

(Sua boca está seca, os pés formigam.)

DORA NÃO ESTÁ NUM DIA BOM. MEU DEUS, QUANDO ISSO VAI ACABAR? TEM UM BARULHO CONSTANTE, SSSSSSSZZZZZZZZZZZZZZZZZZ. O CACHORRO VOLTA A LATIR, PASSA UM CARRO COM UM SOM ALARANJADO.

Gente, será que é Penélope? Há uma mulher, no centro do quadro, ela está de costas em cima de uma tartaruga. Me ajuda a olhar?

Dora tem aprendido muitas coisas sobre contar uma história, ela é esperta, mas o comando central pede mais e maissssszzzzzzzzzzzzz...

— Ai, eu queria embaralhar todas as letras, bater num liquidificador! Os conteúdos são tão pobres dentro de cada gaveta. Eu tenho vontade de sacudir tudo. De embaralhar, de misturar todo mundo. Como se fossem líquidos. Como se os líquidos se contaminassem! E não existisse mais divisão.

O seu mapa era rabiscado. As fronteiras não tão definidas. Os limites, os limites tênues. Orgânicos. Como o mar e o céu, por exemplo. Dora está confusa, fica na beira da praia. Fica olhando o mar, sentindo aquela brisa gostosa e vendo as ondas, indo e vindo, indo e vindo... A quebra do mar, aquela dobradiça no fim.

— doooorrraaaa! chega! você tá enganando a quem? para de enrolar, mulher!

(Respira fundo.)

Mais um carro passa à esquerda. A arte de guardar segredos, a arte de guardar segredos. Quando é que ela vai acabar isso e entregar pra quem precisa?

(Dora para as mãos um pouco e olha para elas.)

As pontas dos seus dedos estão enrugadas, como a pele fica em banho-maria.

(Para, olha para frente.)

O mar, o mar, o mar é infinito!

— Ei, estava revendo a minha agenda e achei o seu telefone!
— Ei, você é feliz?
— Não, senhor, obrigada.

— É QUE VOCÊ TEM TANTO, VOCÊ FAZ TANTO. NA MINHA ÉPOCA...
EU NÃO TINHA NADA.
— MAS ÀS VEZES A GENTE TEM TUDO E NÃO SABE O QUE QUER.
— É, EU TINHA TUDO, EU TINHA TUDO.

(Dora estala os dedos.)

UM PÁSSARO PIA ACIMA DE DORA. AINDA NÃO CONSEGUIU SAIR DO LUGAR. VEM AQUELA MÚSICA TRISTE:
"TUM, TUM, TUM, NO MATTER..." [4]
NÃO IMPORTA, É BONITA, É MUITO BONITA. EU DEVO CONTAR UMA HISTÓRIA DIFERENTE PARA CADA HOMEM QUE EU FOR ENCONTRAR. ENGRAÇADO, ANTES DORA SÓ PENSAVA EM MULHERES, MUITAS, HAVIA MUITAS NA SUA CABEÇA. AGORA ELA SÓ PENSA EM HOMENS. E FICA PENSANDO EM UM QUE POSSA ACOMPANHÁ-LA. DORA SENTE VONTADE DE CHORAR! MEU DEUS, ISSO TERÁ FIM?

(Sede, sede, a boca com um gosto estranho.)

A MENTORA DISSE QUE NESTE MOMENTO DA TRAVESSIA ELA NÃO DEVERIA USAR DETERMINADAS SUBSTÂNCIAS. MAS DORA É TEIMOSA, DESOBEDECEU. AI.

(Dora aperta as vistas para enxergar.)

VOLTANDO AO QUADRO, É UM QUADRO BONITO, MAS MUITO DIFÍCIL. HÁ NUVENS, HÁ NUVENS NO CÉU! UM AZUL TÊNUE...
AI, AÍ COMEÇA UM VIOLINO GOSTOSO, UMA PERCUSSÃOZINHA, PARECE UM SAMBA. AI QUE DELÍCIA, QUE VONTADE DE DANÇAR. DE TER UM SOL GIGANTE, IMENSO NO PEITO.
— DORA, SE AME, DORA, CURTA ESSA VIBRAÇÃO! EU ESTOU GRITANDO DE VELOCIDADE!
— DORA, VAMOS LÁ, VAMOS COMEÇAR...
— NÃO, POR FAVOR, NÃO, SÓ MAIS UM POUQUINHO, DEIXA EU SENTIR CADA MOMENTO, CADA TOQUE, UM DEDO PERCORRENDO AS COSTAS, UMA LÍNGUA IMENSA, QUE TESÃO, UI...
"NA MATEMÁTICA DO MEU DESEJO..." [5]
— AI, QUE VONTADE DE HOMEM! MEU DEUS!

4. "New Amsterdam" de Moondog.
5. "Matemática do Desejo" de Jorge Mautner.

"Eu quero mais e mais e mais um beijo."

As nuvens no céu são brancas e acinzentadas. O céu e o mar estão distintos. Isso é bonito. O branco das nuvens vem como um segredo. Uma claraboia discreta!

— Dora, lembre-se do velhinho. Ele te fez uma pergunta!
— Qual mesmo?
— Só pra te dar um toque, você já gastou algumas páginas...
— Quantas?
— Não sei, não sei, algumas... E você só tem treze. Você só tem treze.

(Dora canta como que contando, lembrando das páginas.)

"E que só sei dizer, em prosa e verso..."[6]

A música é bonita. Ela fala de um anjo alado. Bom, mas o céu... Foguetes explodem à esquerda de Dora. Papápátumtum...
O céu, ai, o céu, aí entra o sax, ai, Jesus! Ai, meu deus!!!!!!!!!
Ela toca fundo, fundo.
As nuvens são um pouco...

(Dora fala rápido.)

Ela quer contar sobre o céu antes que a música acabe! Aí a música acaba e tem uns gritos.... Aí vem a música triste de novo, é uma roda sem fim, meu deus, é uma roda sem fim!
Gente, isso parece um delírio!
O céu tem umas nuvens acinzentadas, um pedacinho de branco na transversal direita, acima à direita, uma nuvem branca mais clara. Ela se destaca. Há outras nuvens, mas o que importa é que talvez sejam cúmulos, cúmulos, nem estratos, nem nimbos, mas cúmulos! A da esquerda tem um pedaço branco no meio.

(Dora engole, gosto ruim na boca.)

No meio é tudo um pouco confuso, não é?

(Dora se apruma, se ajeita.)

6. "Graça Divina" de Caetano Veloso e Jorge Mautner.

— Gente, onde isso vai dar?

4 de 4! 13-4=9 páginas. Ufa, ela tem mais 9. Pra contar a história que ela tanto quer contar. Viver contando histórias, simples, simples assim. É um sonho grande, é um sonho simples! Mas engraçado como quando a gente quer chegar num lugar, num ponto, a gente dá voltas, tantas voltas, até cansar. Ai, isso é bonito, é bonito. Porque a gente sabe aonde quer chegar, mas a gente tem que ir passando por algumas situações, lugares, provações. Tem coisas que o destino coloca pra gente, dizem que alguém fica lá tecendo, brincando, tipo peças de xadrez.

— Deus, você existe? É sério? Se você existe, se é tão imenso, poderoso, por que precisa que tanta gente acredite em você? E eu devo escrever você com letra maiúscula ou minúscula?

(Ela estala os dedos, como uma singela percussão.)

"Summertime and the livin' is easy, fish are jumpin'..."[7]

— Gente, eu queria ser Ulisses e tô virando Penélope. Que coisa. Eu já devia ter pulado nesse mar há muito tempo, mas tô aqui enrolando, enrolando, enrolando. As mesmas músicas... Ai, isso de ser... mulher?

— Dora, aonde você vai chegar, hein? hein?

— Ai, só mais um pouquinho, só mais pouquinho.

(Dora se contrai, contrai por dentro.)

Ai, aí entra o violino, iiiiiiiiiiiiiiii...

(Dora gira a cabeça, assim, bem devagar.)

— Ai, gente, o que é que tem lá do outro lado?

Tem um pontinho branco no quadro. Um pontinho. À esquerda. Engraçado, sempre falam tão bem do Oriente. Que lá eles são sábios e têm resposta pra tanta coisa. Dizem até que o sol de lá é vermelho. O sol deles é um farol!

(A perna de Dora está dormente. A panturrilha esquerda.)

— Não se separa com vírgula o sujeito do verbo.
— O que isso quer dizer?

7. "SummerTime" de George Gershwin.

Gente, vamos, vamos, eu não quero perder vocês, eu não quero perder você!

Dora sente vontade de chorar. Será que ela ama aquele homem? Mas ele não gosta dela, quer dizer, não sei, acho que gosta. Na verdade Dora quer vê-lo hoje, mas...

— Aiiiiiiii, eu...

Dora começaaaaa, Dora não quer, Dora.

"e veeeeeemmm da graça"

A verdade é que Dora quer vê-lo hoje, mas ela não sabe se ele estará lá, ele na, ela ai,

— aquela música forte de novo!

"Because you are mine!!!!!"[8]

Dora começa a rir! Um riso, choro, meus deus, ai que vontade de, ui,

"You always put me down"[9]

— dora, viva isso. curta essa elucubração acústica!

— Ai, aí entra o solo de sax, meu deus! Isso é a voz de Deus! Ai, sax, sax, sax, Dora quer muitos sax, muitos. Uma banda de sax.

O homem grita, urra. Ele está do outro lado.

Dora não sabe aonde vai! Meu Deus, a música acaba.

E começa aquela outra, um carro passa à esquerda.

— Ei, me tira daqui, à força?

— É... fazer, a gente só aprende fazendo mesmo. É a primeira vez que eu pinto um quadro. E ainda ao vivo, que coisa difícil! Eu sou curiosa! Quero saber de tudo: manuais de navegação, lorotas de pescador, ah, e aprender o canto das sereias, é claro!

Dora não quer ficar esperando em cima da tartaruga o resto da vida! Há uma brisa que balança os seus cabelos.

— Ai, criar assim é tão bom. Quisera deus eu pudesse viver tranquilamente, pintando as imagens dentro da minha cabeça. Tranquila, tranquila. Ouvindo o barulho do mar indo e vindo, indo e vindo. Uma paz, sabe, uma paz. Parece que a gente tem que sempre buscar algo, lá do outro lado, lá do outro lado do oceano! Tem coisas que se eu não pintar agora, vão desaparecer. Vão, vão mesmo.

8. "I put a spell on you" de Jay Hawkins.
9. Ibidem.

—Vai, Dora, não tenha medo, não tenha medo de chorar, se entrega! O medo ajuda, mas a dúvida não. A dúvida não é boa conselheira. Tem dias que Dora quer morrer. Dora começa a chorar, parece que não vai ter solução. A vista de Dora se embaraça. Tudo se nubla à sua frente.

— É bom chorar na frente do mar. Tem gente que abre até escritório do choro, sabia? É! Assim coloca limite na fossa. Hora pra chegar e sair. Desaguar no mar engrandece a gente. O nosso choro é só um, dentre os milhões que formam o oceano. A lágrima é o átomo do mar!

—Vai, Dora, não desiste, não desiste, você assumiu um compromisso consigo mesma. Vai! Pode ser que isso seja triste, mas o que é que tem?

Uma mentora uma vez disse a Dora que o medo extremo e o prazer extremo estão assim, bem pertinho um do outro. Lado a lado.

—Você acha que o amor e o ódio estão distantes, lindinha? Non, non, non! Eles estão bem pertinho, bem pertinho!

"One of these morning, you're going to rise up singing..."[10]

Ai, aquela música alegre de novo, que beleza!

(Dora enxuga os olhos. Talvez ela precise tirar os óculos da vista.)

— dora, não viaja! Você precisa chegar até o final dessa história. Para de fazer curvas! Vai logo para o que você tanto quer, vai, vai, mulher!

"Parsê-m um strêla, strêla brilhánti, e mostrâ-m kaminhu, Pa-m tchiga na mi."[11]

Ai, destino, me conduz um pouco, deixa eu seguir livre, ao som do violino. Não, eu não quero pensar em nada. A música tá acabando, o bonde tá passando, mas eu quero continuar à deriva...

"Ao seguir, aquele vulto, dentro das coisas que sinto."[12]

Um carro passa à esquerda de Dora.

O que é que vai ser dessa história?

Ssszzzzzzzzzzzzzzz

---

10. "SummerTime" de George Gershwin.
11. "Seu" de Mayra Andrade.
12. "Graça Divina" de Caetano e Jorge Mautner.

Ai, meus Deus, muitosss sssszzzzzzz de repente!

6 de 6, ufa ainda tenho? 13-6=7 páginas.

7 de 7, ainda tenho muito tempo!

Bom, chega de rodeio né? Vou falar logo dessa pessoa. Ele é assim, demais!

Eu deito assim na frente dele e ele me abraça, fazendo uma conchinha. E é quente, quente. Gente, o corpo dele é muito, muito, muito quente. Um calor específico alto ou baixo, hahahha, já nem sei. Nas aulas de física, Dora viajava. Viajava muito! Ela se apaixonava pelos enigmas. Aquilo era puro tesão. Desvendar as leis do tempo e do espaço!

"Na matemática, do meu desejo, eu quero mais e mais e mais e mais um beijo..."[13]

Dora já está pensando nas regras. Qual será o final dessa história? O Risco, o risco...

Voltando ao quadro, bom, Dora está com os pés firmes apoiados no casco da tartaruga. A tartaruga segue seu passo paciente, eu estou pintando o movimento, mas a sua paciência é tanta que parece parada!

— Mais uma música! Uma música que tenha no canal. Hum... Aquela, daquela mulher, com aquela voz. É um doce, árido, feito as marcas na cara de um povo.

Dora não entende bem a língua daquela mulher, mas é bonito. Bô, Bô, ela só sabe que "bô" quer dizer "você"!

E engraçado, essa música não tem violino, há. Tem o violoncelo. Um violoncelo. Grave, bonito, um vermelho bordô. E o sopro, não sei, não sei bem. O sopro é um trompete. Ela começa a se sentir muito bem, muito bem. O cello, o trompete, aquela voz gostosa da mulher.

"Lararalara"

Dora sente uma sensação boa, de que não precisa do homem que mora lá do outro lado.

Ai, outra música, o violino tá vindo de novo atormentar, Dora!

— Dora, pensa, pensa rápido!

---

13. "Matemática do Desejo" de Jorge Mautner.

(*Ela espreme os olhos.*)

Difícil escolha. Engraçado, essa é uma versão diferente. Mais imperfeita. Parece que é ao vivo! A voz da mulher não é tão bonita como no disco.

"Mandei uma mensagem a jato, as entidades do tempo..."[14]

— Gente, que engraçado, tô parecendo a Penélope, esperando o marido voltar do outro lado do mundo. Sempre odiei essa história, sempre odiei esperar! Sério. A mulher tem que ir, tem que ir. Daí eu resolvi contar uma história de uma mulher que não espera! Não espera no porto, no cais, não, não. Eu queria contar a história de uma mulher que fosse, forte, decidida! Eu vou, eu vou, eu quero ir embora, eu não quero ficar esperando. Fiando e desfiando a história à espera do grande amor, não. Eu não quero isso, não.

A música acabou e o pessoal bateu palma. A cantora disse que ficou tão emocionada que até trocou a letra.

Ai, lá vem o violino de novo...

Tem que ter paciência pra pintar um quadro. Cada detalhe! O primeiro nasce transparente! Daí você tenta mudar de página pra ver se melhora, mas nada. É preciso esperar em banho-maria. A água vai salgando, salgando e o risco vai ganhando vida. Filho a gente cria é pro mundo!

— Não, não, não, eu tenho o comando da situação, eu tenho o comando da situação, eu tenho o comando...

— Anda, Dora, a música vai acabar e você não vai ter escolhido outra!

— Bom, mas peraí, primeiro eu preciso saber quantas páginas eu tenho direito!

8 de 8, 8 de 8. 13−8=5!

— Putz! Dora só tem mais cinco páginas para acabar a história.

— Dora! sinta o baixo, o baixo profundo, sinta essa vibração!

— Será que Dora está se amando? Ai, que ridículo! Ai que ridículo! Dora está se descobrindo,

14. "10 Contados" de Céu.

ai, que ridículo. Dora está matando o homem que há dentro de si para que nasça a mulher, ai, que ridículo. Dora está perdida, num barco à deriva, entre tantos pensamentos. Ridículo? Sente fome. Dora está à deriva entre tantos pensamentos, sem saber para onde seguir, sem bússola, sem mapa, um estado de brisa, um delírio de graça.

Um carro passa à esquerda de Dora.

Voltando ao quadro. Eu esqueci de dizer: à direita de Dora, lá no meio do mar, depois da primeira, segunda camada de areia, depois da primeira água rala, onda forte, onda mais ou menos, lá, na onda pequena à esquerda, há um homem. É, um homem bem pequenino. É preciso apertar os olhos, apertar os olhos pra ver, Dora tem dificuldade de enxergar.

— Ele tem a cabeça redonda!

— claro, dora, todos temos cabeças redondas!

— Ahhhh...

Dora fala com o oráculo, voz, consciência ou ser insuportável que vive dentro de si!

— Hum, acho que eu sei quem você é!

— eu?

— É, você mesmo!

— eu?

— É, você que está aí dentro, não aquele lá do mar. Aquele lá no meio do mar tem a cabeça redonda, como eu já disse, e tem o colo nu, mas tampado. Ele está imerso, o resto do corpo, o resto do corpo está imerso dentro da água salgada, a água do mar, salgada, ai, a água do mar... Mas você, você não é redondo!

Fome, sede, boca amarga, vontade de fazer xixi.

— Puxa, tanto tempo, tanto tempo, não, eu não queria, não, eu não quero morrer, eu só queria evaporar às vezes, sabe, sumir, sumir, evaporar! Virar uma bolha, uma bolha, assim, mas sem que ninguém notasse, sem que fosse dramático. Eu queria ser invisível, eu queria ser invisível às vezes! Ai, meus deus, é uma briga interna tão grande. Dora deságua. Deságua. É um choro, é, como eu posso te explicar, Dora chora. Dora gosta dessa música, Dora tenta voltar essa música, mas o comando

CENTRAL NÃO DEIXA, NÃO DEIXA, ELA TENTA DE NOVO. AGORA VEIO UM SILÊNCIO. QUE LOUCO, PARECE QUE TEM SEMPRE UM COMANDO EXTERNO. AGORA VEIO UM SILÊNCIO.

(*A atriz dança. Luz azul. Toca uma música.*)

Dança livre.
Pela beleza do gesto.

O que é gesto?
Dança livre!

Voltando ao quadro, e agora vem o solo de sax! Hahahahahha, ai, que tesão, eu deus! Puxa vida, que coisa maravilhosa. Eu poderia ficar nessa roda assim, girando a vida inteira, girando no mesmo lugar.

"I Love you, I Love you"[15]

O homem grita, urra, grita no final! Ah, ou, u bruuummmm.

Então, tem uma mulher no centro do quadro que eu ainda não pintei, não risquei. É engraçado isso, na presença, na palavra dita, as coisas têm mais controle. Aliás, eu tenho mais controle sobre as coisas, aliás, eu acho que eu tenho.

(*Dora respira um pouco. Suspira de novo.*)

A mulher tem os pés sujos de areia, eles estão mais claros por isso. Subindo, tem o tornozelo. Ela tem panturrilhas fortes, morenas, que hoje estão doloridas, bastante doloridas, de tanto caminhar. Os joelhos são em cruz, parece que se beijam. Vistos de trás, joelhos são muito engraçados. Subindo, dá pra ver um pouco das coxas. São bonitas suas pernas.

Dora chora um pouco. Mentira, chora nada! É fácil falar que chora, pra você ter piedade. Chora nada! Ela tá rindo, ela tá se divertindo por dentro. Está se divertindo muito com esse grande desafio. Isso tá fazendo muito sentido pra ela! Ela tem descoberto coisas incríveis.

— dora, as 4 tarefas!

Dora repetiu 3 vezes 4. 3x4?

(*Pergunta para a público.*)

12! 12 é o número de cantos da Odisseia! Agora toca aquela música feliz, que tem pratos!

10 de 10, engraçado, tem página que custa a passar. Tô remando nessa tem um tempão.

Gente, eu espero que esteja divertido pra vocês, porque eu tô curtindo. Na verdade eu tô meio em dúvida. A gente sempre tem dúvida né, ai ai ai ai, quem não tem dúvida, dívida, dor no peito? Bom, vamos lá!

15. "I put a spell on you" de Jay Hawkins.

Agora vem aquela música boa, com a moça que tem a voz doce, mas forte, que tem um cello e um trompete. Tem um violão também. Ah, e tem um baixo, sim. O baixo é o segredo. O baixo é o segredo da música. Toda música tem, mas a gente nem se dá conta, mas ele tá lá, é a base!

Bom, pra você chegar no lugar que você quer, você tem que procurar assim, meio displicentemente!

— Mais ou menos, né Dora? Nessa altura do campeonato, não dá tempo pra dar muita volta mais, não!
— Ai, tantas descobertas incríveis!
— Isso não interessa! A sua história não interessa! O que interessa é a ficção! É a ficção!

Ai, ai, as pessoas sabem muito, né? Muito de si, muito da vida dos outros. Dora não sabe de nada! Aliás, sabe, mas finge que não sabe. Às vezes diz que sabe muito, mas tá só na superfície. Só na superfície da água. As ideias precisam ser mais perigosas! Tá tudo muito dentro da gaveta! Vamos bagunçar, gente! Vamos explodir de desejo! Razão demais cega, cega, lesa! Solo do trompete, bonito. Bonito!

— 11 de 11 páginas.
— Eu já sei, eu já sei, você já falou, você já falou, não precisa repetir!
— Mas você finge que não escuta, você finge que não ouve.

Ahhhh, Dora resolve trocar a música. Ela não gosta de versão ao vivo. Sei lá, é um som impuro. E a cantora canta meio mal. Sei lá, parece que tem uma areia na voz, é estranho.
"Não sou eu quem me navega, quem me navega é o mar"

— Alá, nessa hora ela desafina. Vixi, esqueceu a letra, deu aquela engasgada.

É, gente, ao vivo é complicado. Sem aquele preparo, aquela masterização, fica complicado. Parece uma pedra, bruta, sabe.

Uma pedra rolando, estranha. Aí quando tem um morro ela rola e vai se arrebentando. Haha, mas é um movimento bonito! Ah, é um movimento bonito, porque a pedra bruta desce aos solavancos!

Aí agora vem aquela música triste de novo. Não era hora, não era hora! Mas vamos lá, não dá pra controlar tudo! Não dá pra controlar o comando central!

4 tarefas!

Bom, vamos lá!

Lembra do velhinho? Ele fez uma pergunta e um pedido!

4x3?

12! 12 músicas.

Dora tem 9, faltam 3. Faltam 3 músicas. Mas Dora deve escolher no momento certo.

11 de 11 páginas.

4 tarefas.

Pois é, ele perguntou se eu era feliz e me pediu para que eu o tirasse de casa à força, quando eu fosse contar uma história.

Ele me deu um presente e ele nem sabe disso.

O violino de novo, puta que pariu!

Dora para a música. Ela precisa encontrar a próxima. Mesma história, gosto ruim na boca, agora fome, pés formigando, um pouco de cefaleia, é é é dor de cabeça! Aquele diálogo com aquela voz que Dora sabe do que se trata, mas vocês não...

Voltando ao quadro, ah, antes...

"Quando se for este fim de som, doida canção, que não fui eu que fiz. Verde luz, verde cor de arrebentação. Sargaço mar, sargaço ar, deusa do amor, deusa do mar. Vou me atirar, beber o mar, alucinado desesperar..."[16]

— Nossa, essa música é uma obra-prima! Gente, tem gente que é genial!

— Deus?

No quadro, a mulher que olha para o mar, em cima da tartaruga, tem os dois pés bem firmes. Ela

---

16. "Sargaço Mar" de Dorival Caymmi.

tem os joelhos um pouco pra trás. E a coluna também está um pouco curvada, de forma que ela está côncava, côncava como um espelho. Ai, o violino!

Resignação, vamos lá!

— Dá um jeito se você quer ouvir outro som!

"Na matemática do meu desejo, eu quero mais e mais e mais um beijo, e assim vou vivendo na natureza"![17]

O velhinho perguntou se Dora era feliz, disse que estava no assoalho do oceano e pediu que o tirasse de lá à força! Enigma difícil!

— dora, dora, olhe para o seu sangue, dora, olhe para o seu sangue!

O quadro está quase pronto!

Hahaha, Dora chora, chora muito, sempre! Dora ao mesmo tempo sente uma alegria estranha dentro de si. Uma completude. Ser alegre e ser triste tão bem pertinho. Gozo e pânico tão bem pertinho.

11 músicas! Dora só tem mais 1!

Bom, vamos lá: A blusa da mulher na foto tem uma parte apertada no peito, muitos elásticos. Seus cabelos estão voando. Abaixo do peito, a blusa é mais folgada e pode voar. Pode entrar um ar por baixo.

O velhinho nunca telefonou para Dora, dessa vez ele teve um motivo muito forte! E pediu pra tirá-lo de casa, à força! Dora precisaria de um motivo tão forte quanto pra fazer isso!

Vontade de fazer xixi, sede, boca amarga, bláblábla...

Falta 1 música e 2 tarefas. E contar pra você quem é esse ser que fala com Dora. Dora lê as instruções novamente. Quem sabe?

11 de 12 páginas.

---

17. "Matemática do Desejo" de Jorge Mautner.

— Não sei se estou roubando, mas pintar o quadro é uma tarefa e escrever essa história até o final é outra.

— Vai lá, espertinha!

A outra mão está escondida. Dora aperta os olhos mais uma vez. A mão esquerda está escondida! O lado esquerdo do quadro é mais nublado, mais embaçado que o direito. Dora sofre de miopia do tempo! Ou seria do espaço?

13 de 13 páginas. O que falta?

O mar, o mar! A lágrima é o átomo do mar! Eu não me organismo, é um problema genérico, eu faço sempre o mesmo percurso: diástole, sístole, diástole, sístole! Em anacruse! Han Tum Tum, han Tum Tum.

O que falta? O mapa, o norte, a bola vermelha do Oriente, o telefone? O que falta? O chamado, a porta, o mar à frente, os carros lá fora, uma banda de elefantes na cabeça? O que falta? Uma alegria imensa, uma alegria imensa? É só um quadro, mas a sensação que dá é que os cabelos de Dora estão voando.

O homem pequenino dentro do mar, não se mexe. Parece que ele está plantado e é daquele tamanho. Só o mar, o mar, o mar se movimenta.

— Ulisses? Ulisses? Ulisses é o homem que está tentando voltar pra casa e Penélope é a mulher que fica esperando, fiando, tecendo, descartando mil pretendentes, esperando o seu homem chegar.

— O sangue! Não, essa solução não veio do céu! Não, não tire a única coisa que eu tenho, que é meu, só meu! Aliás, que é minha, só minha! Não mate o meu sangue, não, não acabe com as minhas células, eu tenho foices, queloides, parênteses e posso te ferir!

(*A mulher respira.*)

"M-tem um sonhu, um sonhu grándi, réi di bunitu, xeiu di lus"[18]

18. "Seu" de Mayra Andrade.

— Dora está muito cansada, mas amanhã ela vai dançar. Essa música é bonita. Vem um solo de um instrumento, que Dora desconhece. Ai, o desejo. Mas é uma música muito bonita. Amanhã, hahaha, ai, amanhã Dora vai dançar, vai dançar, muito bonito, vai riscar o espaço inteiro! Amanhã Dora vai sair de bô, bô, Bodadijan, Dora vai sair de cima do casco da tartaruga.

Essa hora a música tem um som redondo. Redondo! Hahaha, e um trompete! Um velo, um velo bianco!

Seu céu, seu céu! Amanhã Dora vai chegar pertinho daquele homem, aquele pequenininho que está lá no meio do mar, amanhã Dora vai ser aquela Dora, aquela Dora que ela está pintando. E que tem uma blusa colorida, toda colorida, flores, muitas, vermelhas, alaranjadas, roxas, todas as cores, todas. Amanhã! Amanhã Dora vai girar o globo inteiro e cantar ao vivo. E vai ser lindo, lindo! Lindo com todas as imperfeições de um ser! E ela não vai ter vergonha do seu sangue, não, ela não vai ter vergonha de dizer:

— Eu não me organismo.

(Dora pode chorar muito essa hora!)

— Eu não me organismo, é um problema genérico! Eu tenho um sangue que tem foices, parênteses, meias-luas, barcos, hahahahha, muitos barcos! E a lágrima, a lágrima é o átomo do maarrrr!

— Deixa? Deus? Deixa ser amanhã? Deixa ser amanhã! As pessoas batem palmas. Deixa ser amanhã? Aí agora vem evaporar. Deixa ser amanhã o desafio do dia, deixa! Eu vou estar melhor preparada! Mais bem. "O tempo é um ditador, o tempo é um ditador." Amanhã, eu juro, eu juro. 13 de 14 páginas. De 14? Não! A vida não tem página extra! Eu juro que amanhã a tarta...

(*Uma música interrompe Dora. Ela se posiciona de frente para o mar, que pode ser a projeção da imagem abaixo, uma luz azul ou a paisagem da cidade.*)

FIM.

Luísa Bahia é artista multidisciplinar, transita entre o teatro, a música e a dança. Graduanda em Teatro/Licenciatura pela UFMG e formada em Teatro pelo Cefar/Palácio das Artes. É atriz do espetáculo ADEUSÀMORTE, direção de Cristiano Peixoto; assistente de direção do Espetáculo Sarabanda, direção de Grace Passô e Ricardo Alves Jr.; autora do blog *Traço Falciforme*; vocalista da Banda Pedra Bruta e colaboradora artística da cena curta e do espetáculo *Anã Marrom*. No Grupo Boca de Cena dirigiu *O Prato Azul-Pombinho* e *Um Sonho de Carnaval*, no qual assina também a dramaturgia. Atuou nos espetáculos *De Perfumes e Sonhos*, direção de Rosa Antuña, *Fanfalhaça*, do Teatro Terceira Margem, e *Eu Sou Alice!*, da Cia. Faminta de Teatro.

Sou Eu

Marco Túlio Zerlotini

Para Marcelo, que me apresentou o argumento desta história.
Belo Horizonte, dezembro de 2010

Personagens:

    Ela
    Ele
    Outro
    Todos de idades próximas, entre 35 e 45 anos.

Cena Única

Sala de jantar do apartamento d'ELE. Tempos atuais. Estão em cena os dois personagens masculinos, acabando de preparar a sala para o jantar. ELE é mais ativo do que OUTRO, que observa os movimentos d'ELE.

OUTRO (*depois de um longo momento de observação sem diálogo algum*): Como sempre, você me convenceu.

ELE: Eu?

OUTRO: Ainda vou entender por que você me considera um manipulador.

ELE (*para, pensa durante um momento e sorri*): Quer prova maior do que essa frase? Pode parar que não vou entrar nesse seu jogo. Já está tudo resolvido.

OUTRO: O jogo é seu, você sabe muito bem disso.

ELE: Como se você não tirasse proveito de toda a situação.

OUTRO (*depois de mais um tempo de silêncio*): Você é especial, sabia? Amo você.

ELE: Sei disso. Eu também amo... você e Ela.

OUTRO: Ela, aquela que nunca vai aceitar.

ELE: Você não sabe. Só está com medo de que ela possa acabar com tudo.

OUTRO: E você não tem esse medo também?

ELE: Se dependesse só do medo, não estaria tentando. Quero que a gente se ajeite, se entenda; isso é maior do que o medo. Além disso, só vou saber, ou melhor, todos nós só vamos saber depois de tentarmos.

OUTRO: Frase de efeito não, por favor.

ELE: Elas são muito oportunas, quando bem empregadas.

OUTRO: E por que esperar todo esse tempo?

ELE: Se tudo no mundo tivesse explicação... Nem você, que me conhece tão bem, saberia responder a essa pergunta. Sempre vão surgir acontecimentos que irão nos surpreender. Atitudes que hoje tenho seriam impossíveis em outras épocas; por isso, depois de tanto tempo, não sei bem o porquê, me deu vontade de ligar para Ela.

OUTRO: Quase oito anos.

ELE: Pois é! Quando falei com Ela ao telefone, me deu a sensação de que estava esperando por isso, por minha ligação. Era como se Ela também estivesse com vontade de pegar o telefone e me ligar ou...

OUTRO: Ou o quê?

ELE: Ou ligar para você.

OUTRO (irônico): Essa conversa está me assustando. Ela, ligar para mim? Acho que você está mesmo perdendo o juízo. Ela nunca acreditou em mim. Não consigo confiar n'Ela.

ELE: Você é talvez o único que não precisa se preocupar. Tenho certeza de que você é a parte da minha história que nunca vai sofrer transformações.

OUTRO: Obrigado por ser a mesmice em sua vida.

ELE: Prefiro dizer "meu porto seguro".

OUTRO: E isso não basta? Para que tentar mudar alguma coisa? Para que se distanciar desse seu "porto seguro"?

ELE: Não estou me distanciando. Olhe pra mim e preste atenção. Vou repetir isto mais uma vez, só para ver se você acredita mesmo: você é o que me deixa mais tranquilo, estável. Não tenho como abrir mão de sua companhia.

OUTRO: E Ela, então?
ELE: Ela é o que me conecta a tudo, me mostra possibilidades.
OUTRO (*um pouco impaciente*): Não tenho mais argumentos e você não me convenceu.
ELE: Não tem com o que se preocupar. Mesmo. Fique o mais tranquilo possível. (*Muda de assunto.*) Você já cuidou do vinho? Está na geladeira?
OUTRO: A mesma pergunta em menos de quinze minutos. Sua ansiedade me irrita.
ELE: Mesmo?
OUTRO (*sorri. Observa durante mais um tempo*): Adoro quando você faz comida desse jeito. Você deveria abrir um restaurante, fazer cursos, dedicar-se mais.
ELE: Eu me relacionando com um monte de gente e tendo que servi-las?
OUTRO: Tenho certeza de que se sairia muito bem. Taí: você não quer mudanças? Essa seria a outra parte de você: a que está disponível para transformações, para coisas novas. Atender e servir pessoas, por exemplo, pode ser um bom desafio.
ELE: Você sabe que aprendi a ser mais sarcástico, depois que conheci você?
OUTRO: Mas, agora, o que não fui mesmo foi sarcástico.
ELE: Então só me cabe agradecer o elogio.
OUTRO: Lembra-se da frase final do filme O *Advogado do Diabo*?
ELE: Qual é mesmo?
OUTRO: "Vaidade. Definitivamente, o pecado que eu mais prefiro."
ELE (*rindo*): Então, eu que o surpreendo?
OUTRO: Mas não é verdade? Diga que não se encheu todo, agora, como sempre você faz, quando alguém fala bem de você?
ELE: Está aí mais uma coisa que só aflorou em mim depois que você apareceu.
OUTRO: Desse jeito vou achar que sou um divisor de águas em sua vida.
ELE: Você é um divisor de águas em minha vida.
OUTRO: Obrigado. (*Tempo.*) Eu sei disso.
ELE (*irônico*): Olhe! Somos dois vaidosos no mesmo ambiente.

(*O interfone toca.*)

ELE (*ao interfone*): Oi! Abriu?
OUTRO: Prefiro não estar aqui quando Ela chegar.
ELE: Nada disso. Hoje você vai ficar aqui o tempo todo.
OUTRO (*irônico*): Posso ir ao banheiro, de vez em quando? (ELE *apenas olha para* OUTRO.) Está bem! Prometi que iria me esforçar para que seu jantar transcorresse da melhor maneira possível.
ELE: Nosso jantar.
OUTRO: Nosso jantar. Melhorou?
ELE: Obrigado!
OUTRO: Você se lembrou de fazer o mesmo trato com Ela?
ELE: Que trato?
OUTRO: Para Ela se esforçar também.
ELE: Para.

(ELA *entra em cena, uma figura bem feminina e casual.*)

ELA (*com bastante carinho para* ELE): Depois de tanto tempo, achei que iria me perder para chegar aqui novamente; mas, aqui estou, com fome e com saudades. (*Abraça* ELE.)
ELE: Estou muito feliz por você ter aceitado o convite.
ELA: Relutei um pouco, mas, antes do arrependimento, a gente deve pelo menos tentar.
OUTRO: Frase de efeito.
ELE (*para* OUTRO): Por favor.

(*Os diálogos entre* OUTRO *e* ELA *são frios e* ELA *quase nunca olha diretamente para* OUTRO. *Os olhares entre eles são casuais.*)

ELA (*percebe a presença de* OUTRO. *Suspira, como se fosse, a partir desse momento, enfrentar algo que evitou durante muito tempo*): Boa noite para você também.
OUTRO: Boa noite.
ELE (*para* ELA): Obrigado!
ELA: De nada.
ELE (*outro tom*): Mas você falou em arrependimento. Já veio para cá com essa ideia? Você sabe que fico chateado facilmente.
ELA: Tenho certeza de que isso não irá atrapalhar sua noite.

OUTRO: Eu prometo me comportar.
ELE: Nossa noite. Ela é toda nossa hoje.
ELA: É justamente assim que penso. Depois daquele dia em que nos encontramos na rua, entendi que poderia rever você.
ELE: Como assim?
ELA: Depois de tanto tempo, depois de ficar especulando como seria reencontrar você...
ELE: Você ficava fazendo isso?
OUTRO: Até parece que era só Ela que ficava desse jeito.
ELA: Sim, ficava. Ou você acha que você não é importante para a minha vida? Pois é. Depois, as coisas mudam e revê-lo foi mais surpreendente do que impactante. Percebi que estava bem.
OUTRO: Podemos dizer que estava curada.
ELA: Não queria usar a palavra "curada" neste caso, mas é quase isso.
ELE: Não sei se isso me deixa feliz ou se me destrói.
ELA: Deixe para pensar nisso depois.
ELE: Está certo. Onde você deixou seu carro? Esta rua, dependendo do local, não é muito segura.
ELA: Foi por isso que vim de táxi. Achei melhor. Preocupação à toa com carro estacionado na rua? Não quero isso mais. Estou pensando seriamente em me tornar uma pedestre convicta.
OUTRO: Só por causa disso?
ELE: Claro que não. (*Para* ELA.) Pelo que conheço de você, a preocupação com o carro largado na rua é a menor de todas, certo?
ELA: Menos queima de combustível na atmosfera, fico mais tranquila, não fico ligada no trânsito todo doido desta cidade e não preciso ficar xingando mais ninguém por aí.
OUTRO: Até quando isso vai durar?
ELE: Isso o quê?
OUTRO: Essa história de novas posturas. Pura casca.
ELE: Hoje sou testemunha de que você é quem está querendo estragar tudo.
ELA: Que bom que sua percepção melhorou.

OUTRO: Está bem. Vou me comportar.
ELE: Quero acreditar nisso.
ELA: Acho melhor falarmos de outra coisa. Não diga nada, mas vou adivinhar o que você fez hoje para o jantar.
ELE: Pode tentar.
ELA: Mijadra.
ELE: Esse é o acompanhamento.
ELA: Como? Acompanhamento? Então esse tempo todo serviu para você aprimorar seus dotes culinários! Que ótimo.
OUTRO: Hoje temos um filé muito especial.
ELE: Como prato principal, filé com molho de jabuticaba.

(*Silêncio. Ela fica séria.*)

OUTRO: Você deixou de gostar de carne também?
ELE: Algum problema?
ELA: Lembrei-me das várias noites que a gente esticava depois das aulas. Às vezes o dinheiro permitia que a gente pedisse um belo filé. Já outras muitas vezes, ficávamos só nas fritas ou em porções de pães e mais nada.
OUTRO: Mas a cerveja sempre foi a prioridade nessas mesas.
ELE: Claro que me lembro. Mas você está falando de um jeito como se isso tivesse acontecido há uns 30, 40 anos.
ELA: Tem coisa que deixa de existir e nos faz falta de imediato. É tão forte que parece que faz muito tempo.
ELE: Por isso me especializei e escolhi esse cardápio, para que pudéssemos celebrar.
ELA (*mais motivada*): Sim, vamos celebrar. Vamos recordar. Quero beber. Com esse prato e, levando em consideração que vamos resgatar certos momentos, imagino que o vinho seja um Malbec. Mas não precisa ser qualquer Malbec, por favor.
OUTRO: Sim. O vinho evoluiu. (*Como se fosse uma piada.*) Ficamos ricos. (*Apenas* ELE *e* OUTRO *riem.*)
ELE: Está bem, abro então um Dão.
ELA: Ótimo. Assim posso aceitar mais os outros símbolos do passado.
OUTRO: Símbolos, marcas, registros. Tenho certeza de que tudo isso hoje virá à tona, não é mesmo? (*Muda de assunto, depois*

de perceber um olhar mais demorado entre ELE *e* ELA.) Podemos falar das novidades?

ELE (*para* OUTRO): Curioso, você, não? (*Para* ELA.) Mas confesso que quero mesmo saber tudo o que aconteceu de novo.

ELA: Sobre mim?

ELE: Sim. Vamos começar por você.

ELA: Nossa... Está parecendo o jogo da verdade. Você me olhando desse jeito...

ELE: Crescemos. O jogo agora tem que ter outro nome.

ELA: Ora, não precisa ser um jogo.

OUTRO: Mas isso é o que ele mais gosta de fazer.

ELA: Vou falar das minhas novidades porque quero, simplesmente assim.

ELE: Para mim está ótimo.

ELA: Nem há tantas coisas novas assim.

OUTRO: Mesmo depois desse tempo todo?

ELE: Também não acredito. Você não estava no mestrado? Então, quando terminou?

ELA: Isso já tem um ano e meio.

ELE: Muito tempo sem nos vermos. (*Silêncio.*) Muito obrigado, mesmo, por vir aqui hoje.

ELA: Acho melhor parar de me agradecer. Sou suscetível demais aos agradecimentos. Não gosto de ser o centro das atenções.

OUTRO: Depois sou eu que começo...

ELA: Tá bom. Confesso. Pode continuar os agradecimento e elogios. Adoro tudo isso.

OUTRO E ELA: A vaidade impera.

ELE: Vocês estão me dando medo.

ELA: Mas é assim mesmo: a vaidade foi sempre nosso fraco.

ELE: E com um esforço enorme de tentar fazer diferente.

ELA: Foi aí que parei de sofrer. É assim mesmo que sou e pronto. É de você que sempre gostei. Por que não aceitar o convite?

ELE (*aponta para* OUTRO): E dele, você não gosta também?

ELA: Você vai fazer isso comigo agora?

OUTRO: A noite promete. (*Para* ELA.) Se isso tranquiliza você um pouco, sei que gosta de mim também.

ELE: Está bem. Desculpe-me.

(Silêncio.)

ELA: Dez com louvor.
OUTRO: O quê?
ELA: O mestrado. Foi uma tarde maravilhosa. Minha irmã e minhas tias presentes. Tive pena de meu sobrinho, que foi também. Depois ele me disse: "Tia, não entendi nada, mas sua cara estava ótima." A minha cara, durante a apresentação para a banca. Eu fiz esse mestrado um pouco por causa dele.
OUTRO: Pelo que sei, você fez o mestrado todo por causa dele.
ELA (*depois de perceber o olhar d'*ELE *sobre sua última afirmação*): Está bem. Fiz isso por ele.
ELE: Como ele está?
ELA: O "dez com louvor" não adiantou nada para salvá-lo. Morreu três meses depois. Não resistiu.
ELE: Por que não fiquei sabendo disso? Por que você não me procurou?
ELA: Não sei. Por falta de coragem? Por considerar que você não tinha nada a ver com isso? Só eu tinha que passar por essa situação.
ELE: E sua irmã?
ELA: De certa forma, todo o processo nos preparou. Ela já sabia que o filho não resistiria. Foi forte. Eu a admiro muito. Claro que estivemos do lado dela o tempo todo: eu e minha mãe. (*Tempo.*) Mas as novidades não são só as minhas e não preciso ficar contando coisas novas que sejam tristes. Não tem som nesta casa? Pelo que me lembro, era só pisar em casa e a primeira coisa a fazer era ligar o som.
ELE (*volta ao assunto anterior*): E tem como a gente se preparar para esse tipo de situação? Você falando, parece que tudo foi fácil.
ELA: Eu realmente não gostaria de falar sobre isso agora. Não foi fácil e pensar que foi é uma maneira de me esconder, sei que é... Mas queria muito poder falar de outras coisas, de coisas boas.
ELE: Tudo bem. (*Antes de se dirigir ao som, se aproxima d'*ELA.) Outro dia a gente fala sobre isso com mais calma. (*Abraço.*)

OUTRO: Que barra! E concordo com você, pelo menos nisso. Vamos falar de coisas boas. Pelo menos enquanto resistirmos.

ELE (*enquanto escolhe uma música*): Mais novidades, então.

ELA: Sua vez.

ELE: Está bem: a gente vai se mudar. Hoje, inclusive, é o início do processo de despedida deste apartamento. Claro que não vamos nos mudar amanhã, mas está quase tudo direcionado.

ELA: Quando? Para onde? Maior, o apartamento? Ou é casa? Conte-me tudo.

OUTRO: Enquanto você conta, vou ao banheiro. (*Sai.*)

ELE: Não se demore. (*Para* ELA.) Não vai ser longe daqui. Inclusive, vamos ficar no mesmo bairro. A gente já queria ir para um lugar maior, com pelo menos mais um quarto para ele ter mais espaço para pintar e esculpir. (*Alto, como se fosse para* OUTRO *ouvir.*) Não aguento mais tinta e outros materiais sujando a casa toda.

ELA: Pelo visto a produção vem aumentando. Fico feliz com isso. Agora é minha vez de dizer "parabéns".

ELE: O mérito é todo dele.

ELA: Não acho.

ELE (*com certa repreensão no olhar*): Você acha mesmo?

ELA: Ok... Pelo menos você é a principal fonte inspiradora, certo?

(*Uma música de Rita Lee começa a tocar.*)

ELA: Rita Lee. Tinha que ser.

ELE: Como você disse: "Símbolos do passado."

OUTRO (*retorna*): Meu momento adivinho: vamos ouvir Rita Lee a noite toda.

ELE: Só porque você não gosta tanto dela assim... Hoje, o momento é de resgate de um monte de coisa boa. Não seja rabugento. (*Ri.*) Como se isso fosse possível, mas gosto de você mesmo assim.

OUTRO: Gosta de mim? Na frente d'Ela é só "gosto"?

ELE (*sorri, com um pouco de surpresa*): Como? Qual a diferença? Você nunca teve uma demonstração de ciúmes tão explícita.

ELA: Agora sou eu que vou ao banheiro.
ELE: Não. Pode ficar aqui.
ELA: Mas eu preciso ir ao banheiro. Posso?
ELE: Claro, desculpe-me.
ELA: Uma mania nova: tenho sempre que lavar as mãos quando chego da rua. (*Sai.*)
ELE: Também te amo, viu!? (OUTRO *não responde.*) Qual o problema? Você nunca foi tão inseguro assim.
OUTRO: Um pouco de constatação de que pudesse sumir definitivamente.
ELE: Ei... Não há essa possibilidade, já disse a você.
OUTRO: Está bem. Não se preocupe comigo agora.
ELA (*de fora*): Está sem toalha aqui dentro.
ELE: Desculpe-me. Pegue uma, por favor, na segunda gaveta.
ELA (*de fora*): Achei.
ELE (*para* OUTRO): Queria dar uma garantia de tudo. Garantia de que nada vai mudar. Só posso pedir a você que leve em consideração tudo o que já vivemos até agora. Confie em mim. Não posso jogar toda nossa vida fora, de uma hora para outra.
OUTRO: Sei disso, mas é que hoje alguma coisa parece diferente. Sei quando não está tudo bem.
ELE: É coisa de sua cabeça. Há muito tempo você não a via. E quando a gente se afastou dela foi meio traumático. Eu entendo tudo isso.
OUTRO: Eu queria ter certeza disso.
ELA (*retorna*): Maravilhosa a reforma do banheiro.
OUTRO: Reforma? Tem muito tempo mesmo que você veio aqui pela última vez.
ELE: Tem mais de dois anos que a gente mexeu nesse banheiro.
ELA (*rindo*): Mas tem uma coisa que você não mudou mesmo.
OUTRO: Você não ofereceu nada, até agora. Nem água.
ELE: Nossa, que vergonha. Não lhe ofereci nada para beber.
ELA: Está com vergonha nada. Você já passou dessa fase. Abra um vinho e pronto. O que eu trouxe é ótimo. (*Tira um vinho de uma sacola.*)
ELE: Vou deixar que resfrie um pouco na geladeira.
ELA: E essa sua experiência na cozinha?

ELE: Cada dia que passa gosto mais de fazer comida. Só isso.
OUTRO: Modesto. Está cozinhando maravilhosamente.
ELA: Aposto que está vivendo um dilema agora: será que dou conta de montar um restaurante para mim? Lembra como foi quando você queria fazer boneca de papel machê para vender? Logo deixou de lado.
ELE: É diferente quando você acha que a vontade dos outros é sua.
ELA: Como assim?
ELE: Quando a gente encara mesmo o que a gente quer, a expectativa dos outros deixa de ter muito sentido.
ELA: Você está querendo dizer que as bonecas não eram a sua vontade?
ELE: Eu queria transformar o mundo vendendo bonecas e, na primeira dificuldade em conseguir uma licença de artesão, desisti de tudo. A vontade não era minha. Não sabia direito nem o que queria para mim.
ELA: Era de quem, então?
ELE: Você sabe quem é o artista aqui.
OUTRO: Isso mesmo. Adoro ser responsável por tudo.
ELA: Ele já existia desde aquela época?
OUTRO: Não sabe da missa a metade.
ELE: Acho que até antes. Não sei bem precisar. (*Para* OUTRO.) Você sabe?
OUTRO: Sei. Mas não sei se isso vem ao caso.
ELE: Não importa... O importante é saber hoje o que realmente quero para mim. E não mais a "querência" dos outros.
ELA: Sei muito bem o que quer dizer. Quantas e quantas vezes briguei com minha mãe porque ela queria que eu fosse advogada ou que passasse em um concurso para o Banco do Brasil.
ELE: Tudo a mesma coisa. (*Risos.*)
ELA: Mãe é assim mesmo: sempre querendo o melhor para a gente, por meio daquilo que ela queria para ela, mas nunca conseguiu alcançar.

(*Tempo.*)

ELA: Tem tanto tempo assim, mesmo? Pensei que você tivesse me conhecido antes de conhecê-lo.

OUTRO: Pois é! Tenho mais direitos.

ELE: Não tem essa história de quem tem menos ou mais direitos, ok? (*Para* ELA.) Tinha medo de ser estigmatizado por todos. Para mim, no início, era muito diferente. Ele foi praticamente minha primeira relação.

ELA: Mas você não quis nem...

ELE: Não quis o quê? Fale!

ELA: Acho que preciso de um pouco mais de vinho e prometi me comportar.

ELE: Sei muito bem o que você está querendo insinuar.

OUTRO (*muda o assunto da conversa*): Vocês não estão com fome?

ELE (*se refaz*): Querem que eu termine a comida agora? Leva uns dez minutos.

ELA: Por mim, podemos comer agora ou continuar a conversa.

OUTRO: Mas poderia tomar uma postura e escolher uma das duas opções.

ELE: Podemos fazer os dois. Vou para a cozinha finalizar a Mijadra. O filé já está praticamente pronto. Volto agora. (*Sai e volta rapidamente.*) Comportem-se. (*Sai.*)

OUTRO: Preciso sair também.

(OUTRO *sai rapidamente, mas volta empurrado por* ELE.)

ELE (*de fora*): Por favor, não deixe a visita sozinha na sala.

(ELA *está nesse momento de costas para* OUTRO, *que a observa o tempo todo.* OUTRO *não toma qualquer iniciativa de conversar com* ELA. *À medida que o tempo vai passando,* ELA *começa a se incomodar com a situação e tenta dizer alguma coisa, mas desiste.* OUTRO *aproveita a música que está tocando e começa a se locomover, deslizando pela sala, como se estivesse dançando com alguém.* ELA *se vira no momento em que* OUTRO *passa pela sua frente.* OUTRO *sorri e continua o movimento, até voltar à sua cadeira.* ELA *tenta mais uma vez dizer alguma coisa.*)

ELA: É absurdo. Não consigo.

(OUTRO *sorri.*)

ELA (*para dentro*): Você nem viu o presente que trouxe. (*Retira um embrulho de dentro da bolsa e estende para o ar, na direção de* OUTRO, *que se surpreende com o gesto.*)

ELE (*retorna limpando a mão num pano de prato*): Presente? Mas você já trouxe o vinho... (*Para e percebe a cena parada, sem atitude de* OUTRO. *Sorri e se adianta para pegar o embrulho.*) Que ótimo, vocês estão se entendendo.

OUTRO: Vai dizer que não precisava.

ELE: E não precisava mesmo.

ELA: É para a casa. Para quando vocês receberem alguém.

OUTRO: Então, poderemos usar hoje mesmo. Obrigado!

ELE: Obrigado mesmo. (*Abre o embrulho e descobre três potes de cristal para sobremesas.*) São lindos. (*Confere o embrulho.*)

OUTRO: Olha... São três.

ELA: Achei lindos, mas o conjunto completo não existia mais. A loja só tinha os três potes. (*Sorri.*) Me deu pena de deixar um lá sozinho. Como se fosse para a adoção.

(*Tempo. Os três riem.*)

OUTRO: E você nem pensou na sobremesa.

ELE: Claro que temos sobremesa. A gente improvisa. Acho que ainda tem uma lata de pêssegos em caldas, em algum lugar na cozinha.

OUTRO: Não gosto de pêssegos em caldas.

ELE: Você não come, então.

ELA: A gente pode também deixar para estrear o presente em outro dia. Eu volto e faço uma sobremesa ótima, que aprendi há um tempinho.

ELE: De jeito nenhum. Hoje a gente usa o presente novo. Não que eu não queira que você volte, mas hoje mesmo a gente vai comer nesses potinhos lindos.

OUTRO: Pronto. Formou-se um símbolo do presente, agora.

ELE: Isto mesmo: os potes do grande jantar.

ELA: Vão ficar na história, assim como os vinhos, o filé, Rita Lee...

ELE (*volta para a cozinha*): Mas tem muita coisa além de Rita, aí do lado do som. Pode escolher quando quiser.

ELA (*dirige-se para o som. Começa a conferir os* CDs): Espere aí. Onde estão todos aqueles CDs e LPs que existiam aqui?

ELE (*de fora*): CD e LP? Onde você mora? Já ouviu falar de MP3, baixar músicas da internet, essas coisas?

ELA: Você não tem medo de ser preso?

OUTRO: Preso? Por quê? Não vai me dizer que você acha que isso dá cadeia?

ELE (*de fora*): Como assim, preso?

ELA: Sei lá... Vai que alguém descobre que você está fazendo pirataria, baixando música da internet, e prendem você por isso? Outro dia um colega de um amigo meu recebeu a visita da Polícia Federal.

ELE (*aparece na porta*): Você leu isso em um email que recebeu, não foi?

ELA: Como você sabe?

OUTRO: Em questão de ingenuidade, você não mudou nada.

ELE (*de fora*): Continua acreditando em todo o mundo, né?

ELA: Isso é ruim?

OUTRO: Claro que é.

ELE (*de fora*): Claro que não.

ELA: E quem disse que o email é mentiroso?

ELE (*de fora*): E quem disse que é verdadeiro?

ELA: Coisa de sexto sentido, sei lá... Quem sabe isso existe.

ELE: Por via das dúvidas, é melhor achar que não é verdade. Preciso de certificação científica. E você deve ficar atenta: as pessoas podem acabar se aproveitando de você.

ELA: Como você fez comigo uma vez?

(*Silêncio.*)

ELE (*reaparece depois de um tempo. Fala com calma*): Você já fez alguma coisa obrigada?

ELA: Não venha com o discurso de que não era manipulador.

OUTRO: Eu também acho.

ELE: Manipulador! Achei que nesse tempo todo você tivesse aprendido que para existir um manipulador é preciso que alguém aceite a manipulação.

ELA: Eu já aceitei muito mais do que suas atitudes.

ELE: Vai dizer agora que está passando por um monte de coisa ruim, para se manter aqui dentro, certo?
OUTRO: Parece que você está adivinhando.
ELA: Não. Estou aqui porque quero. Porque queria te rever. (*Silêncio de todos. Muda de assunto.*) Mas você ainda não disse o que fez com sua coleção de CDS e LPS... Transformou tudo em MP3?
ELE (*aceita o fim da discussão*): Isso mesmo. Achamos melhor.
ELA: Não ficou com pena de se livrar de tudo aquilo?
OUTRO: Ocupava muito espaço. E tem coisa na vida que a gente tem que se desapegar.
ELE (*para* OUTRO): Viu como as frases de efeito podem ser bem empregadas? (*Para* ELA.) Digamos que foi um excelente exercício para me livrar de um certo nível de materialismo. Além do mais, deu muito espaço aqui em casa e foi super divertido promover vários encontros para a realização dos bazares musicais.
ELA: Que ótimo. Deve ter sido divertido, mesmo.
ELE: Mas tem um LP de que não consegui me desfazer. Apesar das reclamações que ouvi.
OUTRO: Continuo achando que coisas que ficaram para trás devem ficar por lá.
ELA (*já sabendo a que* LP ELE *estava se referindo*): Mesmo? Você guardou?
ELE (*depois de apontar para um armário*): Não quer ouvir hoje? O nome desse armário é "por lá".
OUTRO: Muito engraçadinho.
ELA: "Por lá"? De onde surgiu esse nome?
ELE: Nada. Piada interna.
ELA (*dirige-se até o armário indicado. Abre, faz menção de pegar alguma coisa lá dentro. Desiste*): Não. Vai ficar aqui guardado.
OUTRO: Mas a noite não seria repleta de símbolos?
ELA: Tem alguns ícones de nossa história que devem ficar guardados.
ELE: Que esforço...
ELA: Te amei demais ouvindo aquelas músicas. Virou um hino.
ELE: Eu parei de ouvir para não estragar mais o disco. Fiquei com medo de não ter mais como ouvir, mesmo depois de passar para MP3.

(O telefone d'ELA toca.)

ELA: Oi, mãe. Está tudo bem, pode ficar tranquila. Está precisando de alguma coisa aí? Já vai se deitar? Pode ficar tranquila. Beijo.
ELE: Você voltou a morar com sua mãe?
ELA: Tem coisas que você ficou sabendo sobre mim e outras, não. Voltei. Achei melhor. Foi meio difícil, no começo, mas hoje ela é uma companheira e tanto. Me ajuda muito.
ELE: Desde quando?
ELA: Tem quatro anos. Disso você não sabe, também, não é?
OUTRO: Disso o quê?
ELA: Sou mãe. Por isso voltei para a casa dela.
ELE: Eu já sabia. Só queria saber como você me contaria.
ELA: Que coisa feia.
ELE: Mas só sei isso. Nem sei quem é o pai. Às vezes gostaria que tivesse sido eu, mas...
ELA: Você está sabendo um monte de coisa sobre mim.
OUTRO: Está assustada? Mas achava que Ele iria deixar de procurar informações sobre você?
ELE: Não se preocupe. Nada demais. Apenas conhecidos em comum.
ELA: Pelo jeito, você se esforçou para acompanhar a minha vida.
OUTRO: E não foi pouco.
ELE: Bastante. Você sabe que gosto muito de você.
ELA: Pois é! Sou mãe.

(Tempo.)

ELE: E só sua mãe ajuda você, hoje em dia?
ELA: Está querendo saber se existe alguém, certo?
ELE: Pode ser.
OUTRO: Claro que não existe.
ELA: Claro que tem. Pelo menos para pagar a pensão do garoto. Mentira. Brincadeira. (Ri.) Na verdade, hoje tem muito espaço para o meu filho e para a minha mãe, na minha vida. Parece clichê, mas depois de ter tido filho, minha mãe passou a ter outro valor.

ELE: E por que não deu certo com o pai do menino?
ELA: Sérgio.
ELE: O pai?
ELA: O nome do meu filho. Não deu certo porque foi uma relação para gerar uma criança, mesmo. Mais nada. Minha mãe diz que é por causa de outra coisa. Por causa de você. (Ri.)
ELE: Sua mãe sempre gostou de mim.
OUTRO: Uma coisa que nunca vou entender.
ELE: E ela, como está?
ELA: Ótima. Sempre que pode – e eu deixo – ela arruma uma viagem. Está ótima.

(*Repentinamente, a música para de tocar.* ELA *se assusta um pouco.*)

ELE: O que foi?
ELA: O som.
ELE: O aparelho está com defeito. Daqui a pouco ele volta a tocar.
ELA: Que susto. Por um momento, pensei que...
OUTRO: Não. Estou longe do som, entende?
ELE: Seria ótimo, não seria?
ELA: Seria, se fosse de verdade.
ELE: E é.
ELA (*com certa violência*): Que verdade pode haver nessa história?

(*Tempo.*)

ELE: Chega de evitar uma discussão inevitável, não é?
OUTRO: Finalmente. E vou assistir tudo de camarote.
ELA: Chega mesmo. Não suporto mais ficar aqui fingindo para você. Gosto muito de você e precisamos solucionar este problema de uma vez por todas. Por mim e por você.
ELE: Cuidado para não se tornar uma mulher amarga porque foi abandonada pelo pai de seu filho.
ELA: Não fale de coisas de que você não sabe. Se teve algum abandono, foi meu.
OUTRO: Imaginei.
ELE: Desculpe-me.

(Tempo.)

ELA: Queria ser mais corajosa, para falar tudo o que penso.
ELE: Você acabou de dizer que não aguenta mais.
ELA: Eu sei, mas acho que não tenho toda a disposição de ser tão transparente com você, agora. Tentei isso uma vez e o que ganhei?
ELE: Naquela época precisei tanto de você, para ficar do meu lado.
ELA: Você se bastava.
ELE: Agora fui egoísta.
ELA: Tive que aprender muita coisa para entender seu problema e perceber que não é egoísmo seu.
ELE: Eu não tenho problema algum. Tenho é amor demais para vocês dois. Eu consigo amar vocês dois.
ELA: Estou começando a achar que foi uma péssima ideia vir aqui hoje.
OUTRO: Agora sim estamos chegando a um ponto de concordância.
ELE: Não. Por favor, não pense assim. Não quero isso. Deixe-me tentar mais uma vez. Pelo menos, vamos jantar e comer o pêssego em calda no presente que acabamos de ganhar.

(ELA *pensa um pouco.*)

ELE: Por favor.
ELA: Vai ter um momento em que a gente não vai aguentar mais.
ELE: Só o jantar. Só esse tempo para ficar com você.
ELA: Só comigo?
OUTRO: Claro que não.
ELE (mente): Sim.
ELA: Vou deixar que você me manipule, não é assim?
ELE: Só o jantar e mais um vinho.

(*A música volta a tocar.*)

ELA: Isso me assusta.
ELE: Podemos aproveitar e dançar um pouco.
OUTRO: Vou ter que propor novamente para a gente ir comer. Não sei vocês, mas estou faminto.

(ELE e ELA *começam a dançar.*)

OUTRO (*em confissão para a plateia*): Eu sempre me senti como uma bolha, como se um dia – isso seria inevitável, claro – fosse alcançar a superfície e deixar de fazer parte do ambiente em que eles viviam. Mesmo nos momentos em que me sentia mais seguro, um pouco feliz até, essa sensação me perseguia. Era como se começasse alguma coisa já sabendo que teria um fim. Minha existência depende dele. O inferno é viver deste jeito: completamente dependente de uma pessoa. Por mais que ele me garanta que o que ele sente por mim é a única parte dele que não vai sofrer modificações... A gente está o tempo todo em movimento. Eu queria muito descobrir um jeito de congelar essa água para ficar aqui mais tempo. Uma bolha congelada numa lagoa, num inverno infinito. Eu juro que suporto o frio.

(ELE e ELA *congelam a dança.* OUTRO *se aproxima dos dois. Atreve-se e começa a tocá-los. Tapa os olhos de* ELA *e substitui* ELE *na dança congelada.* ELE *se afasta dos dois à medida que* ELA *e* OUTRO *voltam a se movimentar.*)

OUTRO: Queria lhe mostrar um novo desenho meu.

(ELA *para, olha para* OUTRO *longamente, como se estivesse procurando por algo. Volta a dançar. A partir desse momento, é com* ELE *que o diálogo d'*ELA *passa a não ser direto.*)

ELA: Não seria só o jantar e um vinho a mais?
OUTRO: Encare como minha demonstração de esforço pelo bem comum.
ELA: Não imagina o tamanho de meu esforço também?
OUTRO: Somos dois, então. Posso lhe mostrar a tela?
ELA: Pode.
OUTRO: Vou buscar.

(OUTRO *sai de cena.* ELA *busca sua bolsa, toma mais um gole de vinho e se dirige para a saída.* ELE *fica apreensivo.* ELA *para, se vira, dirige o olhar para a direção d'*ELE, *olha para o local onde está o* LP *e caminha para a estante. Para novamente.* OUTRO *retorna com um quadro. A plateia não vê a imagem.* OUTRO *mostra para* ELA *de longe.*)

OUTRO: O que acha?

ELA: Uma vez aprendi que quando estamos diante de uma obra, qualquer que seja, devemos nos perguntar não o que achamos, mas o que sentimos.

OUTRO: O que sente, então?

ELA: Sua sensibilidade me toca. Tenho angústia com suas imagens. Já lhe disse alguma vez?

OUTRO: Não diretamente.

ELE: Mas já disse sim.

ELA: Claro. Entendo, mas me angustia, sinto-me presa.

OUTRO: Presa em quê?

ELE: N'Ela mesma.

ELA: Na própria figura. Parece que estou dentro dela, que ela me suga. E eu gosto muito disso.

OUTRO: O que importa não é o sentimento?

ELA: Acaba que uma coisa leva a outra. O importante é chegar ao gosto, depois de ter passado pelo sentimento.

OUTRO: E o que falta para você fazer esse caminho em relação a mim?

ELA: O problema é que tudo que envolve essa história me faz sentir-me insegura. Quem é você, afinal? Quem são vocês?

ELE: Somos dois em um só.

OUTRO: Somos eu e Ele.

ELA: Não aguento isso.

OUTRO: Como não? O que fez você vir aqui hoje? Que sentimento você teve que percorrer, até chegar a este local e ficar diante de mim?

ELA: Esperança. A possibilidade de achar você, sem dúvida de quem você é, mesmo. A esperança de encontrar você inteiro. Queria que essa sensibilidade que faz você criar uma coisa estupenda desta pudesse estar na mesma pessoa por quem me apaixonei, há dez anos.

ELE: Isso não é possível.

OUTRO: Sabia que você não teria condições de entender a forma que escolhi de estar aqui.

ELA: Explique-me, então, por favor, que medo é esse de encarar tudo o que cerca você com uma pessoa só, completa.

OUTRO: Que completude você pode encontrar em uma única pessoa? Eu só estou sendo autêntico, ao perceber que me expresso de várias maneiras. Sou assim.
ELA: Isso deixou de ter relação com autenticidade para ser patológico.
ELE: Não é uma doença.
OUTRO: Chega. Já vi que você está com sua bolsa pronta para ir. Pode ir.
ELE: Não.
OUTRO: Antes de ir me diz: você achava mesmo que eu poderia deixar de existir na vida d'Ele?

(ELA *vai até* OUTRO *e o olha bem de perto.* OUTRO *a beija. Os dois se congelam.* ELE *se aproxima e há novamente uma troca entre* OUTRO *e* ELE. OUTRO *se afasta, à medida que* ELE *e* ELA *se movimentam.* ELA *se afasta, repentinamente, percebendo a diferença.*)

ELE: Viu como é possível?
ELA: Sim. Eu não me sinto bem dentro dessa possibilidade. Preste bastante atenção ao que vou lhe perguntar: você viu o quanto me esforcei? Mesmo sem ter tido sucesso, tentei.
ELE: Agradeço por isso.
ELA: E qual foi o seu esforço?
ELE: Esforçar-me para entregar a você tudo, em um único pacote?
ELA: Você já tentou?
OUTRO: Como ainda consigo gostar de você, mesmo sabendo que quer me destruir?
ELE: Você acha que seria eu mesmo? Eu sou assim, entenda. Sou dois.
ELA: Extremamente egoísta.
ELE: Você pode, por favor, se decidir: sou egoísta ou não?
ELA: Repare que você não tem mais amigos, todos se distanciam de você.
ELE: Foi por pena, então, que você veio até aqui?
ELA: Aceitei sua ligação e seu convite porque amo você.
OUTRO: Quem você ama?

ELE: Quem você ama? A esperança de me dividir? A glória de me salvar, já que não conseguiu fazer isso com o seu sobrinho? Isso é petulância.

ELA (*exausta*): Eu posso ser sua única chance.

ELE: Obrigado. Não quero.

(ELA *busca novamente sua bolsa e se dirige para a saída.*)

ELA: Tentei tudo o que pude.

ELE: Todas as tentativas foram em vão, porque em nenhuma delas tentou me compreender de verdade.

(ELA *sai. Longo tempo de silêncio.*)

OUTRO: Sei que você acreditava. Sei que acreditava que seria possível.

ELE: Acho que vou comer um pouco ou então congelar toda aquela comida.

OUTRO: Tenho fome, será que você não percebeu isso?

ELE: É uma pena. Hoje se quebrou alguma coisa, entende? Deixar de acreditar em alguma coisa que por anos foi uma verdade é difícil.

OUTRO: Havia muito tempo que você não se encontrava com Ela. Muitas coisas a transformaram. Tudo a deixou desse jeito.

ELE: Não tente justificar. Não é de seu feitio tentar me tranquilizar.

OUTRO: Está bem. Vou para a cozinha arrumar tudo. (*Sai.*)

(*Sozinho,* ELE *percorre o ambiente com o olhar. Depois de olhar com mais demora para o armário, lembra-se do presente que acabou de ganhar. Aproxima-se do embrulho e pega um dos potes de cristal.*)

ELE: O que a gente faz com o terceiro pote? Quebra e joga fora?

OUTRO (*surge apenas para responder*): Guarda. Talvez um dia a gente precise para uma visita.

ELE (*sozinho novamente*): Parece que o inverno começou mesmo. Hoje está mais frio que nos últimos dias.

OUTRO (*volta da cozinha enxugando as mãos. Olha para* ELE, *retira o casaco que está usando e cobre* ELE): Está mais frio mesmo. Mas a gente tem como se proteger. A gente vai se dar bem com esse inverno todo.

FIM.

Marco Túlio Zerlotini foi integrante o Grupo Intervalo por mais de quinze anos, onde pôde desenvolver funções importantes para seu desenvolvimento como ator, produtor, diretor e autor. Formou-se como ator pela Escola de Teatro da puc Minas, em 2010. É autor do espetáculo de estreia da Cia. do Silêncio, *Dois Sóis: Lugar Algum*, inspirado no conto "A Intrusa", de Jorge Luís Borges. Escreveu *Caçando Fantasmas*, peça infantil montada pelo Grupo Intervalo e pelo Grupo Boca de Cena, de Congonhas. Também para o Grupo Intervalo contribui para a dramaturgia do espetáculo *Luiz CONTO Vilela*, que adaptou para o palco contos de Luiz Vilela.

Três
Tigres
Tristes

Vinícius Souza

Nota importante:
   Esta peça é a leitura de uma peça.

   (A cidade, a data de hoje e as horas exatas.)

Personagens:
   Carlos
   Guilherme
   Pablo

Ato I

O cenário de todas as cenas deste ato é este lugar onde estamos. Este aqui! O cenário deve ser alterado se o local de apresentação da peça for outro. O cenário será uma sala de estar se a peça for apresentada numa sala de estar. Será uma praça, se for numa praça. Um teatro, se for num teatro. E assim por diante.

Os três personagens estão sentados, pensativos.

Cena 1

Longo silêncio.

GUILHERME: O que é que nós vamos fazer?

(*Silêncio.*)

GUILHERME: O que é que nós vamos fazer?
CARLOS: Pra não haver desentendimento, cada um vai falar o que pensa a respeito. Enquanto um fala, os outros não podem interromper, não podem atranvancar o...
GUILHERME: Atravancar!

CARLOS:	Atravancar, exatamente! Atravancar a fala do outro. É uma regra, tá certo?! Então, se eu estou falando, os outros estão ouvindo. É assim que vai funcionar. Vamos tentar respeitar. Começa, Pablo!

(PABLO *pensa, com ar calmo. Não fala nada.*)

CARLOS:	Você faz isso de sacanagem, não é, Pablo?
PABLO:	O quê?
CARLOS:	Só porque eu disse pra você começar, você agora vai ficar calado...
PABLO:	Eu estou pensando.
CARLOS:	Você não tem uma opinião, é isso?!
PABLO:	Eu falei que eu estou pensando.
CARLOS:	Você não tem uma opinião formada a respeito do problema. É isso?!
GUILHERME:	Eu posso começar.
CARLOS:	Como sempre, pra onde o barco vai, você vai atrás! Se todo mundo cair no buraco, você...
PABLO:	Eu estou pensando.
GUILHERME:	Eu posso começar, gente!
CARLOS:	Se todo mundo decidir parar, você para. Se todo mundo decidir continuar, você segue também.
PABLO:	Eu não sei bem.
GUILHERME:	Eu confesso que fiquei bastante balançado...
CARLOS:	Quando é que você vai ter opinião própria?
PABLO:	Nós acabamos de ficar sabendo da coisa...
GUILHERME:	A gente esperava que ia estar todo mundo junto...
CARLOS:	Mas é exatamente aí que está! Você acabou de ficar sabendo e aí?!
PABLO:	E aí o quê?!
CARLOS:	O que é que você pensou assim que ficou sabendo?
GUILHERME:	Mas depois ele me disse uma coisa que...
CARLOS:	A primeira coisa que te veio na cabeça!
PABLO:	Eu já esqueci o que me veio na cabeça...
GUILHERME:	O Dodô me disse que...
CARLOS:	Então, diz, agora, agora, o que você está pensando?
PABLO:	O que eu estou pensando agora?!

GUILHERME: Eu já estou falando, gente!
CARLOS: É! Agora que você já conseguiu pensar...
PABLO: Mas você não deixou eu pensar!
GUILHERME: O Dodô me disse que...
CARLOS: O que é que você precisa pra pensar?
PABLO: Eu não preciso de nada, eu só...
GUILHERME: Eu já estou falando!! Eu já estou falando! Vocês podem me ouvir?! Pelo menos uma vez?! Vocês nunca me ouvem. Qual o problema comigo?! Eu posso falar agora?!

(Constrangimento. GUILHERME respira, tentando conter a irritação. Lembra-se de uma frase.)

GUILHERME: Cada um sabe o que faz da vida!

(Silêncio. CARLOS e PABLO não compreendem.)

CARLOS: O quê?
GUILHERME: Cada um sabe o que faz da vida!
CARLOS: Você está falando o que você pensa?
GUILHERME: Não. Isso foi o que ele disse.
CARLOS: Ele quem?
GUILHERME: Isso foi o que o Dodô disse.
CARLOS: O Dodô te disse isso?
GUILHERME: Disse!
CARLOS: O Dodô e suas frases...
GUILHERME: Cada um sabe o que faz da vida!
CARLOS: O que mais ele disse?
GUILHERME: Não quis falar mais.
CARLOS: E você não perguntou?!
GUILHERME: Queria que eu perguntasse o quê?
CARLOS: Não sei! O que é que ele vai fazer da vida então?!
GUILHERME: Isso é da conta dele!
CARLOS: Isso é da conta de todo mundo!
GUILHERME: O quê?!
CARLOS: Isso aqui também é responsabilidade dele!
GUILHERME: O que é que você está falando?!
CARLOS: Se isso aqui der errado, a culpa também é do Dodô!
GUILHERME: Isso aqui nem começou!

CARLOS: Se isso aqui não começar, a culpa também é do Dodô!
PABLO: Gente...
GUILHERME: O Dodô já saiu! Já tá fora!
CARLOS: Por isso mesmo!
GUILHERME: Por isso mesmo o quê?!
PABLO: Gente...
GUILHERME: Ele só está sendo profissional...
CARLOS: Eu não estou falando de profissionalismo. Eu estou falando de amizade!
PABLO: Gente, eu acho...
CARLOS: Espera, Pablo! Eu tô falando!
GUILHERME: Deixa ele falar!
CARLOS: Ele sempre quer falar na hora que eu estou falando!
GUILHERME: O que é que você quer falar?
PABLO: Nada.
CARLOS: Tá vendo!
GUILHERME: Fala, Pablo!
PABLO: Eu só queria falar...
CARLOS: E ele vai enrolar, enrolar, e não vai falar nada!
GUILHERME: Deixe ele falar!
CARLOS: O que é que você quer falar?
PABLO: Nada!
CARLOS: Ele vai dizer que está morrendo de vontade de tomar uma cerveja!
GUILHERME: É isso?!
PABLO: Por que é que a gente não pode conversar tomando uma cerveja?

(CARLOS *é tomado por uma indignação.*)

CARLOS: Pablo, essa conversa tem que ser mais profissional.
PABLO: O quê?
CARLOS: Não dá pra toda hora a gente parar o assunto porque você está com vontade de beber cerveja!
GUILHERME: Você tinha dito outra coisa!
PABLO: Vocês sabem que é muito pior sem cerveja.
CARLOS: Se estamos pensando em fazer uma coisa juntos tem que ser com profissionalismo!

GUILHERME: Você acabou de falar que a questão era amizade, e não profissionalismo!
CARLOS: Está na minha vez de falar agora! Não me interrompa!
PABLO: Vocês sabem que eu funciono melhor com cerveja!
CARLOS: Se isso aqui fosse uma empresa, uma empresa séria, uma reunião de negócios, você não beberia cerveja enquanto a gente conversa.
GUILHERME: Isso não é uma reunião de negócios!
PABLO: E é justamente por isso que eu estou aqui.
CARLOS: Isso aqui nunca vai andar se vocês não levarem a sério.
GUILHERME: A gente está levando a sério...
CARLOS: Eu estou falando agora!

(Os três percebem o tom desconfortável da conversa. Tentam não ser tão íntimos e invasivos. Respiram um pouco.)

Cena 2

CARLOS: Nova tentativa! Vamos tentar respeitar o outro. Quando um tiver falando, os outros vão ouvir.
PABLO: Você é sempre o primeiro a interromper, Carlos!
CARLOS: Vou repetir: Nova tentativa! Quando um tiver falando, os outros vão ouvir. Eu vou começar.
GUILHERME: Começa!
CARLOS: O fato é que a gente sabe que quanto mais pessoas, mais difícil é! Então, talvez, seja melhor que o Dodô pule fora mesmo, que não esteja com a gente! Quanto mais pessoas, mais opiniões, mais discussões, maior é o problema!
GUILHERME: Carlos, você sabe que não é sempre assim!
CARLOS: Quanto menos pessoas, mais fácil é pra gente se organizar, pra dividir tarefas, pra chegar numa conclusão comum.
GUILHERME: A cerveja, por exemplo...
CARLOS: Quando se tem menos pessoas, todos saem mais satisfeitos.
GUILHERME: Somos só três e não conseguimos resolver a questão da cerveja do Pablo!
CARLOS: Está na minha vez de falar! Por favor. E nós conseguimos resolver a questão, sim! Hoje não vai ter cerveja e pronto!

GUILHERME: Você está sendo autoritário!
CARLOS: É pelo bem comum! Todo mundo já viu que não dá pra fazer reunião com cerveja! Que sempre acaba virando outra coisa! A gente estava contando com o Dodô, mas se ele desistiu, nós não podemos fazer nada.
GUILHERME: Ele era importante no grupo.
CARLOS: Sim, eu já disse, nós estávamos contando com ele.
GUILHERME: Eu estou dizendo que a pessoa dele era importante.
CARLOS: Você era mais amigo dele, por isso está dizendo que ele era importante!
GUILHERME: Ele era amigo de todo mundo!
PABLO: Mas você tinha mais paciência...
GUILHERME: O quê?!
CARLOS: Ele dramatizava demais as coisas...
GUILHERME: É, ele era bastante dramático!
PABLO: Muito dramático!
CARLOS: Bebia demais também... Não queria saber de nada...
GUILHERME: Sim, ele bebia muito!
PABLO: Mais que eu!

(*Pausa. Tentam retomar o assunto inicial.*)

CARLOS: E era um péssimo ator!
GUILHERME: Sim, ele era horrível!
PABLO: Muito ruim.

(*Pausa. Mudam de assunto.*)

CARLOS: Enfim, melhor mesmo que ele tenha caído fora, desistido de se juntar a nós!

(*Qualquer outro assunto.*)

CARLOS: Mas você também, Pablo, bebe demais e não quer saber da vida dura!
PABLO: O que é que tem?! O Guilherme também é muito dramático e eu não falei nada!
GUILHERME: Eu estou passando por um momento dramático, é muito diferente!
CARLOS: Sensível demais!

GUILHERME: Muito fácil pra você falar isso, não é, Carlos?! Você também é um péssimo ator e eu não falei nada!
CARLOS: Todo mundo elogiou o rato roedor que eu fiz aquela vez!
GUILHERME: Desculpa. Eu não queria dizer isso...

(Pausa.)

PABLO: Mas ele falava coisas bonitas!
GUILHERME: Ele quem?
PABLO: O Dodô!
CARLOS: Vagabundo, dramático, péssimo ator... Mas tinha habilidade pra falar coisas bonitas! Ele vai se dar bem por isso!

(Pausa.)

CARLOS: Vamos continuar! Quando um fala os outros ouvem. Pablo já perdeu porque não falou nada na vez dele!
GUILHERME: Deixa ele falar!
CARLOS: Ele não quer falar.
GUILHERME: Você quer falar?
PABLO: Eu só quero um copo de cerveja!
CARLOS: Guilherme, você quer falar alguma coisa?
GUILHERME: Eu vou repetir que eu acho uma perda. Eu realmente acho uma grande perda! Acho que a gente se torna mais fraco. É mais difícil! Historicamente a gente sabe... A gente sabe que se hoje nós estamos aqui e agora é porque houve uma força humana que se deu em coletivo que fez com que essa espécie, que somos nós, sobrevivesse... É como um corpo. Se você perde uma perna, você passa a ter dificuldade pra andar, pra se locomover, pra...
CARLOS: Seu tempo!
GUILHERME: O quê?
CARLOS: Seu tempo tá acabando.
GUILHERME: Que tempo? Quem falou que tem tempo?
CARLOS: A gente não pode ficar a noite inteira... É mais objetivo!
GUILHERME: Mas eu acho que apesar disso tudo, nós não podemos desanimar!
CARLOS: Então é isso! Alguém mais quer falar alguma coisa?

(PABLO sai sem dizer nada. CARLOS reclama. Estaria andando de um lado pro outro, reclamando, se essa cena continuasse. Mas é aqui, ainda nesta cena, que eles decidem continuar.)

Ato II

O cenário ainda é o mesmo.

Cena 1

CARLOS e GUILHERME *fazem contas.* PABLO *entra com algumas garrafas de cerveja na mão.*
CARLOS: Pablo, eu tinha dito que...
GUILHERME: Continua!
CARLOS: Dois mil e trezentos e vinte mais três e quatrocentos.
PABLO: Seis mil.
GUILHERME: Cinco mil setecentos e vinte!
CARLOS: Quanto?
GUILHERME: Cinco mil setecentos e vinte.
CARLOS: Por conta da mudança eu vou gastar uns dois mil.
GUILHERME: Que mudança?
CARLOS: Cinco mil setecentos e vinte menos dois mil...
PABLO: Quatro mil.
GUILHERME: Não. Três mil setecentos e vinte.
CARLOS: Eu tenho três mil e setecentos e vinte reais.
GUILHERME: Que mudança é essa?
CARLOS: Eu vou mudar de casa.
GUILHERME: Você vai mudar de casa?!
CARLOS: Vou, daqui a alguns dias.
GUILHERME: Por que você não me contou?
CARLOS: Desses três mil e setecentos e vinte, mil e quinhentos mais ou menos eu só vou conseguir daqui uns trinta dias. Assim que der eu coloco na roda! Antes disso então, eu vou ter...
PABLO: Dois mil trezentos e vinte...

CARLOS: Quanto?
PABLO: Dois mil trezentos e vinte…
GUILHERME: Três mil setecentos e vinte menos mil e quinhentos?!
PABLO: Faz as contas!
GUILHERME: Dois mil quinhentos e vinte!!
CARLOS: Com essa verba já dá pra adiantar o primeiro aluguel. E você, Guilherme?
GUILHERME: Cinco mil e trezentos.
CARLOS: Você tinha dito oito!
GUILHERME: O quê?
CARLOS: Você disse antes que tinha oito mil.
GUILHERME: Eu disse?
CARLOS: É, você disse!
GUILHERME: Quando?
CARLOS: Não importa. Você tinha dito oito mil.
GUILHERME: Não me lembro de ter falado isso.
CARLOS: Como não? Você foi o primeiro a falar o quanto poderia dar!
GUILHERME: Você está inventando isso, Carlos!
CARLOS: Eu estou inventando isso?!
GUILHERME: Eu nunca falei que eu tinha oito mil.
CARLOS: Como não? Ele não tinha dito isso, Pablo?

(PABLO *não diz nada. Como ele sempre faz.*)

CARLOS: Viu só!
GUILHERME: Ele não falou nada!
PABLO: Talvez o Dodô foi quem te disse que…
CARLOS: Guilherme, você aqui é o que mais tem condições pra investir no…
GUILHERME: Eu nunca falei que eu tinha essa grana!
CARLOS: É estranho logo você, com a vida que leva, dar só isso!
GUILHERME: O que é que você está falando?
CARLOS: Você tinha dito oito mil. A gente estava comunado!
GUILHERME: Mancomunado!
CARLOS: O quê?
GUILHERME: Se diz mancomunado!
CARLOS: Exatamente. Foi o acordo que a gente fez!

GUILHERME: É a primeira vez que a gente tá falando sobre isso!
CARLOS: Primeira vez?
GUILHERME: Que a gente está falando sério, sério mesmo... É a primeira vez!
CARLOS: O quê?! O que é que você chama de falar sério?!
GUILHERME: Até agora essa história de bar era brincadeira!
CARLOS: Brincadeira?!
GUILHERME: Você mesmo me ligou e falou: agora vamos levar a sério essa história de abrir um bar?!

(*Agora vamos levar essa história a sério? Foi o que perguntaram.*)

CARLOS: Eu achei que você já estivesse levando a sério. Essa é a nossa diferença!
GUILHERME: Do que é que você está falando?
CARLOS: Eu penso mais longe, a coisa pra mim começa bem antes dela começar de verdade! Eu achei que já tivesse começado antes, mas estou vendo que está começando agora...
GUILHERME: Continua!
CARLOS: Então você tem cinco mil, não é isso?!
GUILHERME: Cinco mil e trezentos!
CARLOS: Cinco mil mais...
GUILHERME: Cinco mil e trezentos!
CARLOS: Cinco mil e trezentos mais... quanto eu falei mesmo?
PABLO: Dois e quinhentos.
CARLOS: Cinco mil e trezentos mais dois e quinhentos...
GUILHERME: Sete mil e...
CARLOS: Sete mil e oitocentos.
GUILHERME: Você não vai mais morar com o Pablo?
CARLOS: Não! Sete mil e oitocentos mais mil e quinhentos que eu vou conseguir depois...
GUILHERME: E o Pablo vai morar com quem?
CARLOS: Ele ainda não sabe!
PABLO: Eu ainda não sei.
GUILHERME: Por que você não me contou isso?
CARLOS: Nove mil e trezentos!
GUILHERME: Só eu não sabia?! Quem já sabia? O Dodô sabia?
CARLOS: Não sei.

GUILHERME: E você vai pra onde?
CARLOS: Pronto! Eu vou entrar com três mil setecentos e vinte, você vai entrar com cinco mil e trezentos... E você Pablo?

(PABLO *nunca tinha o suficiente para...*)

CARLOS: Pablo?

(Silêncio.)

CARLOS: Pablo?!
PABLO: Nada!

(*Todos ficam calados. Retoma-se o habitual constrangimento de suas conversas. Mas eles não se importam tanto. Convivem com isso.*)

GUILHERME: Então a gente teria nove mil.
CARLOS: Nove mil e trezentos. É pouco!
GUILHERME: O quê?
CARLOS: É pouco! A gente precisaria de mais uns seis mil pra começar...
GUILHERME: Se o Dodô tivesse topado, a gente teria um pouco mais!
CARLOS: O Dodô não está!
PABLO: O que é que dá pra fazer então?!
CARLOS: Eu conferi o aluguel. Dois mil. Mas como o dono é amigo de um tio meu eu vou tentar um desconto. Talvez caia pra mil e oitocentos, mil e setecentos. E como vocês viram, o espaço é aquele! A gente vai ter que dar uma geral! Trocar a instalação elétrica...
GUILHERME: Essa história da instalação elétrica não me desceu ainda!
CARLOS: A gente já falou sobre isso, Guilherme.
GUILHERME: É obrigação da imobiliária!
CARLOS: A negociação é com o próprio dono.
GUILHERME: Então a obrigação é dele!
CARLOS: O dono é um velho de uns sessenta anos, cabeça-dura! As coisas funcionam do jeito dele! Ele não vai querer trocar a instalação elétrica pra gente.
GUILHERME: Então ele tem que dar um desconto no aluguel!
CARLOS: Ele já vai dar!

GUILHERME: Ele já vai dar porque você é sobrinho de um amigo dele, não é?!
CARLOS: E você quer o quê?! Que ele dê um desconto porque eu sou o sobrinho de um amigo dele e mais um desconto porque a gente vai ter que refazer a instalação elétrica e renovar a pintura?
GUILHERME: Renovar o quê?
CARLOS: A pintura também está velha.
GUILHERME: A gente vai ter que pintar? Você não tinha falado isso.
CARLOS: Eu só fiquei sabendo disso ontem.
GUILHERME: Falando sério... Não é melhor procurar outro lugar?
CARLOS: Eu já falei. Foi o mais barato que eu achei até agora! Não dá pra partir sempre do zero não! Vai ser lá mesmo!

(*Eles pensam um pouco.*)

GUILHERME: Meu vizinho é pintor.
CARLOS: Certo! Mas a gente vai precisar de mais grana...
GUILHERME: Quanto mais?
CARLOS: Pelo menos mais uns cinco mil. Pablo?
GUILHERME: Ele já disse que não tem.
CARLOS: Mas todo mundo tá dando alguma coisa...
GUILHERME: Foi ele quem deu a ideia!
PABLO: A ideia foi minha!
CARLOS: Muito fácil ter uma ideia!
GUILHERME: Mas ninguém teve antes!
CARLOS: Bastante original!
GUILHERME: O quê?
CARLOS: Abrir um bar pra ganhar dinheiro!
GUILHERME: Não é só pra isso!
CARLOS: Está todo mundo sem grana! A verdade é essa!
GUILHERME: Tá todo mundo sem fazer o que mais quer na vida!
CARLOS: Menos o Pablo, que mesmo sem dinheiro tá sempre com uma cerveja na mão!
GUILHERME: A gente não precisa falar disso de novo! Alguém tem alguma ideia de como a gente pode conseguir o restante da grana?

(*Todos se entreolham como se não houvesse o que fazer. Ficam mais alguns minutos pensativos. Talvez fiquem pensando um bom tempo. Talvez um tempo que o público ache longo demais, um tempo que não se espera. A vida toda.*)

Cena 2

CARLOS: Eu já estou vendo isso da papelada, que também não vai sair barata.
GUILHERME: Você diz os impostos?
CARLOS: É! Imposto, alvará, essas coisas.
PABLO: E onde é que as pessoas vão sentar?
CARLOS: Mesas e cadeiras a gente pode olhar nesses lugares que vendem usados.
GUILHERME: Era sobre isso o que eu queria falar...
CARLOS: Já estou vendo a coisa dos fornecedores. Baixei também um programa para movimentação de caixa que é bem legal.
GUILHERME: Eu queria falar sobre essa história das mesas...
CARLOS: Ainda não sei mexer, mas já baixei o tutorial. Vou dar uma estudada e ensino pra vocês.
GUILHERME: A arrumação do bar... Você pensou alguma coisa?
CARLOS: Como assim, arrumação?
GUILHERME: Arrumação, a disposição das coisas, as cores, a cara que o bar vai ter...
PABLO: É decoração o que ele tá falando!
CARLOS: Pra que isso, Guilherme?
GUILHERME: Carlos, o bar tem que ter um estilo, tem que ser um lugar legal...
CARLOS: Isso é o que menos importa agora, Guilherme, depois a gente vê isso!
GUILHERME: Depois a gente vê isso?! Isso é tão importante quanto as outras coisas!
CARLOS: Isso é frescura sua, Guilherme!
GUILHERME: Ah, qual é, Carlos? Você está instalando um programinha de movimentação de caixa que eu também posso achar a maior frescura e nem por isso...

CARLOS: Guilherme, esse programa é pra uma coisa prática, é funcional, é uma questão de necessidade!
GUILHERME: A arrumação do bar também é uma necessidade. É assim que vai chamar público!
CARLOS: Tá bom! Vai lá, o que é que você quer?
GUILHERME: O quê?
CARLOS: O que é que você quer conversar sobre isso?
GUILHERME: Não sei... Acho que a gente tem que pensar na...
CARLOS: A parede do fundo vai ser azul, vermelha ou amarela?
PABLO: Acho que tinha que ser azul!
GUILHERME: Para, Carlos!
CARLOS: Umas lâmpadas coloridas...
PABLO: Lâmpadas coloridas é legal!
GUILHERME: Eu não estou brincando, Carlos!
CARLOS: Uns tapetes no chão...
PABLO: Tapetes?!
GUILHERME: Eu tô falando sério!
CARLOS: E a maçaneta da porta do banheiro?! Como vai ser?!
GUILHERME: Que porra! Eu estou falando sério!
CARLOS: Isso é viadagem!
GUILHERME: O quê?
CARLOS: Desculpa. Foi mal.
GUILHERME: Você quer me chamar de veado?
CARLOS: Eu não quero te chamar de nada, Guilherme!
GUILHERME: Você quer me chamar de quê? Me chama de corno também, vai!
PABLO: Toma uma cerveja, gente!
CARLOS: Foi mal. Já pedi desculpa.
GUILHERME: Que merda!
PABLO: Mas tapete no bar eu não acho bom não...

(Silêncio.)

GUILHERME: Continua!
CARLOS: Se a gente conseguir os três mil que faltam a gente já pode começar semana que vem. O que é que vocês acham?

(Silêncio.)

CARLOS: Que é que foi?
GUILHERME: Não. Nada. Não sei. O Pablo é o que mais entende dessas coisas e você não perguntou nada pra ele.
CARLOS: O Pablo é o que mais entende dessas coisas?!
GUILHERME: O pai dele já mexeu com isso.
CARLOS: O pai dele?
GUILHERME: A videolocadora!
CARLOS: O quê?!
GUILHERME: A locadora de filme!
CARLOS: O que é que tem?
GUILHERME: O pai dele era dono de uma locadora de filme!
CARLOS: Não tem nada a ver, é outra coisa!
GUILHERME: Como assim, não tem nada a ver?
CARLOS: Locadora é locadora!
GUILHERME: O pai dele também tinha aluguel, tinha imposto, caixa...
CARLOS: A locadora do pai dele faliu!
GUILHERME: Essa é outra história!
CARLOS: De uma hora pra outra o negócio faliu!
GUILHERME: Não foi porque ele não sabia administrar... Ninguém mais quer alugar filme!
CARLOS: Justamente! O pai dele não soube nem se atualizar com o mercado!
GUILHERME: A gente não vai agora discutir porque a locadora do pai do Pablo fechou, vai?!

(*Mais outro silêncio. É estranho pronunciar a palavra "silêncio", não é?! Você fala e já não é mais silêncio! Às vezes eu gostaria de não estar aqui.*)

Cena 3, ou 4, 5

CARLOS: Você tem que pensar o que vai fazer, Pablo. Eu vou ficar na parte administrativa, com isso da movimentação do caixa, burocracia, na parte financeira do negócio...
GUILHERME: Não precisa chamar de negócio.
CARLOS: No atendimento também, porque eu sou o único bom nisso aqui, né?! Guilherme vai ficar com a cozinha... É bom você pensar o que vai fazer... Alguém tem que limpar, né?!
GUILHERME: O quê?!
CARLOS: Eu sei que é uma merda mas alguém vai ter que ficar por conta de limpar as mesas, limpar o banheiro...
GUILHERME: Limpar o banheiro?
CARLOS: Ué, a gente vai deixar o banheiro sujo?!
GUILHERME: E tem que ser o Pablo?
CARLOS: Você quer ficar com essa parte?!

(Silêncio.)

PABLO: Eu fico com a limpeza.
CARLOS: Até porque o capital tá surgindo da minha mão e do Guilherme, não é?!
GUILHERME: Isso não tem nada a ver, Carlos!
CARLOS: Como assim?
GUILHERME: Não é porque ele não tá entrando com o dinheiro que ele vai ter que limpar o banheiro... Não tem nada a ver uma coisa com a outra... Se ele soubesse cozinhar, ele ficaria na cozinha...
CARLOS: Só que ele não sabe cozinhar. Sabe??

(PABLO *balança a cabeça como quem diz "não".*)

CARLOS: Cada um faz o que sabe, então!
GUILHERME: O que é que você sabe?
CARLOS: Eu já falei. Vou ficar com a parte financeira.
GUILHERME: Você nunca fez isso na vida, Carlos.
CARLOS: Mas eu sou bom nessas coisas. Você sabe disso. Quem é o único aqui que soube poupar dinheiro na vida?
GUILHERME: Você sabe poupar dinheiro?!

CARLOS: De onde você acha que estão vindo esses quatro mil reais? Foi dinheiro que eu fui guardando, tá... Pra mim é mais difícil... Eu não tenho família que me sustente não...
GUILHERME: A minha família não me sustenta!
CARLOS: Eu não falei isso!
GUILHERME: Mas é isso que você quer dizer no fim das contas!
CARLOS: Tá bom! É isso mesmo! Pra você é mais fácil!
GUILHERME: Eu trabalho tanto quanto você...
CARLOS: Mas nunca fica sem dinheiro!
GUILHERME: Que é que você quer que eu faça? Que eu peça para o meu pai não me ajudar em mais nada?! Que ele faça qualquer outra coisa com o dinheiro que está sobrando, menos me ajudar... Vença por si mesmo... Você pode ser um vencedor sozinho... Olha pra gente, tá todo mundo na merda! Na mesma merda!
CARLOS: Mas que é mais fácil pra você ficar na merda, é!

(*Silêncio. Se eu não estivesse aqui, ninguém falaria "silêncio". Vocês ouviriam o silêncio que veio, por exemplo, depois dessa última fala. Tudo faria mais sentido. Seria exatamente como eu acho que foi.*)

GUILHERME: Pode ser que a gente precise de mais alguém... Talvez a gente precise contratar uma pessoa pra fazer...
CARLOS: Ficou louco?! Contratar?! Não! Ter que pagar alguém nesse começo vai ser a maior eneglicência!
PABLO: Negligência!
CARLOS: Negligência, foi o que eu disse.
GUILHERME: Carlos, eu não sei se vou dar conta sozinho... Cozinha não é fácil...
CARLOS: Como assim? Você cozinha bem!
GUILHERME: Pra vocês, Carlos! Pra dez pessoas no máximo!
CARLOS: Nós não vamos oferecer um cardápio daqueles... São petiscos! O bolinho de bacalhau!
PABLO: O bolinho de bacalhau!
GUILHERME: Eu não vou fazer bolinho de bacalhau!
CARLOS: É o que você mais sabe fazer!
GUILHERME: Eu não vou fazer.

CARLOS: Lembra que o Dodô falou que o seu bolinho que era o melhor prato que ele...
GUILHERME: Eu não vou fazer o bolinho de bacalhau!
PABLO: O famoso bolinho...
GUILHERME: Eu não quero falar sobre bolinho de bacalhau.
CARLOS: Tudo certo! Sem bolinho. Mas outros petiscos! Bem simples também!
GUILHERME: Carlos, você não cozinha, não sabe como é!
CARLOS: Eu estou aprendendo a cozinhar...
GUILHERME: Sei...
CARLOS: É sério! Eu estou aprendendo a cozinhar agora!
GUILHERME: Mas não sabe como é... Por isso você deve cozinhar mal!

(Silêncio.)

CARLOS: Então, pra ajudar, a gente pode chamar a Ana?

(Se olham. Há um silêncio constrangedor. Falar da Ana agora não seria o melhor porque...)

CARLOS: Só se precisar mesmo... Melhor que contratar alguém!
GUILHERME: Eu vou tentar sozinho, a gente vê o que dá...
CARLOS: Até porque o início é daquele jeito... Mais fraco... Pouca gente...
GUILHERME: Pouca gente?!
CARLOS: Até a coisa pegar, demora! Qualquer negócio é assim!
GUILHERME: Isso aqui não é um negócio!
CARLOS: Como não?! Você acha que a gente está fazendo o quê?!

(GUILHERME murmura alguma coisa e sai. Vai ao banheiro ou vai tomar um ar lá fora. Tomar um vento. Tomar uma ducha. Tomar um remédio. Tomar uma medida. Um rumo. Um passe. Um trem. Tomar um susto. Tomar vergonha. Tomar coragem.)

PABLO: Tomar uma cerveja!
GUILHERME: E a divulgação? A gente não falou que ia fazer uma grande divulgação?
CARLOS: Falamos! Mesmo assim! Não é fácil! Não vai estar lotado na primeira semana! O lugar já é longe!
GUILHERME: Meu deus, por que é que a gente está insistindo então?
CARLOS: Insistindo no quê?!

GUILHERME: Por que a gente não tenta outro lugar mais perto? Um lugar que a gente sabe que vai dar certo... Que a coisa vai andar... Que vai dar gente, que vai dar dinheiro... Por quê? Por que a gente não tenta uma coisa que dê certo? Uma coisa que aconteça de verdade...
CARLOS: Está todo mundo tentando, Guilherme!
GUILHERME: Eu tô colocando a única grana que eu tenho na vida, vocês estão entendendo?
CARLOS: Acontece que a única grana que você tem na vida junto com a única grana que eu tenho na vida não paga nada melhor que aquele espaço... Eu sei que nós dois queríamos um lugar melhor, mas...
GUILHERME: O Pablo também tá com a gente...
CARLOS: Só que ele não tá dando nada...
GUILHERME: Porque ele não tem! Se você não tivesse também estaria com a gente mesmo assim!
PABLO: Vocês já foram pro Atlântico Sul?
CARLOS: O quê?
PABLO: Algum de vocês já visitou o Atlântico Sul?
CARLOS: Pablo, você se lembra que me deve uma grana do aluguel?
GUILHERME: Olha, vocês podem falar disso depois.
CARLOS: Você me deve o aluguel. Você não tem grana nenhuma pra investir nisso aqui. Que vida é essa que você quer levar?

(PABLO *não fala nada.*)

CARLOS: Por que é que você não fala nada?
PABLO: O quê?
CARLOS: Por que é que você não fala nada?! Nós estamos falando de você!
PABLO: O que é que você quer que eu fale?

(CARLOS *sai, nervoso. Tempo. Silêncio. Em qual cena estamos?*)

PABLO: Carlos, eu te prometo que essa é a última vez que a gente vai fazer reunião com cerveja se...
CARLOS: Lá vem vocês!
PABLO: Se em troca, você beber com a gente!
CARLOS: Que papo é esse?
GUILHERME: Só uma garrafa com a gente!
CARLOS: Você sabe que eu não posso!
PABLO: Um pouquinho só não faz mal, Carlos!
CARLOS: Eu não posso!
PABLO: Carlos, você comemora pouco as coisas!
CARLOS: Comemorar o que, agora?
PABLO: O nosso novo negócio, como você mesmo diz!
CARLOS: Não fala "negócio" que aquele ali fica agarrido!
GUILHERME: Fica o quê?!
CARLOS: Agarrido! Uma pessoa que fica agressiva, que...
GUILHERME: Aguerrido, Carlos!
CARLOS: É isso aí!
GUILHERME: Não é um negócio! A gente sabe muito bem que o que nós estamos fazendo é outra coisa!
CARLOS: Que outra coisa é essa?!
GUILHERME: Eu não sou vendedor de cerveja, Carlos! Eu sou um artista!
CARLOS: Está aqui por que então?!
GUILHERME: Você sabe muito bem porque nós estamos aqui!
CARLOS: Sim, eu sei.
GUILHERME: Mas nós não vamos endurecer, não vamos morrer aqui, ouviram?
PABLO: Carlos, se você beber com a gente eu topo aquela ideia da inauguração!
GUILHERME: Que ideia é essa?
CARLOS: Uma cerveja?
PABLO: Não! Aí você precisa beber um pouco mais com a gente!
GUILHERME: Do que é que vocês estão falando?
PABLO: O Carlos teve uma ideia pra inauguração do bar!
GUILHERME: Mas a gente ia pensar isso junto!
PABLO: É uma ideia meio maluca!

GUILHERME: Agora vocês se encontram pra decidir as peças que nós vamos montar também?!
PABLO: A questão é essa! Não é bem uma peça...
GUILHERME: Por que você não me contou, Carlos?
CARLOS: Foi uma ideia que apareceu um dia em que eu estava em casa...
PABLO: Nunca vi nada parecido na cidade!
CARLOS: O Pablo também estava lá...
GUILHERME: Aí você contou pra ele!
CARLOS: Exatamente!
GUILHERME: Contou pro Dodô também?!
PABLO: Se você beber com a gente, eu topo!
GUILHERME: Você sabe que era pra eu estar dividindo aquela casa com você...
PABLO: Bebe?
GUILHERME: ... Não com o Pablo!
CARLOS: Bebo!
GUILHERME: Você vai beber?
CARLOS: É um combinado!
GUILHERME: Qual é mesmo o combinado?
CARLOS: Eu bebo com vocês agora e vocês topam a ideia que eu tive pra inauguração do bar!
PABLO: Que nós tivemos!
GUILHERME: Mas eu ainda nem sei que ideia é essa...
CARLOS: A gente vai te contar!
PABLO: Mas o Carlos tem que beber!

(CARLOS *nunca podia beber. Eu deveria pular essa cena.*)

GUILHERME: Você passa mal!
PABLO: É pelo nosso bem!
GUILHERME: De quem?!
PABLO: É pela revolução do teatro! É pela revolução do mundo!
GUILHERME: Do que é que vocês estão falando?
PABLO: Você vai entender. A gente precisa de mais cerveja!
CARLOS: Onde é que tem?
PABLO: Tem uma padaria aqui do lado.
CARLOS: Eu vou lá buscar!

GUILHERME: Eu vou com você!

(CARLOS e GUILHERME saem. Na próxima cena, até que eles retornem, PABLO está sozinho. Talvez ele dance. Talvez corra. Entre em transe. Talvez morra um pouco, como o seu pai.)

Ato III

(A divisão em atos é para que vocês entendam melhor. Para eles é só o tempo que passa. O cenário agora não é mais o mesmo. Mas eu não me lembro como ele era. Eu vou tentar lembrar e volto a falar sobre isso. Já é tarde da noite. Falam alto. Chegam com as cervejas.)

CARLOS: Pronto! Estão aqui!
GUILHERME: E não tem mais, ouviu, Pablo?!
CARLOS: A padaria já tá fechando.
PABLO: Quantas horas?
CARLOS: Já tá ficando tarde!
GUILHERME: Vai! Agora conta logo a ideia!
PABLO: Calma! Abre a cerveja!

(Abrem uma garrafa de cerveja. Estão eufóricos, contentes, cheios de vida. Eu me lembro dos dias assim. Eu tenho saudade. A última vez que...)

PABLO: Antes eu gostaria de fazer um brinde! É... Como é que se diz... Um brinde ao...
CARLOS: Deixa que eu falo! Um brinde a essa nova empreiteira!
GUILHERME: Empreitada!
CARLOS: Apesar de tudo, estamos aqui! Um brinde a esta noite com meus amigos!
GUILHERME: Eu gostaria que a gente não se esquecesse do Dodô nesse momento...
CARLOS: Um brinde ao Dodô!
PABLO: Um brinde a tudo o que nós significamos nesse mundo!
CARLOS: O que é que nós significamos?
PABLO: Não sei, Carlos. Muita coisa!
CARLOS: Um brinde ao que nós significamos nesse mundo!
GUILHERME: Um brinde à humanidade inteira que vive dentro de nós!
CARLOS: O que é que vive dentro de nós?!

GUILHERME: É uma frase poética! Dodô que falava isso!
PABLO: Vocês acreditam que a humanidade vai acabar?
CARLOS: Ah, Pablo, nós não vamos discutir isso agora...
PABLO: E Deus?! Deus existe?!
GUILHERME: Um brinde a tudo o que está aí, que existe, que é vivo!
PABLO: Um brinde ao que não existe!
GUILHERME: Ao que ainda está por vir!
PABLO: Um brinde a tudo que resiste!
CARLOS: Um brinde a todas as vezes em que eu puder começar outra vez, como o sol que renasce a cada manhã! Esse foi bonito, hein?!
PABLO: Um brinde à revolução...
CARLOS: Um brinde à revolução da qual nós seremos os progenitivos!
GUILHERME: Progenitores!
PABLO: Um brinde à revolução da arte!
CARLOS: À revolução do teatro!
GUILHERME: Isso tá me parecendo aquelas coisas malucas do Carlos!
CARLOS: Conta a nossa ideia pra inauguração do bar!
GUILHERME: Olha, eu vou logo avisando, eu não vou ficar pelado...
PABLO: Não tem nada a ver com ficar pelado!
GUILHERME: Nem vou pular de uma altura de mais de dois metros...
PABLO: Não é nada arriscado!
GUILHERME: A última vez... vocês se lembram!
CARLOS: É uma ideia genial!
GUILHERME: A Ana precisou me levar pro hospital!
PABLO: Não vai machucar ninguém!
GUILHERME: Até porque agora eu não teria ninguém pra me levar ao hospital!
CARLOS: Tem um pouco de sangue, mas...
GUILHERME: Tem sangue?!
PABLO: Mas pode não ter! Não é tão importante assim!
GUILHERME: E aconteceria no bar? Aqui? Aqui mesmo?
PABLO: Sim! As pessoas estariam sentadas...
CARLOS: Cada um tomando suas bebidas, nas suas mesas...
GUILHERME: E o texto?
CARLOS: Não, não tem texto! As pessoas estariam sentadas aqui e...

GUILHERME: Não tem texto?!
PABLO: E sem que ninguém percebesse...
GUILHERME: É aí que está! Essa história de "sem que ninguém percebesse"...
PABLO: Mas eles vão percebendo aos poucos!
GUILHERME: É claro que essa é uma ideia do Carlos!
PABLO: Um de nós entraria por aquela porta, com um objeto estranho nas mãos...
GUILHERME: É sempre uma ideia muito maluca, que ninguém entende e que no fim das contas não muda nada!
CARLOS: A melhor coisa que eu fiz na vida foi aquele rato roedor que corria pelo viaduto, que ninguém entendia, mas todo mundo fala dele até hoje!
GUILHERME: Quem se lembra dele?!
CARLOS: Todo mundo, Guilherme!
GUILHERME: Todo mundo?! Quem são essas pessoas? Uns poucos consumidores de arte e uma meia dúzia de amigos... Eu cansei dessa história!
PABLO: O Guilherme tem razão!
CARLOS: O que vocês estão querendo dizer?!
GUILHERME: Você quer revolucionar o teatro fazendo uma coisa que não chega a ninguém, a lugar nenhum!
CARLOS: Você está sendo radical!
GUILHERME: Eu estou sendo radical?!
CARLOS: Vem com esse papo de arte para todo mundo mas não consegue suportar qualquer arte que não seja a mesma que a sua!
GUILHERME: Você não sabe o que tá falando!
PABLO: O que o Guilherme tá dizendo é que não muda nada...
GUILHERME: Não muda nada no mundo!
PABLO: Não muda nada no mundo continuar fazendo arte para um grupinho de pessoas!
GUILHERME: Um grupinho bastante chato!
PABLO: Bem chato!
GUILHERME: Você, Carlos, está refém disso!
PABLO: É isso! Você está refém!
CARLOS: O que é que vocês estão falando?!

GUILHERME: A verdade é essa!
CARLOS: Você me diz isso agora, Pablo, mas ficou chorando no discurso de premiação quando recebeu troféu de melhor ator! Troféu que quem te deu foi esse mesmo grupinho!
PABLO: Isso já tem um tempo!
GUILHERME: Você tá dizendo isso, Carlos, porque seu sonho é receber um prêmio desses… E nunca recebeu… Nem vai… E aquele seu rato roedor, correndo pelo viaduto, que todo mundo gostou, sequer foi indicado…
CARLOS: Porque eles ainda não têm essa categoria! Aliás, o problema deles é o mesmo que o seu!
GUILHERME: Que problema?!
CARLOS: Vocês querem categorias! Vocês querem dizer o que é uma coisa e o que é outra!
PABLO: Eu não quero nada!
CARLOS: O que é erudito e o que é popular… O que é que vai mudar o mundo e o que não!
PABLO: O Carlos tem razão!
CARLOS: Está tudo misturado, gente! As coisas estão aí! As coisas estão todas aí! Movediças!
GUILHERME: Estão o quê?
CARLOS: Movediças! Eu aprendi essa palavra, achei bonita! Tem a ver com instabilidade, com não estar fixo, não estar firme, não estar…
GUILHERME: Eu sei o significado!
CARLOS: Você sabe tudo, não é, Guilherme?!
PABLO: Deve ter um jeito!
GUILHERME: Eu só queria fazer uma peça que a minha mãe compreendesse, que ela achasse interessante pelo menos…
PABLO: Às vezes eu me canso.
GUILHERME: Uma peça que pudesse ser feita em qualquer parte do mundo, porque ela seria compreendida!
CARLOS: Isso não existe!
PABLO: É muita responsabilidade. Eu não dou conta disso!
CARLOS: Pode ser que compreendam só séculos depois… Aquele pintor do girassol, por exemplo…
GUILHERME: Van Gogh.

CARLOS: Esse! Morreu pobre! Ninguém entendeu nem quis comprar a arte dele. No entanto, hoje...
GUILHERME: Ah, você é o nosso Van Gogh?! É isso que você quer dizer?! O seu rato roedor no viaduto é o novo girassol amarelo expressionista?
CARLOS: Não, porque do rato roedor as pessoas gostaram!
PABLO: Eu preciso fazer algo besta, simples, mas que seja novo, original. Eu preciso fazer alguma coisa que vem aqui do fundo, da minha existência, que seja a coisa mais importante que eu tenha pra dizer, mas que seja coletivo, político, que seja sobre o meu tempo, sobre as pessoas à minha volta. Que seja doce, bonito, mas que tenha algo de estranho, que seja grotesco. Que seja pra um pouquinho de pessoas sentadas bem perto de mim, mas que também seja pra uma multidão no estádio mais lotado, que seja épico! Que seja artístico, inquieto, que seja pós alguma coisa, mas que não seja difícil demais, que pelo menos alguém no mundo possa entender... Que seja importante! Que seja isso, que seja aquilo. Eu só queria fazer uma peça. Só isso! Só uma peça!
CARLOS: Tudo bem, pessoal! Não vamos desanimar!
PABLO: Será que no Atlântico Sul eles se importam com arte?
CARLOS: Vamos começar de novo! Cada um vai falar no seu tempo, sem que o outro interrompa. Quem tem uma ideia pra inauguração do bar?

(*Silêncio. Alguém tem?*)

PABLO: Acho que a gente precisa de mais cerveja.
GUILHERME: A cerveja acabou.
CARLOS: E está ficando tarde. A gente não vai conseguir voltar pra casa hoje.

(*Agora já estão bêbados. Como estariam de novo mais três ou quatro vezes até que...*)

CARLOS: Quem está bêbado por aqui?

(*Até que passassem algum tempo sem se ver. E cada vez mais tempo.*)

GUILHERME: A culpa é sua, Carlos!
CARLOS: Do que é que você está falando?

GUILHERME: Se a gente não se vir mais, a culpa é sua!

(*E eles não voltariam a se ver. Mas aqui eles não sabem disso. A gente nunca sabe.*)

CARLOS: Do que é que você está falando?!
GUILHERME: Agora você está aprendendo a cozinhar...
CARLOS: Não como você! Você é um chef, é diferente! Você é um gastrônimo!
GUILHERME: Gastrônomo!
CARLOS: Você é um gastrônomo!
GUILHERME: Está aprendendo com quem?
CARLOS: Não entendi a pergunta.
GUILHERME: Com a Ana, não é?!
PABLO: Pra que falar disso?!

(*Pra que falar de tanta coisa? Por que é que a gente precisa falar tanto? Falar tanto! Eu mesmo... Eu mesmo gostaria de falar tanta coisa aqui! Eu tenho tanto a dizer! Desculpem! Vou continuar.* GUILHERME *dizia que* CARLOS *está aprendendo a cozinhar e que isso significava que...*)

GUILHERME: É com ela que você tá aprendendo a cozinhar, não é?!
CARLOS: A Ana também é uma gastrônoma!
GUILHERME: Ela está te ensinando a fazer o bolinho de bacalhau?!
PABLO: A gente já decidiu que não vai ter bolinho de bacalhau!
GUILHERME: Eu não sou bobo!

(GUILHERME *se levanta em direção a* CARLOS. *Em direção a qualquer coisa que ele não dá conta! Fosse só um bolinho de bacalhau, mas nunca é só um bolinho...*)

CARLOS: Eu não disse que você é bobo!
GUILHERME: Então pra que esconder que vocês estão indo morar juntos?
CARLOS: Eu não estou escondendo nada!

(CARLOS *mente.*)

GUILHERME: Por que não me contou então?
CARLOS: Porque você não tem nada a ver com isso!
GUILHERME: Eu não tenho mais nada a ver com nada, não é?!
CARLOS: Que papo é esse, Guilherme?!

(*Deixa ele! Ele é assim!*)

PABLO: Não é fácil, Carlos!
CARLOS: A vida é assim. São as conjuncturas....
GUILHERME: Conjunturas!

(*Conjunturas!*)

PABLO: Não vamos brigar, gente!
CARLOS: Ninguém tem culpa de nada!
GUILHERME: Olha só pra mim!
CARLOS: O quê?!
GUILHERME: Olha pra minha cara, Carlos!

(*Sempre o mais dramático. Ficou pior com o tempo. Essa mania de carregar toda a dor do mundo. Sempre. Até sumir! Até resolver desaparecer! O GUILHERME desapareceu, foi isso o que aconteceu. Eu não me lembro a última vez que eu vi ele.*)

CARLOS: O que é que tem?
GUILHERME: Eu estou péssimo! Desde que a Ana saiu de casa, eu tô péssimo! Eu não durmo! Eu não penso em outra coisa!
CARLOS: Você é dramático!
PABLO: Um pouco dramático...
GUILHERME: Eu estou num momento dramático, é diferente!
PABLO: Cadê a cerveja, meu deus?!

(*Cadê a cerveja?*)

GUILHERME: Em nenhum momento você perguntou como eu estava, Carlos!
CARLOS: Já estava tudo confuso demais.
GUILHERME: Confuso demais! O meu melhor amigo e a minha namorada!
PABLO: O Carlos nunca falou que era seu melhor amigo!
GUILHERME: Daqui a pouco você vai me dizer que a Ana também nunca falou que era minha namorada!
CARLOS: Ela nunca disse!
GUILHERME: Mas você sabia que era!
CARLOS: Guilherme, vocês nem trepavam!

(*Eles não trepavam! Eu encontrei a Ana depois, ela me disse isso!*)

GUILHERME: Ela te disse isso?

PABLO: Todo mundo já falava isso!
GUILHERME: Você é um bosta, Carlos! Você é um merda! Todo mundo te acha o bonitão, o fodão, mas você é um merda! Você consegue o que quer mas não sabe o que fazer com isso, porque você é um burro! Você sabe falar alto mas você fala errado! E agora vocês dois... De casalzinho... Vão morar juntos... Vão ser felizes... E eu aqui, ó! O que é que eu vou fazer, Carlos? Olha como eu tô! A culpa é sua! A culpa é sua! Seu bosta! Por que foi que você me deixou assim?! Hein?! Eu gosto de você pra caralho! Pra caralho! Você não tem ideia! O que é que eu faço com isso, agora?! Você é um merda! Você é um merda pra mim!

(GUILHERME *lhe dá um beijo.* CARLOS *aceita. Estático e desentendido. Mas quem é que entenderia? Talvez alguém ali entendesse.* CARLOS *chora.*)

CARLOS: Acho que eu quero vomitar!

(*Estão mais bêbados. Desequilibrados. Cambaleantes.*)

CARLOS: Lúcidos!
GUILHERME: Não, você está bêbado!
CARLOS: Eu estou passando mal.
GUILHERME: Tem água aqui?

(*Deve ter por ali!*)

PABLO: Você costuma tomar alguma coisa, Carlos?!
GUILHERME: Você quer água?
CARLOS: Eu não quero nada!
GUILHERME: Arranja água pra ele!
CARLOS: Não precisa.
PABLO: Eu vou pegar.
CARLOS: Eu quero vomitar!
GUILHERME: Você quer ir no banheiro?
CARLOS: Não, eu só quero vomitar!
GUILHERME: Mas você não precisa vomitar aqui, né, Carlos?!
CARLOS: Por que é que eu fui beber? Você sabe que eu não posso! Sabe que eu não posso beber... Que merda! Eu sou um merda mesmo! Nem beber... Nem isso... Nada! Nada!

O Dodô mesmo falava: você é tão merda que nem beber pode... E eu gosto de cerveja! A verdade é que eu gosto de encher a cara, ficar maluco... Mas eu não dou conta! Eu quero vomitar! Eu estou tonto.

(E nesta noite, agora, ele, o merda do CARLOS, *deve estar por aí, fechando o caixa de algum bar na cidade. Ele que nunca pôde com o álcool. Agora vende cerveja.* PABLO *chega com um copo de água.)*

CARLOS: Obrigado, Pablo. Você sabe que eu te admiro, não é?! Você é um artista. Você é um ator do caralho, cara! Você... como é que se diz... Você é um ator vocacional...

GUILHERME: Vocacionado!

CARLOS: Você vai longe. Você tinha que fazer cinema! Porque você é bom! Porque você tem uma coisa nos olhos, um jeito de dizer as coisas que nenhum de nós tem aqui. Todo mundo fala. Eu queria ser igual a você. Mas não sou, não! Eu fico insistindo, mas eu sou ruim. Não é?! Pode falar! Pode falar: você é péssimo, Carlos! Pode falar. Fala, Guilherme!

GUILHERME: Você quer ir no banheiro?

CARLOS: Por que eu estou insistindo nisso?! Me responde.

GUILHERME: Você tá falando isso porque você está bêbado.

CARLOS: Eu estou entendendo tudo agora.

GUILHERME: Ninguém está entendendo nada, Carlos! Nada!

(Eu também não estou entendendo nada. Eu não entendia. Algumas coisas precisam de tempo mesmo. E mesmo assim... Aos poucos, CARLOS *dorme.)*

GUILHERME: Pablo, por que a locadora do seu pai faliu?

(Silêncio.)

GUILHERME: Não... Não precisa responder se não quiser... Coisa de família, né?!

(Silêncio.)

GUILHERME: Tem coisas que são meio chatas de falar mesmo. O pai do Carlos é careca. Custou aceitar! É genética, né?! Agora o Carlos toma remédio pra calvície e também não gosta de falar disso... Tem coisas que a gente não gosta de falar. Eu, por exemplo, nunca consegui tirar carteira de motorista. Não gosto de falar disso. E o Carlos fala comigo disso toda vez que a gente senta numa mesa de bar. Basta eu falar que preciso ir pra tal lugar que vem o Carlos: "se você tivesse carteira, eu emprestava o meu carro..." Eu não sei o que aconteceu. Não sei. Tentei mais de dez vezes! Não deu. A única que entende é minha mãe: "foi Deus, meu filho". É porque não era pra ser! Não deu. É assim. Vou fazer o quê?! Eu fiz o que pude! É igual seu pai! Seu pai era guerreiro, conheci seu pai. Aposto que ele fez de tudo pra locadora dar certo! Deu sangue no negócio, correu atrás. Mas não deu. Vai fazer o quê?! A culpa não é dele. Não é, não?!

PABLO: Meu pai se matou com dois tiros dentro da locadora.

(Silêncio.)

GUILHERME: E foi porque ninguém alugava mais filme?!

(Silêncio.)

GUILHERME: Ainda bem que o nosso é um bar! Eu acho que vai existir bar até o fim dos tempos.
PABLO: Guilherme, o que é que a gente vai fazer se isso não der certo?

(PABLO *fez essa pergunta mil vezes durante a vida. É dono de uma lan-house. A antiga locadora. A mesma do seu pai.*)

GUILHERME: Isso o quê?
PABLO: Essa história de abrir um bar. O Dodô já pulou fora!
GUILHERME: O Dodô não sabe de nada...
PABLO: Nem a gente!
GUILHERME: Vai dar certo!
PABLO: Quando é que vai dar certo? A gente anda, anda e parece que não chega a lugar nenhum. Parece que para onde a gente vai, o que a gente alcança é sempre pouco, é sempre perto. E já foi. Já passou. Então estamos na marca zero de novo. Eu queria ir pra longe! Eu queria chegar no lugar onde se diz: "Calma! É aqui! Está tudo bem! Não precisa

correr mais." Uma vez meu pai me falou sobre o lugar mais afastado de tudo. Lá tem só setenta e oito quilômetros quadrados. Duzentos e poucos moradores. É uma ilha no Atlântico Sul. O correio chega uma vez ao ano, de navio.

(CARLOS acorda ainda sonolento.)

CARLOS: Pablo, você não vai pra lá sem me pagar o que você me deve, tá?!

(Nesse momento eles pulam no mar, os três, juntos. Eles estão no mar. O cenário! Estão lá, nadando contra a corrente. Os braços, as pernas. O mar engole. A crista da onda — onde é que fica? Os três estão quase dormindo. Estão num grande deserto, num deserto quente. Eles estão numa estrada de infinitos quilômetros, numa montanha muito alta. O mundo. É assim que é o cenário.)

CARLOS: Guilherme... O rato roedor que corria pelo viaduto... Você acha que eu fazia bem?
GUILHERME: Sim. Fazia.
CARLOS: Obrigado.
GUILHERME: Agora dorme.

(Silêncio.)

PABLO: O que é que a gente vai fazer da vida?
GUILHERME: A gente pensa nisso amanhã!
PABLO: E os cinco mil que a gente ainda precisa?
GUILHERME: A gente pensa nisso amanhã também...
CARLOS: Eu falei que não ia dar certo fazer reunião bebendo cerveja...
GUILHERME: Carlos, qual era mesmo aquela palavra?
CARLOS: Que palavra?
GUILHERME: Que você aprendeu e achou bonita?
CARLOS: Movediço...
GUILHERME: Movediço...
CARLOS: Quem falou foi o Dodô...

Ato IV

Ou o primeiro, tanto faz. Poderia ser a cena 1, 7, três mil e quarenta. Agora já não importa.
Os três acordam no dia seguinte. Levantam cedo. Vão pagar os impostos. Alvará. Mesa. Cadeira. Aluguel. Tinta Suvinil. Rolo de pintar. Mudança de casa. Fio elétrico. Uma peça que revolucione o teatro. Um quarto novo. Um empréstimo. Farão tudo como deve ser. Mas, antes, por um momento, desejarão ser só um animal, uma espécie de bicho, qualquer coisa assim... À volta de uma árvore, uma sombra, bem alimentado e acasalado. Só um bicho. Só isso. Sem que a vida devesse ser tão... Sem que eu precisasse tanto fazer dela alguma coisa, ou que ela precisasse fazer de mim. Olha só, vejam! Hoje eu estou aqui, um ator que lê um texto pra vocês ouvirem. Eu gostaria de agradecer pelo convite! É por isso que eu estou aqui! Eu poderia não estar. Poderia não estar aqui, agora, como eles. Como eles que não estão. Que estão em outro lugar agora. Que eu nem sei onde. Os três. Eu poderia não estar aqui. Mas eu estou. Sabe-se lá por quê! Desculpem, eu nem me apresentei. Prazer, Dodô!
Nesse momento, enquanto eu leio essas palavras, como num truque, a luz vai se apagando. Nós vamos ficando no escuro. No escuro, até que nem eu mais consiga ler o que está escrito aqui. Um tempo no escuro. O tempo movediço.
Até que a luz se acenda de novo. Boa noite.

FIM.

Vinícius Souza é dramaturgo, ator, diretor e produtor cultural. Mestrando em Teatro pela UFMG, com pesquisas na área de criação e compartilhamento de dramaturgia contemporânea. É idealizador e coordenador do Janela de Dramaturgia, junto com Sara Pinheiro. Com Assis Benevenuto, coordena o Ateliê de Dramaturgia de BH, o Núcleo de Pesquisa em Dramaturgia do Galpão Cine Horto e a Javali, primeira editora mineira dedicada à publicação de escritas teatrais. Dentre seus últimos textos, estão *Três Tigres Tristes* e o monólogo *Bestiário*. Recursos metalinguísticos e performativos compostos ao drama têm sido sua estratégia criativa para tratar de conflitos do contemporâneo.

Vendaval

Glauce Guima e
Júnia Pereira

Personagens:

Laura
Marília

Cena 1

As personagens têm oitenta anos. MARÍLIA toca a campainha. Carrega uma mala enorme, de rodinhas. LAURA abre.

MARÍLIA: Feliz Aniversário!
LAURA: Ainda bem que você chegou!
MARÍLIA: Você tava me esperando?
LAURA: Você sempre vem…
MARÍLIA: Deixa eu te ver, está ótima!
LAURA: Com oitenta ninguém pode estar ótimo!
MARÍLIA: Engraçado isso de se ver de dez em dez anos, porque… Como que eu vou explicar? Não sei, é como se a gente visse o tempo cravado no rosto da outra pessoa.
LAURA: E no seu, você não vê? O tempo passa pra todo mundo.
MARÍLIA: O tempo passa igual um rato na sala.
LAURA: Estava esperando você chegar pra me ajudar a tomar banho.
MARÍLIA: Claro que sim! Agora?
LAURA: Desculpa te pedir isso… É que a menina que tava aqui comigo teve um problema

com a mãe, pediu as contas. Já arrumei outra pra segunda, mas até lá...

MARÍLIA: Eu vou cuidar de você.

LAURA: Você teve sorte, tá mais inteira que eu. Meu medo é só de escorregar no box.

MARÍLIA: Posso entrar?

LAURA: Que mala é essa?

MARÍLIA: Minha bagagem. Pode dispensar sua empregada nova, fico aqui com você.

LAURA: Marília, o que tem nessa mala?

MARÍLIA: Um rinoceronte!

LAURA: Deixa eu ver a cara dele.

MARÍLIA: Você vai me fazer abrir a mala aqui no corredor? Com licença. (MARÍLIA *entra*.) Aqui tá precisando de uma boa faxina. Tem quantos dias que você tá sem empregada?

LAURA: Quanto você pegou dessa vez?

MARÍLIA: Um milhão.

LAURA (*grita*): Um milhão em dinheiro vivo!!!

MARÍLIA: Fala baixo!

LAURA: Deixa eu ver! (MARÍLIA *abre a mala. Olham.* LAURA *fecha*.) Você não tem medo de ir pro inferno?

MARÍLIA: Você vai comigo!

LAURA: Já basta esse verão de 50 graus daqui.

MARÍLIA: A gente vai pro céu, boba. Antes de morrer eu me arrependo, peço desculpa e fica tudo bem.

LAURA: E você acha que sabe a hora que vai morrer?

MARÍLIA: No fundo, eu não acredito em inferno.

LAURA: Eu sempre fico com a imagem daquela novela, que tinha uma grama e todo mundo de branco.

MARÍLIA: Vamos ficar junto lá, passeando, fazendo tricô. Quem chegar primeiro espera a outra onde? Vamos marcar logo.

LAURA: Embaixo da amendoeira, com uma margarida na mão.

MARÍLIA: Margarida fede... pode ser uma rosa não?

LAURA: Quem te garante que tem rosa?

MARÍLIA: E quem te garante que tem margarida?

LAURA: Na novela tinha. E se a gente não for pro mesmo lugar?

MARÍLIA: Eu vou te buscar.

LAURA: Que papo, hein.
MARÍLIA: Antes de morrer, acho que a gente devia ir conhecer a Ucrânia.
LAURA: Imagina se eu vou pra Ucrânia, se acabou de cair um avião lá!
MARÍLIA: Por isso mesmo! Dois aviões não caem no mesmo lugar.
LAURA: Não aguento viagem longa assim.
MARÍLIA: Podemos ir pra França então, são mil quilômetros a menos!
LAURA: Deus me livre! Estão matando gente lá, você não viu?
MARÍLIA: Você só fala em morte!
LAURA: Como é que eu vou viajar de avião com a trombose que eu tenho?!
MARÍLIA: Chegando lá você opera. Com o dinheiro que a gente tem agora, você pode escolher o melhor médico do mundo!
LAURA: "A gente tem", não! Eu não tenho nada a ver com esse dinheiro.
MARÍLIA: Ninguém pode ser tão moralista assim aos oitenta anos. Está na hora de ligar o foda-se!
LAURA: Eu não vou mudar a essa altura do campeonato. É uma questão de coerência!
MARÍLIA: Sempre dá tempo! A gente tem muita vida pela frente. Eu ainda quero dar uma volta ao mundo de bicicleta.
LAURA: Quantos anos você acha que tem?
MARÍLIA: Eu me sinto com dezessete, só não posso chegar perto do espelho.
LAURA: Dar volta de bicicleta só se for no inferno agora!
MARÍLIA: Eu já falei que não vou pro inferno!
LAURA: No céu não pode entrar com mala de dinheiro.
MARÍLIA: Sem dinheiro é que a gente não entra em lugar nenhum!
LAURA: Você ficou demente. Eu tenho dó. Caixão não tem gaveta.
MARÍLIA: E você, que só fala em morte! Eu não gosto de vir aqui na sua casa, aqui é tudo mórbido, parece um velório!
LAURA: Não gosta, então por que vem? Eu nunca te chamei!
MARÍLIA: Pois é, nunca me chamou! E eu sempre atrás de você, igual uma idiota! Será que você não percebe que isso tudo é por sua causa?
LAURA: "Isso tudo" o quê?

MARÍLIA: Esse dinheiro todo, essa confusão do dinheiro. É pra poder te oferecer uma coisa melhor!
LAURA: Você foi tomada pela ambição e agora quer se justificar e por a culpa em mim. Eu nunca te pedi nada! Será que você pode me dar banho agora? Se anoitecer, esfria, eu tenho medo de ficar gripada.
MARÍLIA: Agora eu sirvo pra alguma coisa não é?
LAURA: Desculpa, não quis ofender.
MARÍLIA: Eu devia era ir embora. Você já me jogou na cara que não me chamou.
LAURA: Então vai. Não tenho mais idade pra ficar adulando ninguém.
MARÍLIA: Eu vou mesmo. (*Não se move.*)
LAURA: Vai.
MARÍLIA: Você não tem ambição, por isso que não deu nada na vida.
LAURA: Eu construí uma família, você não conseguiu arranjar nem um marido!
MARÍLIA: E morreram todos no acidente. O que que adiantou? Agora você não tem ninguém nem pra te dar banho! (LAURA *pega a mala de* MARÍLIA *e sai arrastando.*) Onde você vai com minha mala? (LAURA *abre a mala, pega maços de dinheiro e joga pela janela.*) O que você está fazendo? Para com isso! Laura! (LAURA *joga um maço de dinheiro em* MARÍLIA. MARÍLIA *vai até* LAURA *tomar o dinheiro da sua mão.*)
LAURA (*jogando mais dinheiro pela janela*): Olha que lindo! (*Olha para o dinheiro caindo, ri.*) Chuva de papel picado, sempre gostei.
MARÍLIA: Isso vale dinheiro!
LAURA: Isso é dinheiro! (*Crise de riso.* MARÍLIA *ri também. Joga mais maços pela janela.*) Vem jogar também, é gostoso!
MARÍLIA: Tanto tempo que eu não te vejo rindo!
LAURA: Vem! É divertido! Olha pra onde o vento tá levando!
MARÍLIA: Deixa eu fazer! (*Joga uns maços. Riem.*)
JUNTAS (*pegam vários maços*): 1, 2, 3, e já! (*Riem. Continuam jogando o dinheiro fora e rindo. A luz vai caindo.*)

Cena 2

As personagens têm setenta anos. MARÍLIA *toca a campainha. Carrega uma mala de tamanho médio.* LAURA *abre a porta.*

MARÍLIA: Feliz Aniversário!!!
LAURA: Você não morre mais! Tava aqui pensando se você ia vir esse ano.
MARÍLIA: Imagina se eu ia perder! Parabéns!!
LAURA: Por que não entra?
MARÍLIA: Tem café?
LAURA: O médico cortou o café, que tava me deixando nervosa. Agora só posso tomar suco e água.
MARÍLIA: Suco de quê?
LAURA: Melancia.
MARÍLIA: Pode ser água. (*Entra.*) Como está sendo seu primeiro dia de setenta anos?
LAURA: Uma dor aqui, outra ali, nada de novo.
MARÍLIA: Não fala nisso que atrai.
LAURA: Você perguntou!
MARÍLIA: Hoje é um dia especial e eu vim especialmente pra te fazer um convite.
LAURA: Não gosto quando você me olha desse jeito.
MARÍLIA: De que jeito?
LAURA: Você não se meteu em confusão de novo, né? Você prometeu!
MARÍLIA: Claro que não, que bobagem!
LAURA: Sei... Que mala é essa?
MARÍLIA: É minha *necessaire*.
LAURA: Desse tamanho?
MARÍLIA: Eu trouxe algumas opções de roupa. A gente nunca sabe se vai fazer frio ou calor.
LAURA: O que tem nessa mala, Marília? Se for o que eu tô pensando, você pode ir embora agora!
MARÍLIA: Laura, olha pra mim.
LAURA: Quê?
MARÍLIA: Calma. Posso te falar uma coisa?

LAURA: Fala.
MARÍLIA: Você está cada vez mais bonita.
LAURA: Ah, vá...
MARÍLIA: É sério! Você ainda tem todos os dentes?
LAURA: Ai, meu Deus! Tá dando pra ver?
MARÍLIA: Ver o quê?
LAURA: Não disfarça, você viu que tá faltando um! É no fundo, mas dá pra ver quando eu abro a boca demais. Eu tento abrir menos, mas às vezes eu esqueço!
MARÍLIA: Calma, eu não vi nada! Olha, não se preocupa, você pode fazer um implante, esse aqui é implante, ó. (*Mostra.*) Viu? Nem dá pra notar.
LAURA: Imagina se eu tenho dinheiro pra pagar implante!
MARÍLIA: Eu tenho! Eu pago pra você!
LAURA: Ai, meu Deus! Tá vendo? Eu tava certa, minha intuição não falha. Você se meteu em confusão de novo!
MARÍLIA: Laura, escuta: você não tem com o que se preocupar. Eu tô assumindo todos os riscos, é problema meu! Se por acaso acontecer alguma coisa, você diz que eu te enganei, que você não sabia de nada, e pronto! Mas olha, eu tenho certeza que não vai acontecer nada! A gente já tá com setenta anos, se descobrirem *hoje* é capaz que eu ainda morra antes de ser julgada!
LAURA: Quanto você tem aí?
MARÍLIA: Quinhentos mil.
LAURA: Quinhentos mil? Nunca vi isso em dinheiro! Posso abrir?
MARÍLIA: Fica à vontade, todo seu.
LAURA: Não quero nenhum tostão. (*LAURA abre a mala e se espanta.*)
MARÍLIA: Quer dizer, quinhentos mil não, porque tirei trezentos e cinquenta pra comprar essa champanhe pra gente. Faz as contas. Dá quanto?
LAURA: Você é louca.
MARÍLIA: Você é que não tem imaginação nenhuma!
LAURA: Isso só pode ser doença.
MARÍLIA: A gente ficar vivendo de ração com uma aposentadoria de merda é que é doença! A gente tem o direito de ser feliz! Isso sim, tinha que ter no estatuto do idoso.

LAURA: Felicidade não é dinheiro.
MARÍLIA: Mas dinheiro é felicidade. Eu aposto como você se arrependeu, não tem como deixar cem mil escorregar da sua mão sem se arrepender.
LAURA: Você devolveu?
MARÍLIA: Laura, não começa com moralismo. Eu sou super respeitada na empresa, nunca tive problema nenhum com ninguém. Me aposentei há cinco anos e continuo tendo acesso livre sem crachá, sem nada. Entro e saio a hora que eu quero. Virei uma espécie de conselheira, só falta botarem um tapete vermelho pra eu entrar. Se eu fosse contar só com a minha aposentadoria, eu estava pastando igual você. Não foi escolha minha: me escolheram!
LAURA: Eu não te conheço mais. Você mudou muito.
MARÍLIA: Demorei pra começar a me cuidar. Outro dia eu recebi uma visita de uma sobrinha-neta. A Alice. Eu nem sabia que ela estava tão grande. Foi lá em casa pra me entregar um convite de casamento. "Que fofinha, vai casar!", eu pensei. Quando eu abro o convite, está escrito "Brenda e Alice"! Eu olhei pra ela e pensei: ela tá indo ser feliz! Até casar gente do mesmo sexo já estão casando. A gente também merece!
LAURA: Você está querendo casar com essa idade? Com quem, Marília?
MARÍLIA: Vamos começar tudo de novo, fingir que a gente se conheceu hoje?
LAURA: Pra mim não é tão difícil, minha memória está cada vez pior.
MARÍLIA: Mas do Motel Cavalgada você lembra.
LAURA: Que é isso?
MARÍLIA: Que a gente na faculdade tinha medo de ficar sem dinheiro, vagando por aí pedindo esmola, sem emprego e cismou de abrir o Motel Cavalgada pra render um dinheirinho, que uma boa foda ninguém dispensava, que era igual fardo de arroz?
LAURA: Você lembra de cada coisa...
MARÍLIA: Hoje em dia ninguém mais quer saber de sexo, agora é tudo virtual. Aí é que a gente pode entrar e fazer sucesso,

porque no fundo todo mundo sente falta. "Laura e Marília, a dupla *vintage* traz de volta à contemporaneidade nada mais nada menos que o prazer que você acha que perdeu, mas está adormecido dentro de você! O prazer de uma boa companhia, de um bom papo, de um lugar onde a única lei é não ficar sozinho. A gente tem tudo pra montar esse motel, tem até *slogan*.

LAURA: Eu não vou montar em nada mais. Quer dizer, nunca montei!

MARÍLIA: Motel Fazenda Cavalgada. Touro mecânico. Suíte vaca louca. Imagina se a gente gerencia! Você pode ser a cafetina, usar uns boás vermelhos, joias, paetês, cigarrilhas enormes, que nem nos filmes.

LAURA: Isso é bordel, motel é outra coisa.

MARÍLIA: Pode ser bordel! Qual o problema? "Bordel Fazenda". (*Como que brincando de imaginar*, MARÍLIA *propõe um jogo a* LAURA, *que vai entrando aos poucos.*) Por que você ainda está vestida desse jeito? A casa já vai abrir, você tem que estar bonita. Cadê aquele seu boá?

LAURA: Nem sei mais se existe.

MARÍLIA: Existe sim, ó ele aqui. (*Entrega um boá imaginário.*) Põe esse vermelho que combina mais com a sua pele. Eu já estou pronta.

LAURA: Esse seu vestido está muito curto.

MARÍLIA: Quanto menos pano, mais dinheiro. Ó! Tocou a campainha. Vou abrir!

LAURA: Não! Não estou pronta!

MARÍLIA: Eu digo que você está no banheiro. Vai lá pra dentro!

LAURA: Ele vai ficar com nojo de mim.

MARÍLIA: Então anda rápido, senão a gente vai perder o primeiro cliente! Qual a sua especialidade?

LAURA: Tutu de feijão.

MARÍLIA: Não!! Cada uma aqui tem uma especialidade, eu sou especializada no touro mecânico, você na vaca louca. Entendeu?

LAURA: Entendi. O que a vaca louca faz?

MARÍLIA: Enlouquece! Posso abrir?

LAURA: Tá bom, Marília. Chega de devaneio, estou cansada.

MARÍLIA: Cansada, se a noite ainda nem começou! Sabe quanto custou isso aqui? Quinhentos mil reais! Um investimento desse tamanho não vai pra frente com preguiça! A gente tem que pelo menos recuperar o capital de giro. Girando! Gira, pomba, gira!

LAURA: Não fala essas coisas que eu tenho medo!

MARÍLIA: Então abre a porta pra você esquecer isso.

LAURA: Não, abre você! Eu morro de vergonha!

MARÍLIA: Que sócia que eu fui arrumar! (*Abre a porta.*) Aí! Não tem ninguém!

LAURA: Claro que não tem ninguém!

MARÍLIA: Você demorou demais, o cliente desistiu. Ó, raios! Quanta desgraça se abate sobre mim! Será um presságio do meu infortúnio? Será um algoz lancinante pairando sobre meu latifúndio?

LAURA: De onde você tira essas coisas?

MARÍLIA: Invento! Você não tem imaginação, não?

LAURA: Vamos jogar baralho, fazer qualquer outra coisa.

MARÍLIA: A gente espera pra ver se chega mais alguém. Se não chegar, amanhã a gente muda a estratégia.

LAURA: Tanto tempo que eu não jogo porrinha...

MARÍLIA: Nunca gostei, prefiro porrona.

LAURA: Mamãe falava que mulher devia ser igual bananeira, dá uma vez só.

MARÍLIA: E você seguiu direitinho o conselho dela. Ó! Tocou de novo a campainha, quem vai atender?

LAURA: Você!

MARÍLIA: Não, você! Eu já fui da outra vez. Quem sabe não espantei o moço?

LAURA: Estou cheia de dor.

MARÍLIA: Você já nasceu cansada, credo! Deixa que eu atendo.

LAURA: Tenho setenta anos!!

MARÍLIA: E eu, setenta e 53 dias!! Agora fica quieta e faz o serviço direitinho. (*Abre a porta.*) Touro mecânico, bezerro desmamado ou vaca louca? Ótimo. Tem duas, pode escolher. Laura, o moço já entrou. Você não vai servir nada pra ele?

LAURA (*fingindo que serve*): Claro! Essa aqui é da roça, branquinha, legítima.

MARÍLIA (*entredentes*): Não tinha uma coisinha mais fina?
LAURA: Não tem mais nada.
MARÍLIA: E aquele champanhe que eu te trouxe?
LAURA: Está quente.
MARÍLIA: Você não tem imaginação nenhuma!
LAURA: Pode fazer comigo o que quiser!
MARÍLIA: Com ela não, moço. Comigo. Você já teve fetiche com sua avó?
LAURA: Quanto você pretende pagar?
MARÍLIA: Não é assim que a coisa funciona aqui, Laura. Eu é que pago. Quanto você quer? (*Pega uns maços de dinheiro e joga para o alto.*) Eu posso!
LAURA: Deixa de ser ridícula.
MARÍLIA: Ele me escolheu, fica quieta.
LAURA: Quem tá fazendo aniversário sou eu!
MARÍLIA: Você dança? Faz show? Mas ó, se for pra encostar, encosta só em mim. Ela ali é mais cara, não tenho dinheiro pra pagar.
LAURA: Que é isso?!
MARÍLIA: Senta e assiste!
LAURA: Eu só vou sentar porque ELE pediu.

(*Assistem ao show, e gritam, histéricas.*)

LAURA: Ai, que delícia!
MARÍLIA: Me joga no chão, puxa meu cabelo!
LAURA: Me estraçalha!
MARÍLIA: Que é isso, Laura?
LAURA: Meu macho alfa!
MARÍLIA: Ele não é macho alfa.
LAURA: É sim!!
MARÍLIA: Deixa ele ser o que ele quiser!
LAURA: Me põe de quatro!
MARÍLIA: Cala a boca, você está me desconcentrando!
LAURA: Vai lá pra dentro, me deixa aqui com ele!
MARÍLIA: Eu não! Vamos fazer nós três!
LAURA: Nós três?
MARÍLIA: Nós três, nada! Vai embora!

LAURA: Desse jeito você não vai conseguir mais ninguém, a casa vai falir!
MARÍLIA: Olha o que você fez!
LAURA: Eu? Foi você que estragou tudo.
MARÍLIA: Você que se insinuou demais e espantou o rapaz. Você não dá pra isso, é melhor a gente ir pra Paris!
LAURA: Fixação por Paris, coisa burguesa. Vamos pro Egito!
MARÍLIA: Pode ser! A gente ainda tem aqueles 500 mil?
LAURA: Pindamonhangaba.
MARÍLIA: Ótimo! Onde que eu vou gastar aqui? Não tem shopping!
LAURA: Tem supermercado.
MARÍLIA: Comprar o supermercado?
LAURA: Ou uns avestruzes. Sempre quis ter avestruz!
MARÍLIA: Mas o dinheiro é meu.
LAURA: Mas você trouxe pra minha casa!
MARÍLIA: Eu não nasci para ser gerente de supermercado! Vamos comprar um shopping.
LAURA: Com esse dinheiro não dá pra comprar shopping...
MARÍLIA: Em Pindamonhangaba dá.
LAURA: Tudo que a gente queria na juventude era uma casa no campo pra guardar meus amigos, discos e livros.
MARÍLIA: Uma casa no campo, não em Pindamonhangaba! Roça é roça, não é cidadezinha!
LAURA: Não existe mais roça.
MARÍLIA: Em Tocantins tem. "Quer ir para Minas? Minas não há mais."
LAURA: Quem disse isso?
MARÍLIA: Numa roça não vamos ter nada pra fazer.
LAURA: Cansei.
MARÍLIA: Então vamos alugar uma limusine. A gente tira fotos.
LAURA: Can-sei!
MARÍLIA: Tá bom. Então o que que a gente vai fazer com esses 500 mil? É bonito, uma coisa bonita dessa não pode ficar dentro de casa.

Cena 3

As personagens têm sessenta anos. MARÍLIA *toca a campainha. Carrega uma pequena mala.* LAURA *abre a porta.*

MARÍLIA: Feliz aniversário!! Feliz atendimento preferencial imediato e individualizado junto aos órgãos públicos e privados prestadores de serviços à população! Nenhum idoso será objeto de qualquer tipo de negligência, discriminação, violência, crueldade ou opressão, e todo atentado aos seus direitos, por ação ou omissão, será punido na forma da lei! (*Abraça.*) Parabéns! Agora minha amiga é idosa!

LAURA: Não mudou nada na minha vida.

MARÍLIA: Já decorou o Estatuto do Idoso?

LAURA: Como se adiantasse alguma coisa…

MARÍLIA: Você ainda lembra do meu nome?

LAURA: Para de bobagem, Marília.

MARÍLIA: Sabia que você ia me reconhecer, sou inesquecível!

LAURA: Você demorou dez anos pra voltar!

MARÍLIA: Só gosto de ocasiões especiais, cotidiano não é comigo. Como você se sente fazendo sessenta anos?

LAURA: Para com esse papo, que me deixa deprimida.

MARÍLIA: Já começou! Que horas você nasceu?

LAURA: Mamãe não se ligava nessas coisas, mas acho que foi por volta de meio-dia.

MARÍLIA: Então, pelo arrastar da hora, você já é uma idosa de carteirinha. Já fez sua carteirinha?

LAURA: Não preciso sair de casa, e carteirinha é quando você faz 65.

MARÍLIA: Mas você tem um lugarzinho garantido na poltrona três pra qualquer viagem de ônibus! Nós vamos viajar pra todo lugar.

LAURA: Você sabe que eu não gosto de viajar.

MARÍLIA: Não gosta porque acostumou com a pobreza. Vira essa chave, que de agora em diante a vida é nova! Posso entrar?

LAURA: Não preciso de passagem de graça, não vou fazer caminhada e nem entrar pra ginástica! Quero meu sossego, já fiz coisa demais na minha vida.

MARÍLIA: Você vai parar de comer macarrão todos os dias.
LAURA: Quem disse que eu como macarrão todo dia?
MARÍLIA: Da última vez que eu vim aqui você me ofereceu macarrão.
LAURA: Você nem entrou.
MARÍLIA: Não entrei porque você não deixou. Aliás, nem sei por que que eu tô aqui de novo, se for pra você me deixar plantada na porta e depois eu ir embora.
LAURA: Eu não estava bem.
MARÍLIA: Você está ótima! Posso entrar?

(LAURA *abre passagem pra* MARÍLIA.)

LAURA: Quer ajuda?
MARÍLIA: Precisa não, dinheiro só pesa quando não existe. (*Entrando.*) Legal aqui, mas eu não ia conseguir ficar enfurnada o dia inteiro num lugar como esse.
LAURA: Estou bem! Só não tenho vontade de sair, então não saio!
MARÍLIA: Mas nem cinema a gente paga mais, Laura! Quer dizer, paga metade, mas é uma merreca. Tem passado uns filmes argentinos ótimos.
LAURA: Não gosto de argentino, não entendo nada o que eles falam e se você fala em português com eles, eles acham ruim.
MARÍLIA (*observando a casa da* LAURA): Você é mais sofisticada. Devia ter tido uma vida com mais fartura.
LAURA: Devia, mas não tive sorte.
MARÍLIA: Sorte é sorte, vem em qualquer momento. (*Pausa.*) Tem café?
LAURA: Acabou o pó, mas posso pedir. Tem um mercado aqui perto que eles entregam em casa.
MARÍLIA: Não tem problema, aceito um chá.
LAURA: De quê?
MARÍLIA: O que você tiver.
LAURA: Camomila só.
MARÍLIA: Ótimo, camomila! Fazer o quê?

(LAURA *sai. Tempo de* MARÍLIA *passeando pela sala, examinando cada detalhe.*)

MARÍLIA (*para* LAURA *que está lá dentro*): Você ainda tem todos os seus dentes?
LAURA (off): O quê?

MARÍLIA: Já ficou banguela?
LAURA: Você acha que eu estou morrendo?
MARÍLIA: Faz mal perguntar? Minha tia perdeu todos os dentes com quarenta anos, coitada. Mas viveu até os 94. Coitadinha da titia...

(*LAURA volta.*)

LAURA: Toma.
MARÍLIA: Está muito quente!
LAURA: É mesmo?
MARÍLIA: Me arranja um cigarro?
LAURA: Parei. Você não parou até hoje?
MARÍLIA: Laura, preciso te dizer uma coisa.
LAURA: Tem uma idade que a gente tem que parar, porque já não tá dando conta. Plano de saúde é um absurdo...
MARÍLIA: Artigo terceiro do Estatuto: garantia de acesso à rede de serviços de saúde e de assistência social locais.
LAURA: Vai falar isso com eles...
MARÍLIA: Laura!
LAURA: Quê?
MARÍLIA: Tenho cem mil reais ali naquela mala.
LAURA: Como assim?
MARÍLIA: Cem mil reais. Eu tenho cem mil reais naquela mala e a gente pode fazer o que quiser!
LAURA: De onde você tirou esse dinheiro?
MARÍLIA: Isso não importa, o importante é que eu fiz isso pra você, que eu sei que você está precisando e a gente está na hora de aproveitar a vida.
LAURA: Eu não estou precisando de nada!
MARÍLIA: Você precisa mas não gosta de falar, nunca gostou. Orgulhosa...
LAURA: Que dinheiro é esse?
MARÍLIA: É nosso. E você tem que guardar segredo! A gente viaja, torra ele todo, depois volta sem um puto, sem pista, sem nada. Depois eu arranjo mais. A gente pode alugar um jatinho, fazer tudo que você sempre quis fazer. Já engoli muito sapo. Mereço! A gente merece! Você merece!

LAURA:	Eu mereço? (LAURA *abre a mala. Espanta-se.*) Não acredito! Vai embora daqui agora.
MARÍLIA:	Que é isso! Agora que eu entrei?
LAURA:	Você está querendo me incriminar junto com você, eu não vou entrar nessa. Sempre levei minha vida muito correta, minha consciência é tranquila.
MARÍLIA:	Porque você é boba. Tem muita gente ganhando dinheiro às nossas custas. E não são cenzinho, não, são milhões e milhões por décadas, séculos, se bobear, até milênios!
LAURA:	Eu não estou te reconhecendo.
MARÍLIA:	Esse negócio de dinheiro transforma a gente em outra pessoa mesmo. É igual cheirar cocaína.
LAURA:	Você cheira?
MARÍLIA:	Eu, não! Por quê? Se cheirasse?
LAURA:	Você parece uma criança. Uma velha de sessenta anos! Onde você arranjou esse dinheiro?
MARÍLIA:	Não sou velha e não sou criança, sou a loba da meia idade.
LAURA:	Onde você arranjou esse dinheiro?
MARÍLIA:	Calma! Vou falar, não tenho nada pra esconder de você.
LAURA:	Estou esperando.
MARÍLIA:	Não tem mais um chá não?
LAURA (*grita*):	Fala!!
MARÍLIA:	Foi lá na repartição. Estou quase aposentando, sou carta branca porque minha postura também sempre foi muito correta lá dentro daquela joça. Fazendo vista grossa, sabendo de tudo, nunca denunciei ninguém. Todo mundo confia em mim. Até que resolvi entrar na jogada depois que eu saí daqui aquela vez.
LAURA:	Não me coloca no meio dessa história que eu não tenho nada a ver com isso!
MARÍLIA:	Tem sim porque eu gosto de você e quero que você tenha pelo menos um final de vida feliz, sem preocupação. Se adoecer, tem um médico bom pra cuidar. Eu não vou torrar tudo, não, estava brincando. Vou fazer um pé de meia pra ir rendendo. No exterior, claro. Tenho todos os contatos, são meus amigos, comem na palma da minha mão porque a hora que eu quiser posso jogar

a merda no ventilador. Mas eles sabem que eu não vou fazer isso.

LAURA: Você continua bebendo?
MARÍLIA: Eu ia te pedir um café se ainda bebesse?
LAURA: Devolve esse dinheiro!
MARÍLIA: Não posso! É só gente da alta, não posso nem pensar em ameaçar essa gente. Eles podem até mandar me matar.
LAURA: Então por que entrou nessa, se não tinha como sair?
MARÍLIA: Eu não entrei, quando eu vi eu já estava lá! O que que eu vou fazer? Voltar lá com essa mala e falar "Desculpa, me arrependi, está aqui a propina de volta!"? Já viu alguém devolver propina? Quer dizer, recompensa! Lá dentro a palavra "propina" é proibida. É recompensa!
LAURA: Dinheiro sujo não traz nada de volta, dinheiro sujo é maldição, não leva a lugar nenhum. Some. Evapora.
MARÍLIA: Para de falar assim que você me faz sentir o que eu não posso, uma hora dessa.
LAURA: Você está com medo.
MARÍLIA: Não estou, você que é do contra, coloca minhoca na minha cabeça, não aceita nada que eu faço.
LAURA: Você pode ser presa pela Polícia Federal!
MARÍLIA: Já fiz as contas! Se eles descobrirem, quando descobrirem eu já vou ter no mínimo setenta. Minha pena fica reduzida pela metade depois dos setenta. Quer dizer, nossa vida daqui pra frente só frutifica.
LAURA: Nossa vida? Não quero você aqui na minha casa. Não te chamei, nunca te pedi nada.
MARÍLIA: Isso não é justo, você está me tratando pior do que quando eu não tinha dinheiro! É como se pra você eu não valesse nada!
LAURA: Se você valia alguma coisa pra mim, agora não vale mais.
MARÍLIA: Eu quero ser importante!
LAURA: Ninguém é importante!
MARÍLIA: "Sem ti correrá tudo sem ti."
LAURA: Quem disse isso?
MARÍLIA: Sei lá! Eu estou começando a ficar arrependida. Não posso ficar arrependida! Achei que você fosse gostar, que fosse me ajudar.

LAURA: Ajudar?! Você fica dez anos sem vir aqui, chega na minha casa com uma bomba, sem me avisar...
MARÍLIA: Peraí! Não sou nenhuma terrorista!
LAURA: É pior. O terrorista pelo menos tem uma religião, defende alguma coisa.
MARÍLIA: Defende matar criancinha pra não morrer. Isso é muito legal! Queria um ideal assim pra minha vida.
LAURA: Não muda de assunto.
MARÍLIA: A gente podia comer lagosta, andar de lancha, ir pro Havaí, comer japonês, aqueles barcos imensos! Tomar champanhe do bom, não esses *proseccos* que te matam de dor de cabeça no dia seguinte. Estou doida pra tomar banho em chuveiro de hotel, aquela ducha forte, banheira de hidromassagem. Mas você acha que a gente não merece...
LAURA: Você só volta aqui depois que tiver devolvido isso.
MARÍLIA: Eu quero saber se eu sou capaz de levar essa história até o fim. Tanta gente é capaz, por que eu não?
LAURA: Você vai gastar sozinha então.
MARÍLIA: Quero mais um chá de camomila.
LAURA: Você vai me prometer que vai devolver esse dinheiro, senão nossa amizade acaba aqui.
MARÍLIA: Você não pode jogar fora uma amizade de quase quarenta anos por causa de umas notas de dinheiro.
LAURA: Você que não pode invadir minha casa, sem avisar, com a prova de um crime nas mãos.
MARÍLIA: Não invadi, você que me mandou entrar.
LAURA: Eu não imaginava o que você tinha vindo fazer, achei que tinha vindo me dar os parabéns!
MARÍLIA: Você não entende, esse dinheiro é um presente pra você!
LAURA: Presente de grego!
MARÍLIA: Vamos falar sério agora. Como que eu devolveria esse dinheiro?
LAURA: Do mesmo jeito que trouxe ele pra cá.
MARÍLIA: Você tinha que fazer igual o Didi no final da Copa de 58.
LAURA: Que Didi?
MARÍLIA: O Didi, ué. No final da Copa, o estádio lotado, gente caindo pela arquibancada, o Brasil levou um gol da Suécia no

	início, uns quatro minutos do primeiro tempo. O Didi foi lá dentro do gol, elegante que ele era... Ai, o Didi... Pegou a bola, botou debaixo do braço e atravessou meio campo andando, com a maior tranquilidade, pra recomeçar o jogo. Três minutos depois, o Brasil fez um gol em cima da Suécia.
LAURA:	E o que você está querendo dizer com isso?
MARÍLIA:	Que se o Didi fosse escutar o Pelé, que tava todo apavorado mandando ele ir rápido com a bola, o Brasil não tinha batido de 3 a 2. Ele só falou pro Pelé: "Vamo enchê esses gringo de gol." Quer dizer, foi a tranquilidade do Didi que desestabilizou a Suécia, entendeu?
LAURA:	E você queria ser igual a ele...
MARÍLIA:	Você que devia se espelhar nele. O que está feito, está feito e bola pra frente. Chega uma hora que só a tranquilidade te leva a algum lugar.

(LAURA *vai até a porta e abre.*)

LAURA:	Tchau.
MARÍLIA:	Como, tchau?
LAURA:	Se você não prometer que vai devolver isso, pode ir embora e não volta mais.
MARÍLIA:	Você quer a minha degola!
LAURA:	Você que quer a minha!
MARÍLIA:	Eu quero sua felicidade, quero te ver bem, quero te ver realizada! Você quer a minha desgraça! Mas eu prometo, só porque você está me pedindo.
LAURA:	Deixa de ser dramática.
MARÍLIA:	É gente da alta, gente suja, muito amiga minha, mas gente suja. Se sujar pra eles, suja pra mim também! Mas vou devolver, se é isso que você quer. Você não sabe aproveitar as oportunidades, por isso que leva essa vidinha aqui. Depois não vem me pedir de volta que não vai ter jeito. Foram quase quarenta anos pra conseguir essa confiança! E confiança, depois que perde, é igual xícara quebrada, cola mas nunca é a mesma coisa. Nunca mais vou conseguir dinheiro nenhum. E se eu perder meu emprego, se eu for pra cadeia, a culpa é sua!

(MARÍLIA *sai.*)

Cena 4

As personagens têm cinquenta anos. MARÍLIA *toca a campainha. Carrega uma mala. Nas mãos, uma canga embrulhada pra presente.* LAURA *abre a porta, abruptamente.*

MARÍLIA: Feliz Aniversário!!!

(LAURA *vai fechar a porta.*)

MARÍLIA: Não lembra de mim? Marília!
LAURA: Marília?
MARÍLIA: Tem muito tempo mesmo… Quase trinta anos! Estou bem?
LAURA: Desculpa, eu…
MARÍLIA: Peguei seu endereço com a Clauky.
LAURA: Quem você está procurando?
MARÍLIA: Vim de longe… pra te dar os parabéns! Meio século!!
LAURA: Como você sabe?
MARÍLIA: Eu nunca me esqueci de você.
LAURA: Estou precisando ficar sozinha.
MARÍLIA: Vim de ônibus, não tenho mais coluna pra isso! Demorei mas cheguei. Posso entrar?
LAURA (*tentando lembrar*): Você falou "Clauky"?
MARÍLIA: Você está bem?
LAURA: Minha família…
MARÍLIA: Pois é… Meus sentimentos.

(LAURA *vai fechar de novo a porta.* MARÍLIA *segura.*)

MARÍLIA: Vim te fazer companhia!
LAURA: Você veio pra ficar aqui?
MARÍLIA: Quanto tempo… (*Passa a mão no rosto de* LAURA, *que se afasta.*) Eu tenho uma foto nossa aqui! (*Tira da bolsa e mostra.*) No campus. Olha como eu era magrinha! Você, com esse chapéu…
LAURA: Que saudade de mim! Onde você arranjou essa foto?
MARÍLIA: Você continua a mesma coisa! (*Abraça-a.*) Nunca achei que fosse mudar, a essência é a mesma. Apesar de que eu não sei qual é a minha.

LAURA: "A galinha não sabe que existe o ovo. Se soubesse que tem em si mesma o ovo…"
MARÍLIA: "… Perderia o estado de galinha."
JUNTAS: "Ser galinha é a sobrevivência da galinha. Sobreviver é a salvação. Pois parece que viver não existe. Viver leva à morte."
MARÍLIA: Quem disse isso?

(Riem.)

LAURA: Marília!
MARÍLIA: Laura!
LAURA: O que você fez todos esses anos?
MARÍLIA: Fiquei rodando no mesmo lugar. E você?
LAURA: Eu me casei, né. Tive dois filhos maravilhosos… E aí, de uma hora pra outra… (*Começa a chorar, se recompõe.*) Desculpa.
MARÍLIA: Posso entrar?
LAURA: Por que não entrou até agora? Quer um café?
MARÍLIA (*num pulo*): Vamos! "Tomá um cafézim e fumá um cigarrim", lembra?
LAURA: Clauky sempre ia lá em casa tomá um cafézim e fumá um cigarrim. Você ainda fuma?
MARÍLIA: Parei.

(*LAURA acende um cigarro.*)

MARÍLIA: Me dá um? (*Pega um cigarro e acende.*) Depois te compro um maço.
LAURA: Como você foi lembrar de mim, depois de tanto tempo?
MARÍLIA: Você sempre teve personalidade.
LAURA: Faz quantos anos?
MARÍLIA: 29. Quase trinta.
LAURA: Antigamente se morria aos trinta.
MARÍLIA: Foi nessa idade que eu comecei a entender.
LAURA: Entender o quê?
MARÍLIA: Sei lá, passei a não levar a vida a sério.
LAURA: Com o tempo a gente vai perdendo a inocência.
MARÍLIA: E para de rir.
LAURA: E o que mais?

MARÍLIA: Como assim?
LAURA: 29 anos atrás. Você sabe como é a minha memória...
MARÍLIA: Você tocava violão.
LAURA: Eu?!
MARÍLIA: Você! Você tocava e eu cantava. Deitadas na grama do campus. Lembra que a gente queria ter uma banda? Mas eu sempre fui muito desafinada. (*Pausa.*) Eu queria ter sido artista. Ou então, não sei, alguma coisa... Você acha que eu tenho algum talento?
LAURA: Como que eu vou saber?
MARÍLIA: Ninguém acreditava que eu ia conseguir emprego. E não consegui mesmo. Minha sorte foi passar no concurso, mas agora eu não quero continuar lá. Normal. E continuo. Normal. Salário garantido. E você?
LAURA: Agradeço por ter vindo. Com licença. (*Vai fechar a porta.*)
MARÍLIA: Espera! Você não ficou sabendo da Clauky?
LAURA: Não estou com cabeça pra nada, tem muito tempo que não telefono pra ela, ela também parou de me telefonar. Deve ter me esquecido.
MARÍLIA: Ela morreu.

(*Pausa.*)

LAURA: Quando?
MARÍLIA: Agora só sobrou nós duas. Segunda-feira. Bom dia pra começar qualquer coisa.

(*Pausa.*)

LAURA: Estou perdendo a graça. Ah, Clauky... que saudade. Eu devia ter ligado pra ela, mas fui deixando. Será que envelhecer é isso? Ficar sozinha no mundo?
MARÍLIA: Eu estou aqui.
LAURA: Mas um viaduto pode cair em cima da sua cabeça.
MARÍLIA: Pode, mas dois viadutos não caem no mesmo lugar.
LAURA: Você pode tropeçar e um carro passar por cima de você.
MARÍLIA: Vira essa boca pra lá!
LAURA: A vida é uma fatalidade.
MARÍLIA: Eu me sinto cheia de vida!

LAURA (*assusta*): Eu não morri!
MARÍLIA: Ainda bem.
LAURA: Estou viva!
MARÍLIA: Vivinha.
LAURA: Mas vou morrer!
MARÍLIA: Ainda vai demorar. Dá tempo de a gente começar alguma coisa!
LAURA: Começar o quê?
MARÍLIA: Você desenhou essa tatuagem, lembra?
LAURA (*em dúvida*): Eu desenhei?
MARÍLIA: Num guardanapo! Eu tenho ele até hoje, acredita? E aquela sua, perto do umbigo? (*Levanta a blusa de* LAURA.) "Cambaxirra"! Sempre gostei dela, você detestava. Ainda detesta?
LAURA: Seu nome é "Cambaxirra"?
MARÍLIA: O nome da sua tatuagem é Cambaxirra. Você dá nome pra tudo, me dá um.
LAURA: Quero saber o seu.
MARÍLIA: Já te disse.
LAURA: Quando?
MARÍLIA: Assim que eu cheguei.
LAURA: Desculpa, não me lembro.
MARÍLIA: Qualquer um encaixa.
LAURA: Sempre gostei de Laura.
MARÍLIA: Mas Laura é você.
LAURA: E você quem é?
MARÍLIA: Se você descobrir, me conta.
LAURA: De uma hora pra outra sua vida vira do avesso.
MARÍLIA: A Clauky me contou tudo do acidente.
LAURA: Não quero mais falar sobre isso.
MARÍLIA: Se a gente fala, a dor passa. Minha avó dizia isso.
LAURA: Como foi que a Clauky morreu?
MARÍLIA: Me deixa entrar que eu te conto.
LAURA: Eu não sabia que vocês estavam tão amigas.
MARÍLIA: Eu sumi de todo mundo. Mas a gente se encontrou um dia por acaso, no aeroporto. Eu estava chegando e ela estava indo. Ela me contou de você e depois ela foi, pegou o avião.
LAURA: Tá, mas como foi que ela morreu?

MARÍLIA: O avião caiu.
LAURA: Vou ali pôr um macarrão no fogo.
MARÍLIA: E o café?

(LAURA *fecha a porta.*)

MARÍLIA: Laura! Laura! Desculpa… Eu não devia ter dito assim, eu não vim aqui pra isso! Vamos parar de falar em morte, hoje é seu aniversário. Eu vim de longe. Trouxe um presente pra você!

(LAURA *abre a porta.*)

LAURA: E o Bin Laden?
MARÍLIA: Quem?
LAURA: O Bin Laden, está vivo ou morreu quando soube que tava morto? Quem a gente não vê morto, continua vivo?
MARÍLIA: O que importa é que nós duas estamos aqui. A vida continua! Vamos comemorar… (*Entrega o presente.*)
LAURA: Você só pensa em si mesma.
MARÍLIA: Abre! Pode abrir!
LAURA: Não respeita a dor alheia.
MARÍLIA: Vou abrir então. (*Abre.*) Sua canga!
LAURA: Minha?
MARÍLIA: Fiquei te devendo, há trinta anos atrás.
LAURA: Você sempre prometia e nunca cumpriu.
MARÍLIA: E o macarrão?
LAURA: Não tem.
MARÍLIA: Você falou que ia fazer.
LAURA: Você não comeu nada na viagem?
MARÍLIA: No ônibus deram uns biscoitos, mas eu já estou com fome, baixa minha pressão.
LAURA: Me lembro bem.
MARÍLIA: Senti muito a sua falta.
LAURA: Eu também. Principalmente agora.
MARÍLIA: Não pensa nisso. Hoje é dia de festa.
LAURA: Você ainda tem todos os seus dentes?
MARÍLIA: Claro! Estou tão velha assim?
LAURA: Você também se casou?

MARÍLIA: Não, eu não tenho ninguém.
LAURA: É triste ficar sozinha.
MARÍLIA: Por isso eu vim, pra te fazer companhia.
LAURA: Quem diria... Você foi a única que lembrou do meu aniversário.
MARÍLIA: Me deixa entrar, vou fazer um bolo pra você.
LAURA: Não quero bolo, estou de luto.
MARÍLIA: Se você apagar a vela, tem direito a fazer um pedido.
LAURA: Tchau, Marília. Depois me acha lá no facebook. (*Fecha a porta.*)

Cena 5

As personagens têm 21 anos. Elas estão deitadas no campus da faculdade, num gramado. É o último dia de aula.

MARÍLIA: Feliz aniversário!!!
LAURA: Você já me disse isso quatro vezes.
MARÍLIA: Eu não tinha falado aqui, olhando pro céu.
LAURA: Você tem uma coisa com isso aqui, e eu sempre te acompanhando. Você só consegue conversar quando está aqui?
MARÍLIA: Aqui é nosso esconderijo secreto.
LAURA: E eu pinico toda.
MARÍLIA: Amanhã vou trazer uma canga pra você.
LAURA: Você ficou quatro anos dizendo isso... Amanhã não vai ter mais!
MARÍLIA: É que eu esqueço... Por que você nunca trouxe?
LAURA: Você sempre disse que ia trazer!
MARÍLIA: Pode ser que não seja uma coisa tão importante.
LAURA: E o que que é importante?
MARÍLIA: Muitas coisas.
LAURA: Nada é importante pra você.
MARÍLIA: O amor é importante pra mim.
LAURA: Você não está com ninguém.
MARÍLIA: Eu estou aqui com você.

LAURA: Grande coisa.
MARÍLIA: "Grandes são os desertos e tudo é deserto."
LAURA: Quem disse isso?
MARÍLIA: Amanhã vou levar a canga na sua casa. Você pode usar na praia, agora que estamos de férias.
LAURA: Férias, não. Agora que a gente vai ter que trabalhar.
MARÍLIA: Tenho medo de pensar nisso, a gente tem muito tempo pela frente. Toma, deita na minha blusa. Engraçado, eu acostumei com a grama, não sinto pinicar.
LAURA: Muito engraçado mesmo.
MARÍLIA: Quando eu era criança, fazia isso todo dia.
LAURA: Eu também, mas era na laje. Sempre via disco voador, depois descobri que era avião.
MARÍLIA: Quem é que vai saber?
LAURA: Será que era disco voador e eu achei que era avião?
MARÍLIA: Quando passar algum, a gente tira a dúvida.
LAURA: Mas aqueles que passaram não vão passar mais.
MARÍLIA: Eles devem continuar passando, senão, pra onde teriam ido?
LAURA: Mas aqueles que passaram não vão passar mais!
MARÍLIA: Todo dia que eu olho eu vejo a mesma coisa.
LAURA: Você devia era ter feito filosofia.
MARÍLIA: Ou então astrofísica.
LAURA: Ainda dá tempo…
MARÍLIA: A gente fica aqui deitada, parece que está solta no espaço.
LAURA: Você não tá com fome?
MARÍLIA: Pra que que existe a lei da gravidade, né? A gente podia viver voando por aí, sem rumo.
LAURA: Isso é fuga.
MARÍLIA: Isso é "conexão com a natureza".
LAURA: Ah, tá. Você é muito espiritualizada.
MARÍLIA: Você confunde as bolas todas.
LAURA: Parece que vai chover.
MARÍLIA: Vai demorar ainda. Posso te perguntar uma coisa? (*Pausa.*) Posso?
LAURA: Pergunta, ué.
MARÍLIA (rindo): Quem você levaria pra uma ilha deserta?

(*As duas riem.*)

LAURA: Você é boba demais.
MARÍLIA: Não era isso que eu ia perguntar.
LAURA: Que que era então?
MARÍLIA: O que que você vai fazer agora?
LAURA: Vou pra casa.
MARÍLIA: Não! Agora, depois de formar?
LAURA: Não fico projetando futuro, o que tiver de acontecer vai acontecer.
MARÍLIA: Essa frase é minha.
LAURA: É que eu tenho muito medo do mundo lá fora.
MARÍLIA: O mundo aqui fora. Eu não tenho medo, acho que vou sair daqui, morar num outro país... Onde você gostaria de morar sem ser aqui?
LAURA: Nova York?
MARÍLIA: Inglês é muito cafona, aquela voz anasalada... Não pode ser Londres?
LAURA: Pode, mas quem vai morar é você.
MARÍLIA: Você não vai me visitar?
LAURA: Vou. E te levo uma canga de presente.

(*Riem.*)

MARÍLIA: Qual língua você gosta?
LAURA: Eu gosto da minha.
MARÍLIA (ri): Tô falando língua de falar.
LAURA: Eu também! Você achou que eu estava falando da minha língua, "língua"? (Ri.) Estou falando do português, pra mim não tem outra mais bonita.
MARÍLIA: Prefiro o alemão, parece que vem lá de dentro, tem que arranhar a garganta pra falar.
LAURA: O francês também.
MARÍLIA: Você ia gostar de morar comigo em qual país?
LAURA: Eu vou sempre morar aqui. Deus me livre morar num país que tem terremoto, maremoto, vulcão... Você acorda todo dia sem saber se vai acontecer uma catástrofe, morre de uma hora pra outra! Na Alemanha tem terremoto?
MARÍLIA: A gente não precisa morar então, pode ir só passear.

LAURA: Eu queria morar perto do mar.
MARÍLIA: Posso ir com você?
LAURA: Vou sozinha, você nunca mais vai saber de mim.
MARÍLIA: Eu te acho.
LAURA: Estou morrendo de medo.
MARÍLIA: De quê?
LAURA: Acho que vou perder todos os meus dentes.
MARÍLIA: Um dia vai mesmo.
LAURA: Não, está tudo bambo... Minha mãe vive falando que a minha gengiva retrai.
MARÍLIA: Ninguém perde dente com 21 anos, deixa de ser boba. (*Olha dentro da boca da outra.*) Engraçado olhar dentro da sua boca.
LAURA: Engraçado mesmo, muito engraçado.
MARÍLIA: Qualquer coisa você põe uma dentadura.
LAURA: Credo! Que nojo.
MARÍLIA: Nojo nada, você ia ficar bonita de dentadura.
LAURA (*rindo*): Comendo farofa, ia ficar linda!
MARÍLIA (*rindo*): Farofa, feijão, feijoada, farinha, frango frito, ffffff...
LAURA: Vamos embora?
MARÍLIA: Não, toca aquela música!
LAURA: Ah, de novo! Todo dia você quer que eu toque essa música!
MARÍLIA: Hoje é o último dia, não vou pedir mais! (LAURA *toca uma música,* MARÍLIA *canta.* LAURA *interrompe a música.*)
MARÍLIA: O que foi?
LAURA: Você desafinou de novo. Você não tem jeito. (*Pausa.*)
MARÍLIA: Laura?
LAURA: Quê?
MARÍLIA: Minha tia teve que arrancar todos os dentes, está super feliz com a dentadura.
LAURA: E a minha está cheia de ferida, uns dois meses sem comer direito. Emagreceu dez quilos.
MARÍLIA: Você não vai ficar banguela!
LAURA: Eu sonho à noite com isso...
MARÍLIA: Quando você perder os dentes já vão ter inventado uma cola especial, o dente cai e você cola ele com uma gotinha assim ó.

(Riem.)

LAURA: Uma gotinha que cola o dente, pode ser bom.
MARÍLIA: Como será beijar banguelo?
LAURA: Parece que vai chover.
MARÍLIA: Você já imaginou beijar um banguelo?
LAURA: Você é nojenta.
MARÍLIA: Sou não, bota a gotinha que está novinho de novo.
LAURA: Corega.
MARÍLIA (ri): Um corega seu!
LAURA: Você vai na festa amanhã?
MARÍLIA: Se você for, eu vou.
LAURA: Você não enjoa de mim não?
MARÍLIA: Não enjoo dos amigos.
LAURA: Mas de mim você gosta mais.
MARÍLIA: Gosto.
LAURA: A Clauky tem ciúme.
MARÍLIA: Ela te falou alguma coisa?
LAURA: Não, eu sinto.
MARÍLIA: Ela sabe que eu gosto dela também, mas é diferente.
LAURA: Ela vai na festa, mas pediu pra gente passar na casa dela antes pra fazer o esquenta.
MARÍLIA: Queria ir com aquele vestido amarelo que você me deu, mas se fizer frio não vai dar.
LAURA: É festa a fantasia. Vamos ficar um pouco em silêncio?

(Pausa.)

MARÍLIA: Já pode falar? Não consigo ficar sem falar.
LAURA: Tenta.

(Longo silêncio.)

MARÍLIA: Aquela nuvem ali, você acha que é o quê?
LAURA: Acho que é sinal de chuva.
MARÍLIA: Deixa a chuva pra lá.
LAURA: E se eu ficar doente não vou poder ir na festa!
MARÍLIA: Se você ficar doente eu cuido de você.
LAURA: Eu quero é alguém pra namorar, mas ninguém quer nada com nada! Você tá a fim de alguém?

MARÍLIA: Eu, não!
LAURA: Está sim! Você ultimamente passou a andar emperequetada – nunca foi assim!
MARÍLIA: É o calor. Me dá um cigarro?
LAURA: Você podia passar a comprar seu cigarro.
MARÍLIA: É que só me dá vontade de fumar quando a gente está aqui. (*Acende.*) Morro de medo de ter câncer.
LAURA: Então não fuma!
MARÍLIA: Mas se eu for ter, falta muito ainda.
LAURA: Tem gente que morre de câncer de pulmão e nunca botou um cigarro na boca.
MARÍLIA: Não fala essa palavra.
LAURA: Que palavra?
MARÍLIA: Câncer!
LAURA: Você que falou primeiro.
MARÍLIA: Mas você repetiu e fez eco.
LAURA: Ai, não sei por que que eu te aturo.
MARÍLIA: Vai ter que aturar muito ainda.
LAURA: Se eu morrer cedo, não.
MARÍLIA: Nós vamos ficar umas velhas bem safadas.
LAURA: Eu quero ser avó. Não quero ser mãe, quero ser avó direto.
MARÍLIA: Está pingando. Vamos tomar banho de chuva!

(*A chuva vai aumentando.*)

LAURA: Por que você sempre me faz fazer aquilo que eu não quero?
MARÍLIA: Porque você me ama!
LAURA: Sai fora! Você é uma chata.
MARÍLIA: Ama sim.
LAURA: Você que me ama, não desgruda de mim!
MARÍLIA: Você que me telefona todo dia.
LAURA: Senão você vai lá em casa. Prefiro telefonar.
MARÍLIA: Vamos ver quem procura a outra primeiro: é sempre você! Você não aguenta!
LAURA (ri): Está chovendo muito!
MARÍLIA: Você não é de açúcar!
LAURA: Sou de ouro!

MARÍLIA: Você "se acha", não vou mais te procurar.
LAURA: Quero ver!
MARÍLIA: Nunca mais!
LAURA (ri): Nunca mais é muito tempo.
MARÍLIA: Jamais!
LAURA: Olha, olha!...
MARÍLIA: "Jamé!"
LAURA: Promessa é dívida, hein?
MARÍLIA: Prometo!

(*Elas tomam banho de chuva. Chove dinheiro.*)

FIM.

Glauce Guima é formada pelo Curso Superior de Artes Cênicas da UFMG, integra atualmente o Núcleo de Dramaturgia do Sesi British-Council de São Paulo. Acumula em seu currículo uma vasta experiência como atriz, assistente de direção, produtora e encenadora em 41 montagens teatrais. Citamos: Assistente de direção dos espetáculos *Aos Domingos* e *A Volta ao Lar*, sob direção de Bruce Gomlevsky; *O Sentimento do Mundo*, sob direção de Domingos Oliveira; *A Eva Futura*, texto e direção de Denise Bandeira; *Confronto*, direção de Domingos Oliveira. Recebeu indicação como melhor atriz por *O Caderno Rosa de Lori Lamby*, sob direção de Ana Haddad. Em cinema, recebeu prêmio de melhor atriz pelo curta *Descrição da Ilha da Saudade*, direção de Alyne Fratari.

Júnia Pereira é mestre em Artes e bacharel em Interpretação Teatral pela UFMG. Tem experiência como atriz e professora de Teatro. Participou do Núcleo de Pesquisa em Dramaturgia promovido pelo Galpão Cine Horto em 2013 e 2014. Trabalhos em dramaturgia: *Vendaval* (coautoria com Glauce Guima, 2014); *Encontro com Pedro Juan* (coautoria com Henrique Limadre, 2013); *It* (coautoria com Amanda Dias Leite, 2010); *Por Esta Porta Estar Fechada, as Outras Tiveram que Se Abrir* (coautoria com Éder Rodrigues, Fabiana Amorim, Fabiane Aguiar e Grupo Mayombe, 2008). Fez adaptação para cena curta do conto *Axelrod*, de Hilda Hilst, em 2002.

DRAMATURGIA NA PERSPECTIVA

Qorpo-Santo: Surrealismo ou Absurdo?
    Eudinyr Fraga (D212)
O Drama Romântico Brasileiro
    Décio de Almeida Prado (D273)
Para Trás e Para Frente
    David Ball (D278)
O Melodrama
    Jean-Marie Thomasseau (D303)
Dramaturgia: A Construção da Personagem
    Renata Pallottini (D330)
Mestres do Teatro I
    Josh Gassner (E036)
Mestres do Teatro II
    Josh Gassner (E036)
Nelson Rodrigues: Dramaturgia e Encenações
    Sábato Magaldi (E098)
José de Alencar e o Teatro
    João Roberto Faria (E100)
Arthur de Azevedo: A Palavra e o Riso
    Antonio Martins (E107)
O Texto no Teatro
    Sábato Magaldi (E111)
Um Teatro da Mulher
    Elza Cunha de Vincenzo (E127)
Concerto Barroco às Óperas do Judeu
    Francisco Maciel Silveira (E131)
O Teatro Realista no Brasil: 1855-1865
    João Roberto Faria (E136)

O Teatro de Heiner Müller
    Ruth C. de O. Röhl (E152)
Falando de Shakespeare
    Barbara Heliodora (E155)
Moderna Dramaturgia Brasileira
    Sábato Magaldi (E159)
Caos e Dramaturgia
    Rubens Rewald (E213)
Margem e Centro
    Ana Lúcia V. de Andrade (E227)
Ibsen e o Novo Sujeito da Modernidade
    Tereza Menezes (E229)
A Crítica de um Teatro Crítico
    Rosangela Patriota (E240)
O Teatro no Século XVIII
    Renata S. Junqueira e Maria Gloria C. Mazzi (orgs.) (E256)
Dramaturgia da Memória no Teatro-Dança
    Lícia Maria Morais Sánchez (E259)
Escritura Política no Texto Teatral
    Hans-Thies Lehmann (E263)
Metalinguagem e Teatro: A Obra de Jorge Andrade
    Catarina Sant Anna (E304)
Beckett e a Implosão da Cena
    Luiz Marfuz (E322)
Jorge Andrade: Um Dramaturgo no Espaço-Tempo
    Carlos Antônio Rahal (E336)

Duas Farsas: O Embrião do Teatro
de Molière
 Célia Berrettini (EL36)
O Dibuk
 Sch. An-Ski (T005)
Leone de'Sommi: Um Judeu no Teatro da Renascença
Italiana
 J. Guinsburg (org.) (T008)
Urgência e Ruptura
 Consuelo de Castro (T010)
Pirandello do Teatro no Teatro
 J. Guinsburg (org.) (T011)
Canetti: O Teatro Terrível
 Elias Canetti (T014)
Idéias Teatrais: O Século XIX no Brasil
 João Roberto Faria (T015)
Heiner Müller: O Espanto no Teatro
 Ingrid D. Koudela (org.) (T016)
Büchner: Na Pena e na Cena
 J. Guinsburg e Ingrid Dormien Koudela
 (orgs.) (T017)
Teatro Completo
 Renata Pallottini (T018)
Machado de Assis: Do Teatro
 João Roberto Faria (org.) (T023)
Luís Alberto de Abreu: Um Teatro de Pesquisa
 Adélia Nicolete (org.) (T025)
Teatro Espanhol do Século de Ouro
 J. Guinsburg e N. Cunha (orgs.) (T026)

Tatiana Belinky: Uma Janela para o Mundo
 Maria Lúcia de S. B. Pupo (org.) (T28)
Peter Handke: Peças Faladas
 Samir Signeu (org.) (T030)
Dramaturgia Elizabetana
 Barbara Heliodora (org.) (T033)
Três Tragédias Gregas
 Guilherme de Almeida e Trajano Vieira
 (S022)
Édipo Rei de Sófocles
 Trajano Vieira (S031)
As Bacantes de Eurípides
 Trajano Vieira (S036)
Édipo em Colono de Sófocles
 Trajano Vieira (S041)
Agamêmnon de Ésquilo
 Trajano Vieira (S046)
Antígone de Sófocles
 Trajano Vieira (S049)
Lisístrata e Tesmoforiantes
 Trajano Vieira (S052)
Os Persas de Ésquilo
 Trajano Vieira (S55)
Últimos: Comédia Musical em Dois Atos
 Fernando Marques (LSC)
Zé
 Fernando Marques (LSC)

Este livro foi impresso na cidade de São Paulo,
nas oficinas da Orgrafic Gráfica e Editora, em julho de 2016,
para a Editora Perspectiva.